China National Society of Early Childhood Education

中国学前教育研究会

中国学前教育研究会　编

深情伴随
共筑美好

中国学前教育研究会成立
四十周年回忆录

南京师范大学出版社
NANJING NORMAL UNIVERSITY PRESS

图书在版编目(CIP)数据

深情伴随 共筑美好：中国学前教育研究会成立四十周年回忆录 / 中国学前教育研究会编. --南京：南京师范大学出版社，2019.10

ISBN 978-7-5651-4358-8

Ⅰ. ①深… Ⅱ. ①中… Ⅲ. ①学前教育－教育学会－中国－纪念文集 Ⅳ. ①G619.2-53

中国版本图书馆 CIP 数据核字(2019)第 228967 号

书　　名	深情伴随　共筑美好——中国学前教育研究会成立四十周年回忆录
编　　者	中国学前教育研究会
责任编辑	张　莉　张泽芳
出版发行	南京师范大学出版社
地　　址	江苏省南京市玄武区后宰门西村 9 号(邮编:210016)
电　　话	(025)83598919(总编办)　83598412(营销部) 83598009(邮购部)
网　　址	http://press.njnu.edu.cn
电子信箱	nspzbb@njnu.edu.cn
印　　刷	南京玉河印刷厂
开　　本	787 毫米×1092 毫米　1/16
印　　张	17.75
字　　数	238 千
版　　次	2019 年 10 月第 1 版　2019 年 10 月第 1 次印刷
书　　号	ISBN 978-7-5651-4358-8
定　　价	45.00 元

出 版 人　彭志斌

序

继承传统开新篇

伴随着我国改革开放的步伐，伴随着学前教育的恢复稳定和发展壮大，中国学前教育研究会已经走过了40年的历程。中国学前教育研究会承载着陈鹤琴等老一辈学前教育专家的殷切嘱托，承载着我国广大学前教育工作者的深切期望，凝聚专业力量，带领广大会员深入开展学前教育的研究，宣传科学的学前教育理念，组织形式多样的学术活动，努力为社会服务，积极为政府决策服务，发挥了一个专业组织应该发挥的作用。中国学前教育研究会不断发展壮大，目前已经建立7个专业委员会，有个人会员20 281人，单位会员1 081个。中国学前教育以世界学前教育组织中国委员会的名义加入了世界学前教育组织，成为国际大家庭中的一员，在世界学前教育的舞台上发挥着积极的影响，向世界叙说学前教育的中国故事和中国经验，向世界展示改革开放的中国学前教育取得的成绩和面临的挑战。

中国学前教育研究会的发展是一代代学前教育工作者齐心协力、努力奉献的结果。一大批学前教育的前辈为中国学前教育研究会的发展付出了艰辛的劳动，她们的智慧和创新使中国学前教育研究会的机构不断完善，功能不断增强，服务更加周到，对我国学前教育事业发展的影响不断扩大。我们感谢一代代为中国学前教育研究会做出了重要贡献的学前教育工作者，感谢引领我们不断进取、勇于担当、积极有为的老一辈学前教育工作者！

中国学前教育研究会的发展一直得到各省学前教育研究会（学前教育专业委员会）的大力配合和支持，可以说，中国学前教育研究会四十年的发展历史，就是与地方研究会协同合作、齐心奋力的四十年。地方研究会是我们深入了解城乡幼儿园的重要纽带，是我们依靠的重要对象，也是服务的重要对象。四十年来，我们通过秘书长会议等形式，努力听取各地方学会的要求和期望，努力沟通，积极服务，形成了和谐共进的良好局面。

为了记录中国学前教育研究会发展的光辉历程，反映中国学前教育研究会发展过程中的重大活动和重要影响，记录老一辈学前教育工作者为中国学前教育事业的发展和中国学前教育研究会的发展做出的不可磨灭的功勋，我们组织编写了这本《深情伴随 共筑美好——中国学前教育研究会成立四十周年回忆录》，感谢学前教育前辈的大力支持和配合。由于多方面的原因，这本回忆录收录的回忆文章还不够充分，但这些生动的故事和详尽的描述，已经在我们面前呈现了一幅中国学前教育研究会发展的动人画卷，激动人心，催人奋进。

中国学前教育研究会将借着成立四十年的契机，虚心学习老一辈学前教育专家敬业、乐业和发奋奉献的精神，不断总结经验，倾听广大会员的心声，加强中国学前教育研究会的组织建设，努力创新机制，迎难而上，不断开创中国学前教育研究会工作的新局面。

中国学前教育研究会

2019 年 10 月 20 日

目　录

序　继承传统开新篇 …………………………………………………………（001）

老树春深更著花

——记全国学前教育研究会理事长孙岩 ………… 刘　媛　韩其洲（001）

我的期望 ………………………………………………………… 赵寄石（006）

祝贺幼儿教育学会成立40周年 ………………………………… 魏振高（007）

中国学前教育研究会成为世界学前教育组织（OMEP）成员的前前后后

…………………………………………………………………… 林嘉绥（009）

一起成长　共同发展 …………………………………………… 唐　淑（018）

中国学前教育研究会创业岁月的回忆 ………………………… 祝士媛（026）

团结奋进温馨的纽带

——有感于中国学前教育研究会成立40周年 ……………… 李道佳（036）

凝聚爱心　不忘初心 …………………………………………… 马以念（042）

致敬孙岩会长 …………………………………………… 丁碧英(050)

从误入“女儿国”到筹建“专委会”
——亲历学前社会教育专业委员会的建立 ………………… 李洪曾(055)

幼教工作者任重而道远 ……………………………………… 冯晓霞(064)

写在中国学前教育研究会成立 40 周年之际 ………………… 朱家雄(067)

一段工作经历　一生幼教情怀
——我的幼教笔记 …………………………………………… 孔宗雪(068)

在学术委员会中锻炼成长
——我在研究会工作的最初五年 …………………………… 虞永平(076)

美好的遇见
——与学前教育研究会一起走过的岁月点滴 ……………… 周　欣(081)

研究的力量
——北京市学前教育研究会改革开放 40 年的发展历程
…………………………………………… 梁雅珠　王瑜元　姜维静(088)

上海市学前教育年会诞生记 ………………………………… 何幼华(097)

辉煌时代　辉煌业绩
——新时期军队幼儿园建设和发展简记 …………………… 彭剑利(101)

难忘的记忆 …………………………………………………… 刘贺英(110)

长沙师范学校与《学前教育研究》
——忆长沙师范学校原党委书记肖传京大姐 ……………… 王风野(122)

在研究会温暖和专业的氛围中学习和成长
——有感于中国学前教育研究会成立40周年 ……………… 罗英智(126)

中国学前教育研究会在不忘初心继承传统中健康发展 ……… 廖丽英(132)

赴德阳工作日记 ………………………………………………… 冯晓霞(140)

心灵的洗礼
——赴四川地震灾区援助活动札记 ………………………… 虞永平(146)

汶川地震幼教援助十周年　专家携众志愿者重返灾区
……………………………………………………《育儿周刊》采编团队(153)

携手并进　共渡难关
——"汶川地震应对政策专家行动组"成都幼儿教育援建工作纪实
……………………………………………………………… 刘致健(162)

在中国学前教育研究会引领下山西省幼儿教育迅速发展 …… 赵　琴(168)

难忘幼教情　坚守幼教魂 …………………………………… 徐书芳(173)

在中国特色的幼教研究之路上奋进 ………………………… 陈国强(185)

幼苗千姿细细养　育得百态春满园
——忆中国学前教育研究会成立40年 ……………………… 施立平(191)

专业引领促腾飞
——回忆厦门学前教育界与中国学前教育研究会的"第一次"
……………………………………………………………… 蔡蔚文(195)

以初心引领山西省学前教育科学发展 ……………………… 李志宇(198)

走向世界的中国学前教育研究会 …………………………… 姚　伟(203)

追忆学前韶华梦　放远鹏程幼教歌
——深圳市学前教育专业委员会发展回眸
…………………………………… 深圳市学前教育专业委员会(206)

一位令人尊敬的“幼教老太太”
——怀念孙岩同志 ………………………………………… 皮军功(213)

全球视野下的学前教育使命
——世界学前教育组织(OMEP)第 65 届工作会议综述
……………………………………………………………… 钱　雨　张　婕(216)

中国学前教育研究会对广西学前教育的指导和影响 ………… 李小邕(220)

助力边疆幼教　促进质量提升 ………………………………… 毕　嵘(230)

一切为儿童
——教育部—联合国儿童基金会农村幼儿园教师培训　浙江・剑川项目工作掠影 ………… 浙江省学前教育研究会赴云南剑川培训组(233)

风雨砥砺　岁月如歌
——写在中国学前教育研究会成立 40 周年之际 ………… 张　虹(245)

岁月流淌　往事杂忆 ………………………………………… 程晓明(257)

难忘的经历 …………………………………………………… 熊　敏(262)

始于汶川地震幼教援助项目的农村幼儿园教师培训模式探索
…………………………………………………………………… 张　晖(269)

后　记 ………………………………………………………………… (275)

老树春深更著花

——记全国学前教育研究会理事长孙岩

刘　媛　韩其洲

这是一位平凡的女性，说她平凡，是因为她有着常人的喜怒哀乐；这又是一位不平凡的女性，说她不平凡，是因为她把心底的爱无私地献给了我国的幼教事业，献给了千千万万个儿童。她——就是把大半生精力都倾注于我国幼教事业的中国学前教育研究会理事长孙岩。

一个夏日的早晨，我们来到了位于钓鱼台东侧的国务院宿舍区，轻轻地叩响了孙岩同志寓所的房门。出乎我们的预料，站在我们跟前的孙岩同志，身板直直的，嗓音朗朗的，眼睛中透着神采；更令人意想不到的是，她虽年逾古稀，但思维异常敏捷，头脑特别清晰，说起幼儿教育，她兴致勃勃，言辞话语间充满了对这项事业的挚爱，一笑一颦间流露出对孩子们的真情，我们像老友会面一样，无拘束地交谈着，从她朴实无华的话语中，从她坎坷的革命经历中，我们感受到了一个老共产党员崇高的思想境界，感受到了一位平凡女性对革命后代博大神圣的爱。

孙岩出生于河南的一个封建家庭，在抗日救亡的高潮中，身为高中生的她，受老师的影响，毅然偷偷跑出家门，历经坎坷到了延安，入陕北公学学习，在党组织的关怀下，1938 年 1 月她光荣地加入中国共产党。后来她被党组织送到马列学校中央党校学习。毛泽东、朱德、刘少奇、李富春等老一辈革命家都当过她的老师。1940 年，她与同在马列学院学习的林默涵结为革命伴侣，第二年，他们有了女儿，从此，她背上了沉重的家庭负担，当时的延安，没有幼儿园，许多从全国各地投奔延安的女同志，生了小孩后，就无法再出去工作，后来，她们想出了个招儿：轮流照顾孩子，既有人看管了小孩，又满足了自己出去工作的愿望，这下女同志们高兴极了，她们亲切地称这种换工的形式为“妈妈变工队”。孙岩是个有心人，她想，要是能办个托儿所，把姐妹们从沉重的负担中解放出来，该有多好啊！再说，孩子们能集中在一起，受到良好的启蒙教育，也会有利于他们的身心发展和成长呀！也就是从那时起，她萌生了搞幼教的想法。

1949 年 9 月，孙岩夫妇被调进北京，她婉言谢绝了一些领导安排她到中央工作的好意，执意要去搞幼教，尽管多年来，她服从组织的安排，辗转上海、香港等地从事党的新闻出版工作，可她的内心深处时时在想着那份事关妇女命运的事业，她忘不了在香港时，我们的东江支队被国民党打散，有的女同志被敌人追捕，宁死不投降，背着孩子投江；有的女同志带着孩子，一时与组织接不上头，既要找工作，又要抚养孩子……她想，现在，国家开始新的征程，幼教工作搞不好，妇女的彻底解放是不可能的。托幼工作是妇女解放的助手，我要承担起这副重担。

孙岩的一片赤诚，感动了康克清大姐，并得到了她的支持，经过组织批准，她到了中央托儿所(1950 年改为军委保育院)。这是由延安迁移来的洛杉矶托儿所和陕甘宁边区保育院的一部分组成的一所托儿所，工作人员大致由两部分组成，一部分是从陕北农村来的，一部分是在北京新吸收进来的知识分子(北师大的毕业生)。当时，两部分人之间思想分歧颇大，出身于大城市的人，不但看不起农村来的人，对孩子还缺乏责任心。她们见不得孩子拉屎，一见就皱眉头想躲开，动不动就不理孩子们。而农村来的人，没有多少文化，如何科学地教育孩子成了个大问题。当组织上送她们到北大、清华速成班去学习时，她们又认为是甩包袱，整天闹情绪。担任党支部书记的孙岩，就想办法在业务工作中解决领导及同志们的思想问题。1950年底，从东北参加反战的日本籍女青年若生爱子，被分到了保育院。当时，她的思想负担很重，每日里小心谨慎，不敢多说话。孙岩一面嘱咐同志们与她搞她团结，另一方面主动找她谈心，让她放下思想包袱，并利用周末别人去中南海参加舞会的时间，帮助她学习中文……

在保育院一干就是六年，孙岩由协理员、科长到副院长这期间，她扎在了院里，一门心思地照看着院里的孩子们，而她自己的三个孩子，大的住在学校，小的交给了保姆，她和爱人分别住在单位的单身宿舍，没有一个固定的家。六年间，她没和家人共同度过一个春节。在以后工作的日子里，孙岩顾不得为自己的孩子们做一顿饭，而身为文化部副部长的林默涵同志也无暇照顾家里，他们夫妇常常是几天见不到孩子。

“文革”中，孙岩因为说了几句对江青不满的话被关进监狱四年半。1977年年底，组织为她平反后，她就向教育部的有关领导写信请求搞幼教工作。

1978年，孙岩被正式调到教育部普教司任幼教特教处处长，孙岩上任伊始就下了决心，她和处里的另一名同志马上分头行动起来，江苏、陕西、浙江、上海……近一个月的时间，她们马不停蹄地深入到幼教第一线，了解情况，回来后召开幼教系统座谈会，收集意见，然后向有关部门领导汇报。在孙岩同志的提议并努力下，《城市幼儿园工作条例》(试行草案)于1979年正式出台了，它明确地规定了城市幼儿园的性质、工作、任务，使幼教工作者从政策法规上有了依据。紧接着，根据我国幼教系统的一般情况而制定的《幼儿园教育纲要(试行草案)》，也出台了。有了纲要，幼儿园的工作就有了具体的要求，可是如何达到这些要求呢？孙岩又动开了脑子。这年，她三赴上海，亲自与有关部门商谈编辑、出版幼儿教材之事，两年后，有关幼教的七种教材出版了，这些教材根据孩子们的生理特点、接受能力编写，图文并茂，深受孩子和教师的喜爱。目前，这套幼教教材已出版了几十万套。

条例、纲要、教材三项基本工程为幼教工作奠定了基础。那些年，痴迷于幼教工作的孙岩，却没有时间多看自己的孙辈们几眼。

1982 年，孙岩主动向组织提出退下来，不再担任政府机关的工作，全身心地投入到幼教研究工作中。第二年，她曾因忙碌过度，病倒在广西南宁召开的幼教理事会上。1985 年，在担任中国学前教育研究会理事长后，她更不顾高龄，奔波在全国各地，为研究会建立全国的联系网，组建科研人员、高校教师、幼教工作者“三结合”的幼教科研队伍。经她的策划、筹备，研究会已开过三届年会，会议就幼教的有关问题进行了必要的研究、探讨，并将每年年会中的论文编辑出版了《幼教与研究》《幼教与改革》《幼儿园的艺术活动》等书。经她全力筹划的我国第一个学前儿童教育理论期刊《学前教育研究》已于 1987 年正式出版发行。该刊物面向幼教科研工作者、幼儿教师、高师学生、幼儿园园长，受到幼教界的普遍欢迎，为使我国幼教工作与世界接轨，她先写中文信函，再找到会法文的同志译好，寄给世界学前教育组织主席，以取得对方的了解。同时她又到国家教委送申请加入该组织的报告。经过多次努力，1986 年，中国幼教研究会正式被世界学前教育组织接收。以后，研究会的成员多次出席在日本、美国、中国香港等地召开的会议，这许多外出的机会，孙岩多让给了外省市的会员们，给他们了解世界幼教的发展与交流创造了难得的条件。她负责研究会工作的这些年，为减轻国家的负担，没向上级伸手要过一分钱。平日在家中办公，不但没有劳务费，还往里搭了不少邮票、长途电话费和招待费。1991 年，孙岩被评为全国教育系统“老有所为”先进个人；她所领导的研究会被评为全国教育系统先进单位。1992 年，研究会正式被批准为国家一级学会……

近几年来，孙岩始终密切关注着我国幼教事业的发展和动态，及时地与有关部门探讨幼教工作的方针、政策。今年五月，她从一家教育报上看到一篇关于幼教工作的文章，其中的一些观点很易使从事幼教工作的同志产生误解，她就连忙与这家报社的主管领导取得联系，讲明利害，又找到国家教委幼教处，谈了自己的看法。她的意见得到了重视，不久，幼教处的领导专为幼教工作的有关问题，在教育报上做了必要的解答。除此之外，孙岩还亲自动手写了不少幼教方面的科学论文，如《儿童发展与家庭教育的障碍》等等。

我们在采访过程中听说，74 岁高龄的孙岩同志又将奔赴新疆参加幼教方面的会议。她就像是一部加速的机器，为幼教事业的发展、兴盛而不停地运转。头发已花白的孙岩动情地说："我想，通过我们的努力，为年轻的同志们打下些基础，以便今后他们更好地搞好幼教工作。"望着这位皱纹爬满前额的老人，我们说什么好呢？不由得想起了顾炎武的诗句："苍龙日暮还行雨，老树春深更著花。"谨以此作为我们对幼教专家孙岩老人的敬意吧！

山东日报星期刊

1994 年 10 月 16 日 第 113 期

我的期望

南京师范大学　赵寄石

我是学前教育研究会的顾问，但没有做太多事，也参与了《规程》宣传和解读，还有课程改革讨论等工作。这个研究会是我们国家学前教育领域的专业性组织，对我们国家学前教育的发展起到了重要的作用。这支队伍在改革开放的形势下，很活跃，推动了我们国家学前教育的发展和进步。一代又一代的幼教人愿意参加到学前教育研究会当中，大家共同努力，解决幼教中的问题。我们这个大国家，发展学前教育一定会面临自己的问题，这些问题只有靠我们自己来解决。中国学前教育研究会发挥了很好的作用，还可以发挥更大的作用。祝中国学前教育研究会越办越好，祝我们中国的学前教育越来越好。

2018 年 9 月 12 日病床口述，时年 97 岁

祝贺幼儿教育学会成立40周年

教育部基础教育司幼教处　魏振高

1978 年秋结束了“文革”十年动乱，教育部得以恢复，在幼教处深入调查幼儿园的基础上，于 1979 年初召开了部分省市幼儿教育会议，制定了《城市幼儿园工作条例》，使城市幼儿园工作有所遵循。为了推动幼儿教育的研究与发展，幼教处与中央教科所幼教组共同发起，于 1979 年 11 月在南京召开成立了中国教育学会幼儿教育研究会，部分省市也相继成立了幼教研究分会。

1981 年教育部制定颁发了《幼儿园教育纲要(试行草案)》，1984 年制定出版发行全国幼儿园教材七种九本以及教学挂图、故事、诗歌、录音磁带和十集教育动画片，供城乡幼儿园选用。

1985 年 9 月应澳大利亚早期儿童发展教育学会邀请，南京师范大学赵寄石教授和我参加在布里斯班举办的年会。会后，世界学前教育组织亚太地区召开会议，邀请我发言，我介绍了我国幼儿教育发展概况。澳大利亚朋友听到我国注册入园幼儿有 1 600 万所时，感到很惊喜，会后对我说：“澳大利亚人口也是 1 600 万，你相当于我们国家总理的位置。”真令我受宠若惊，也感到肩上的责任重大。

1989 年联合国儿童基金会筹划要出版一本有关世界学前教育现状及其发展趋势的书，向我国儿童发展中心约稿，发展中心邀请幼教研究会和卫生部各写一篇。1990 年夏，卫生部的一篇文章已写好，可幼教研究会还没找到合适的人选来写这篇文章。此时我已退休两年，研究会与幼教处协商，还是要我来执笔，可是离交稿的时间仅有一个来月，时间太紧迫了，考虑再三，为了不违约，不失体面，我只好应承下来。我先拟出该文的提纲送联合国儿基会（在京）审定，同时立即着手调研搜集材料，夜以继日加班加点地工作，终于用了三周的时间完成了近两万字的文稿。我请教育部已退休的一位一流翻译译成英语，提前完成了任务。后由儿童发展中心的一位大夫带着卫生部的一篇文章和我写的《中国幼儿教育现状及其发展趋势》一文去瑞典斯德哥尔摩参加审稿研讨会。我的文章顺利通过，只需稍加补充。最后各国的文章都汇集到美国康奈尔大学早期教育发展中心，由一位资深教授审定，于 1991 年出版。

1992 年夏，应亚太地区早期教育发展研究会邀请，我与天津特级教师韩之云赴中国香港地区参加研讨会。会上我发表了两篇文章，一篇是《内蒙古东北冬季在零下 40 摄氏度地区的幼儿园课程设计》，另一篇是《内蒙古锡林郭勒盟阿巴嘎旗草原流动幼儿园的考察报告》，深受与会者赞赏，当即获得世界儿童救济基金会的赞助，赠送近十万元的玩具给阿巴嘎旗草原流动幼儿园。韩之云老师的音乐教育很有特色，也获得好评。

今年是中华人民共和国成立 70 周年，随着我国政治、经济、文化、社会改革发展的进程，幼儿教育有了长足的进步，2018 年全国入园幼儿人数已达 4 600 多万，入园率近 80%，幼教研究会早已提升为幼教学会一级学会，可喜可贺。在研究会成立 40 周年之际，我衷心祝福幼儿教育的明天更加灿烂辉煌。

中国学前教育研究会成为世界学前教育组织（OMEP）成员的前前后后

北京师范大学教育学部　林嘉绥

一、参加 OMEP 的起因与经过

世界学前教育组织的英文全称为 World Organization for Early Childhood Education，简称 OMEP（法文全称的缩写，在各种语言中均为 OMEP），1948 年成立，会址设在挪威奥斯陆，是与联合国教科文组织有咨询关系的非政府机构，其宗旨是积极支持，并促进世界早期儿童教育事业和学前教育事业的发展。

1981 年冬，联合国教科文组织在巴黎总部召开国际学前教育协商会议，原国家教委派孙岩同志参加。当时 OMEP 主席古他赶往巴黎会见孙岩，邀请中国参加 OMEP。经中国学前教育研究会常务理事会数年的了解、咨询和研究，决定以团体名义参加。

1986 年国家教委(86)教外际字 700 号文件，批准中国教育学会幼儿教育研究会加入 OMEP，并同意每年提供 500 美元以内的外汇额度作为会费。中国教育学会幼儿教育研究会（1992 年 2 月民政部批准为国家级学会，更名为中国学前教育研究会）递交 OMEP 中国委员会《章程》后于 1988 年 9 月在布拉格举行的 OMEP 理事会上，被接受为正式会员。

二、OMEP 中国委员会的活动

国际学术交流概况：OMEP 中国委员会是以团体会员的身份参加 OMEP 的，她的任务是根据 OMEP 的宗旨和目标，为促进学前教育，促进学前儿童在家庭、教养机构、社会中的有利发展，促进会员国之间相互了解、相互帮助，在条件许可下，积极参加 OMEP 的各项活动，根据 OMEP 的计划，在本国开展有关活动，收集本国学前教育信息，整理本国经验和研究成果，在 OMEP 主持的研讨会上予以交流。国内主要是结合中国学前教育研究会开展各种学术活动。OMEP 中国委员会没有单独组织活动，委员都是在国内参加各地或全国课题学术研讨，参加国际学术活动可以 OMEP 中国委员会或领导人身份参加。OMEP 中国委员会的活动主要是国际学术交流活动。

（一）1990 年前研究会、OMEP 中国委员会的国内外交流活动

（1）1985 年 7 月，我会名誉理事长左淑东同志、副理事长陈俊恬同志赴日参加了日本保育学会第 38 届大会。会上左淑东同志做了《中国幼儿教育现状》的报告。

（2）1981 年和 1986 年，OMEP 总部的主席古他和副主席依娃，分别在巴黎和北京会见我会理事长孙岩同志，热情表示欢迎中国加入 OMEP。同年，我会向国家教委递交了加入 OMEP 的申请报告。

（3）1986 年 10 月，我会邀请日本保育学会副会长村山贞雄、冈田正章教授来华，先后在北京和上海讲学和访问。

（4）1987 年 10 月，我会副秘书长胡润琴同志赴朝鲜，参加由联合国儿童基金会在平壤召开的幼儿教育现场会。

（5）1988 年 7 月，我会理事长孙岩同志赴日参加了日本私立幼稚园联合会召开的“迎接 21 世纪幼儿教育国际会议”，在大会上做了《中国的幼儿教育

现状》的报告，在分科研讨会上做了《中国的独生子女教育》发言。

(6) 1988 年 10 月，我会邀请日本幼年教育协议会会长横地清教授来华，在福州举行的幼儿数教育研讨会上讲学。

(7) 1988 年 10 月到 11 月，我会邀请中国香港地区陈淑安女士在福州市举行的幼儿数教育和幼儿品德教育研讨会上讲学。

(8) 1988 年 11 月，我会邀请联合国儿童基金会驻中国代表团项目官员考特尼女士和美国柏特森教授在湖州举行的幼儿园课程改革研讨会上讲话和讲学。

(9) 1989 年 4 月，我会副理事长李道佳同志、江苏幼儿教育研究会理事长卢乐珍同志赴日本大阪，参加 OMEP 日本委员会举办的主题为“亚洲学前教育相互了解与今后发展”的研讨会。会上卢乐珍同志做了《提高独生幼儿的同伴交往能力》发言，李道佳同志做了《大班幼儿做做玩玩活动的研究》的发言。在同时举办的“亚洲各国学前教育展览会”上，我国展出了全国及江苏省幼儿教育事业发展统计表，上海教育出版社出版了从摇篮、1 岁、2 岁、3 岁至 6 岁的系列儿童读物，不同年龄幼儿的绘画作品，自制玩具和幼儿活动的各种彩色照片等。

(10) 1989 年 7 月，华东师范大学张人杰教授被邀请参加在伦敦召开的 OMEP 第 19 届世界大会时，我会委托其为代表，向大会祝贺。会后，张人杰教授向我会转交了大会的资料。

(11) 1989 年 7 月，我会理事长孙岩同志赴中国香港地区参加“21 世纪幼儿教育与发展”的国际学术研讨会，会上做了《中国幼儿教育的发展与展望》的报告。

(二) 1990—1995 年 OMEP 中国委员会工作总结

1990 年中国教育学会学前教育研究会第三届理事会成立后，由理事会正式选举孙岩理事长兼任 OMEP 中国委员会主席，副理事长林嘉绥、史慧中兼任副主席，项宗萍和庞丽娟同志分别为正副秘书长，并由林嘉绥同志主持OMEP中国委员会的日常工作。

1. 日常工作

OMEP中国委员会除了直接与OMEP总部建立联系外，还与其下属地区性组织——亚太地区OMEP分会以及各会员国之间的联系。因此，日常的通讯往来较多。五年来共收到信件近百件，内容可约分为以下几类：

（1）通知。多来自OMEP总部和世界主席，如新当选的主席及执委的名单和通讯地址，各国OMEP领导成员的通讯录，索要情况及征求意见和提案的通知，缴纳会费和征订刊物的通知等。

（2）会议宣传材料及报名表。OMEP总部每三年举行一次世界大会，亚太地区分会，每年轮流在成员国召开一次地区性学术会议，还有各成员国自己召开的会议，以及一些国家的大学、研究单位或学术团体举行的国际性会议等，给我会寄来的有关会议的宣传材料和报名表等。

（3）会议总结资料、报告及通讯。OMEP总部每次召开世界大会后，将会上形成的各种决议、总结及计划、预算等文件发给会员国（已收到第20、第21届材料）。还有一些会员国也将他们召开会议的情况和活动的简报资料等分送给相关的国家。

（4）索要情况的信件、问卷、选票及报表等。总部和亚太地区OMEP组织为了解某方面的活动情况、学术观点或对计划的意见，会发一些信件、问卷或报表等，并限期回复。

（5）OMEP会员国中个人会员的信件。几年来，我们收到了美国、日本、澳大利亚、瑞典、印度、以色列等国个人会员的信函，多数要求接待来访，安排参观幼儿园，也有个别人为撰写论文要求提供资料。

以上各种内容的日常工作，除为个人提供学术资料外，基本上都按要求及时给予回信或答复。

2. 报告 OMEP 中国委员会活动情况

为了使 OMEP 总部和有关国家了解我国开展幼儿教育的学术活动及师资培训等情况，我们归纳总结了中国学前教育研究会和地方幼教研究会的活动情况，以中国 OMEP 的名义，于 1993 年和 1995 年两次向 OMEP 总部、亚太地区 OMEP 组织及有关国家发送了专稿通讯。

3. 参加国内外会议

五年来，OMEP 中国委员会共有 30 人次多次参加了大型的国内外学术会议。

(1) 1992 年 8 月，OMEP 中国委员会委派副主席林嘉绥和副秘书长项宗萍同志为正式代表，参加了于美国北亚利桑那大学举行的第 20 届 OMEP 世界大会。同时与会的还有国家教委幼教处副处长朱慕菊同志和国家教委国际合作司李超男同志，以及杭州大学心理系徐云同志。在不同的专题分组会上，朱慕菊、徐云和李超男就《中国幼儿教育的十年发展和国家政策》做了联合发言，林嘉绥同志做了《早期数学教育与儿童思维发展》的专题发言。(详见 1993 年 3 月中国学前教育研究会常务理事扩大会议通讯中《出席第二十届世界学前教育组织(OMEP)大会和大会期间召开的亚太地区会议简况汇报》一文)

(2) 1992 年 10 月，我会秘书长、OMEP 中国委员会委员祝士媛赴中国香港地区参加 OMEP 香港分会成立大会，在大会上做了《中国内地幼儿教育发展趋势》的报告。广东省有 20 余人参加。

(3) 1993 年 8 月，以 OMEP 中国委员会委派副秘书长庞丽娟同志和中国学前教育研究会学术委员会委员陈志超同志为正式代表，以及上海、河北、山西、内蒙古、南京、北京及解放军总政治部等地区和单位的代表 16 人，参加了于日本大阪市举行的亚太地区促进学前教育和保育发展国际研讨会。我国与会者共有 11 篇论文在不同的分组讨论会上进行了发言，其中庞丽娟的

《中国幼儿教育内容与方法的改革》和陈志超的《中国幼儿师范教育的历史、现状和未来发展》被选载入大会的论文集。（详见 1993 年 12 月中国学前教育研究会常务理事会、《学前教育研究》编委会通讯中《世界学前教育组织（OMEP）亚太地区学前教育促进和发展国际研讨会情况简报》一文）

（4）1995 年 8 月，在日本横滨召开第 21 届世界学前教育组织（OMEP）世界大会，我会有上海、南京、青岛、河北、广西、陕西、大连等地、市 12 名同志参加了会议，并发文正式委托南京师范大学教育系唐淑教授为我会参加 OMEP 第 20 届大会的全权代表，负责与各地与会同志的联系工作，并组织安排大会期间的必要活动。国家教委幼教处姜瑾同志也参加了会议，上海教科所郑美玲同志在分会场做了《幼儿园教师自我评估》的演讲，姜瑾和唐淑同志分别在小组会上做《有关贫困地区和农村的非正规学前教育形式》的发言。

以上参加会议的同志绝大部分都认真遵守我国外事纪律和有关规定，积极参加活动并与各国朋友交流经验，他们的发言受到普遍的关注和赞扬。

（5）1996 年 8 月 6 日至 9 日，在泰国召开亚太地区 OMEP 会议；1998 年 8 月 11 日至 17 在丹麦召开第 22 届 OMEP 世界大会暨 OMEP 成立 50 周年大会。

4. 接待来访

世界 OMEP 成员国中的个人会员，有时会利用旅游、开国际会议的机会与我会联系，要求会见、接待和安排参观幼儿园等活动。我会均尽可能予以热情接待。如 1992 年美国 OMEP 副主席旅游路过北京，希望会见我会负责人，我们安排了孙岩和林嘉绥同志与其见面；1993 年一位美国 OMEP 会员开会路过北京，约见林嘉绥同志了解中国幼教情况；1994 年瑞典两位 OMEP 会员旅游来京，由林嘉绥同志陪同参观了北京师范大学幼儿园的一日活动；1995 年第四届世界妇女大会期间，应日本 OMEP 副主席石垣惠美子的要求，由林嘉绥和祝士媛同志共同参加了半日座谈。

5. 收获

(1) 建立和保持了与 OMEP 总部及世界各国 OMEP 组织的良好联系，并得到了 OMEP 总部和会员国的支持和尊重。

早在 1985 年和 1986 年，OMEP 总部的前两任主席古他和依娃，曾两次在巴黎和北京主动约见孙岩同志，热情表示欢迎中国能参加世界 OMEP 组织。1992 年第 20 届 OMEP 世界大会时由于中国是成为会员国后第一次正式派代表参加世界大会和理事会，因而受到总部和会员国的热情欢迎。在全体大会和理事会上，OMEP 主席两次提议为中国代表的与会鼓掌，表示热烈欢迎，其场面令人感动。1993 年在日本大阪召开的亚太地区 OMEP 会上，我国代表庞丽娟同志被聘请为主持半日大会的主席。此外，我国代表在参加理事会期间，广泛地与美国、英国、日本、新加坡、菲律宾、加拿大、澳大利亚等国的成员进行了友好的接触和联系。

(2) 为世界各国了解我国幼教事业的发展和向世界展示我国幼教理论、实践及科研成果提供了一个常年开放的渠道和窗口。

我们走出国门参加国际会议的同志，大多数都提交了论文，并在不同大小会上做了演讲和发言。这些论文涉及我国的幼教政策、改革现状、营养健康、认知发展、社会性发展，以及少数民族和边远地区的幼儿教育、社区教育、师资培训和评价，以及有关儿童及教师的素质专题调整等等，为世界各国了解我国幼教理论研究和实践的广度、深度和水平以及群众性提供了一个渠道。

事实上也取得了这样的效果。初次来我国参观北京师范大学幼儿园的两位瑞典 OMEP 会员对我国幼教工作的水平十分欣赏和惊讶，他们将幼儿的一日活动用录像机全都录了下来，连幼儿自己吃饭、脱衣、叠衣、午睡等环节也不放过，他们说回去要把中国的幼儿教育实际情况介绍给自己国家的 OMEP 会员，让他们也了解中国幼儿教育的优秀经验。

（3）为我国广大幼教工作者走出国门、拓展视野、了解和学习世界各国有益的经验提供了机会。

随着我国改革开放和经济发展，特别是幼教事业的发展，全国各地的幼教机构和幼儿园等，逐步地具备了出国访问进行学术交流的经验和业务条件，但由于缺乏必要的渠道，这种愿望往往难以实现。OMEP 中国委员会作为我国与世界各国学前教育工作者有着密切联系的群众性学术团体可以提供国际会议的信息，让地方直接与会议筹备组建立联系，办理报名手续等。我会没派出正式代表的时候，一般是聘请地方的某位同志作为我会的全权代表，负责与会同志的联系及组织活动等事宜，并书面提醒各地与会者遵守外事纪律和积极参加会议活动等。这些工作为各地同志参加国际学术活动提供了方便和机会。

（4）维护了国家尊严，公开表明了我们的政治立场。

参加国际会议，尽管是学术性的，但也要保持高度的政治警觉。在 1993 年日本大阪的亚太地区会议上，有个别论文将中国台湾、香港地区同中国相提并论，经了解虽不是出于政治原因，是无知的错误，但中国代表仍在全体大会上对此提出抗议和声明，表明了“一个中国”的立场。1995 年在日本横滨召开的第 21 届 OMEP 世界大会后召开的理事会上，个别理事发表了对中国妇女地位状态不友好的言论，也遭到了我国代表的驳斥和抗议。

（5）摸索并积累了一些 OMEP 中国委员会如何开展工作的初步经验和教训。

五年来，我们的工作从生疏到初步了解，从信件往来到组织参加国际会议，逐步积累着工作经验，也有教训，这些将为下届 OMEP 中国委员会的工作提供参考和借鉴。

6. 建议

（1）加强组织，建立 OMEP 中国委员会的组织领导体系。除 OMEP 中国委员会的工作班子外,可考虑在地方学前教育研究会中指定专人或设立委员,负责与中国 OMEP 委员会联系并组织相关工作。

(2) 解放思想,开辟经济来源,积极筹措 OMEP 中国委员会的日常经费和参加国际会议的费用。

(3) 进一步加强我会成员参加国际会议的会前准备和会议期间的组织工作。

一起成长　共同发展

南京师范大学　唐　淑

中国学前教育研究会(前身是全国幼儿教育研究会)成立于1979年秋，作为九位发起人之一，40年来我亲身经历了研究会从创立到发展的过程，并在工作中与其一起成长、共同发展。

一、研究会的成立

1979年3月23日至4月13日，教育部与中国社会科学院在北京联合召开了第一次全国教育科学规划会议，与会者共商各级各类教育的科学规划，学前教育也开始被纳入国家教育的科研规划。会议期间成立了“中国教育学会”，在规划精神和教育学会成立的鼓舞和感召下，出席会议的九名幼教界代表(上海幼师左淑东校长、天津幼师张小清校长、成都幼儿师范学校鲍茂如老师、西安市第一保育院林绮霞院长、天津和平保育院李石君院长、山东省教育厅教研室徐秀源老师、西南师院俞锡玑教授、北京师大梁志燊老师以及本人)一致认为，探索我国幼教工作的客观规律，使幼教工作建立在科学基础上，为“四化”建设早出人才、快出人才做贡献，是刻不容缓的任务，因此，需要尽快把幼教科研队伍组织起来，相互交流幼教的科研成果和教育教学经验，以便解放思想，群策群力，团结一致向幼儿教育科学进军。于是，大家决定发起成立“中国教育学会幼儿教育研究会”。

当时孙岩（时任教育部幼教处长）、孙爱月、史慧中（孙、史两位是中央教科所幼教研究人员）等几位都是规划大会的工作人员，她们是创办幼教研究会的重要支持者。尤其是孙岩同志，她带领我们讨论了研究会的宗旨，成立大会暨第一次学术年会的时间、地点和内容等，最后决定同年秋季在南京召开成立大会暨第一次学术年会。选择在南京召开成立大会的主要原因有二：其一，陈鹤琴先生是中国教育学会的名誉会长之一，幼教研究会的发起人，一致认为，陈先生理所当然也应该是幼教研究会的名誉理事长，而只有在南京开会，年事已高的陈先生才可能亲临会议。其二，第一次教育科学规划会议上确定了南京为我国幼教科研基地。20 世纪 60 年代以来，各高校学前教育专业纷纷“下马”，教师队伍解散，唯有南京师院学前教育专业队伍始终没散，还增添了人员，一批老专家从 70 年代初便恢复了幼教研究工作。于是，筹备幼教研究会的任务便落到了南京幼教工作者的肩上，而我则是具体的执行者。

于是，我便在孙岩同志的直接指导下进行了前所未有的会议准备，她教我如何争取学校、省市领导的重视和支持，如何组织和发动校内外幼教老师的协力合作。要使会议开得成功，关键在于确保学术活动的质量，于是我们从三个方面着手：其一，由南京师院最年长的幼教专家、教授做关于儿童营养、结构游戏、数学教育、幼教思想、儿童心理等方面的学术报告。其二，帮助科研合作伙伴、优秀的幼儿园教师准备论文，以便大会交流。其三，协助南京市鼓楼幼儿园、太平巷幼儿园、东方红幼儿园（今南京市第一幼儿园）、代代红幼儿园（今南京市实验幼儿园）准备开放半日活动。南京市教育局承担了全部会务工作。当我向孙岩同志请示谁致开幕词时，她明确提出由我代表发起人致开幕词。这真把我吓坏了，我在几名发起人中资历最浅，年龄最轻，虽已

40 出头，但 1979 年 3 月是我生平第一次参加全国性教育学术界高层会议，怎么也没资格担当这一重任啊！但在她的坚持下，我再三推辞未果，只好鼓足勇气接受了这一任务。

1979 年 11 月 3 日上午，全国幼教研究会成立大会在南京市白下饭店隆重举行，来自全国各省市、自治区的 87 位代表参加了大会。“江苏省幼教研究会”同时成立，全体代表也列席了会议。大家欢聚一堂，共庆我国幼教盛事。国务院副总理、全国托幼领导小组组长陈慕华发来贺电，全国妇联主席康克清打来电话祝贺，教育部幼教处第一任处长张逸园写来贺信表示祝贺与勉励。会议由北京师大梁志燊老师主持，本人致开幕词，有关领导讲话。大会确定第一届理事会由 52 位理事组成，理事长为左淑东，副理事长为孙岩、钟昭华（南师）、张小清、陈俊恬（北师），秘书长为孙爱月，副秘书长为我和祝士媛（北师）。陈鹤琴名誉理事长三次到会并讲话，他指出，幼儿教育是一门教育科学，是基础教育的基础，要摸索出一条中国化的幼儿教育之路，必须十分重视和切实开展对幼儿教育的科学实验研究，以促进全民族的幼儿教育事业的发展。为此，他提出四项建议：要对作为幼儿教育基础的儿童心理做全面、系统、切实的科学实验，要重视幼儿家庭教育的科学实验；应把幼儿的家庭教育作为一门科学来研究和推广；对幼儿园的教育应进行系统、深入的科学实验与研究，要办好示范性幼儿园；必须重视和解决幼教玩具、教具的科学实验和制造。大会通过了研究会章程，并决定将研究会的办事机构设在北京师大。大会收到学术论文、经验总结、调查报告等 49 篇，会上交流发言 18 篇，旁听者达 800 多人。会议期间，大家参观了鼓楼幼儿园等四所幼儿园，还讨论了今后的研究方向和任务。

二、研究会是支宣传队

回顾研究会由初创到发展的历程，真是步履维艰：一无编制，二无经费，三无权力。靠着左淑东、孙岩、张小清等老前辈领导我们组织发动、公关协调，才逐步打开局面。初创时期，研究会每年在各省轮流召开理事会，每到一处，她们都带领我们拜访省、市领导，参观不同类型的托幼机构，为幼教老师做学术报告，等等。研究会在他们的引领下不断发展，一步步前进。1987 年，研究会开始出版发行会刊——《学前教育研究》，后经国务院学位委员会授权，升格为国家级核心刊物。1992 年，全国幼儿教育研究会由二级学会晋升为国家一级学会，并改名为“中国学前教育研究会”，后来又参加了国际学前教育组织(OMEP)。抚今思昔，深感在我国幼教改革和发展中，中国学前教育研究会充分发挥了群众性学术团体的独特作用。20 世纪 80 年代初，社会上对幼教的认知很差，管理也很混乱(有的地方归妇联管)。研究会组织不同层面的幼教力量，向社会宣传幼教科普知识。研究会将高师、幼师、幼儿园以及教科研、行政等方面的幼教工作者团结在一起，真正做到了理论联系实际，形成合力，发挥着教育行政部门不可替代的作用。原教育部张文松副部长曾就此发表过精辟的见解。他指出，教育行政部门处于一线地位，起指令性作用;科研部门处于二线地位，起指导性作用;研究会处于三线地位，起群众性作用，准确地将研究会的作用定位在群众性上。上世纪八九十年代，各级幼教研究会都围绕《幼儿园教育纲要(试行草案)》《幼儿园工作规程》等法规，进行学习、宣传。本世纪初，研究会又组织学习、宣传《幼儿园教育指导纲要(试行)》及《3—6 岁儿童学习与发展指南》，组织和发动幼教工作者，以科研工作者、高校教师为骨干进行科研和教研，成为各级教育行政部门的得力助手。研究会是幼儿教育的宣传队，每到一地开会，就在那里举办讲习班、开展各种活动，并通过报纸、杂志、电视等多种媒体向社会广泛宣传幼儿教育。研究会的各种学术活动几乎遍布全国各省。2008 年汶川大地震恢复工作中，以冯晓霞为首的研究会组织了多批次幼教工作者前往汶川进行咨询、培训、复办等工作。自 2012 年以来，教育部启动并逐年举行全国学前教育宣传月活动，研究会均积极参与其中，在各地组织举办学前教育科学宣传活动。研究会把幼教种子撒向全国，使之在各地发芽、开花，惠及千百万儿童。

三、研究会是个大家庭

以孙岩为首的研究会老前辈们，高瞻远瞩，心胸宽广，谦虚好学，体恤后辈，关爱着全国的幼教工作者。

1984年冬研究会在北京开常务理事会暨学术研讨会，当时教育部正在讨论教师工资改革，而教育部负责人在报告中只提中、小学的工资改革，只字未提幼儿园，联系到教育部当时的有关文件也基本如此，鉴于对幼儿园及其教师的地位和待遇（尤其是工资待遇）的关心，与会幼教工作者反应强烈，推选李道佳和我起草《意见书》。记得当时住在首都师大地下室的招待所里，寒冬腊月，夜深人静，我俩带着万分焦急的心情连夜上书。孙岩同志直接向教育部领导反映了我们的意见，结果张文松副部长代表教育部亲切地接见了我们并热情宴请，他充分肯定了幼儿教育的地位和作用，一再向辛勤工作在幼教岗位上的老师、专家表示敬意、谢意，明确表示"工资改革……幼儿园都在内，不是在外，同志们请放心"。从此，幼儿园教师在工资改革、职称评定、表彰奖励等方面名正言顺地享有和小学教师相等的地位和待遇。

2001年夏，研究会在北戴河举办"十五"课题培训班，云集了全国十多位专家讲课，虽然天气炎热，但孙岩和张小清等几位老同志场场准时到会，并始终坐在前排，专注地听讲和记笔记，让讲课者和听课者感动不已。

1999年11月，研究会在上海举行"双庆"活动（即新中国成立50周年和研究会成立20周年），研究会给参与工作年久的幼教工作者颁发了荣誉证书，使我们深深感到了研究会大家庭的温暖。

2009年是研究会成立30周年，这一年11月初在天津举行纪念座谈会，历届常务理事围坐在张小清等老前辈周围，畅谈30年来的发展、感受。魏振高

（原教育部幼教处处长）将她新出版的画册赠送给与会者。祝士媛用这次集体合影为大家制作了精美的新年日历。短暂的聚会，使大家备感亲切和幸福。

四、研究会是所大学校

我们在研究会里学习着做人、做事，在专业方面有了显著的长进。通过听学术报告、参观现场、论坛交流、工作坊活动等，尤其是开展课题研究，广大基层幼教工作者的研究意识和研究能力有了极大提高。

1985 年，研究会在浙江杭州召开第三次学术年会，在这一次会议上选举产生了第二届理事会，孙岩当选为理事长，我当选为副理事长，祝士媛为秘书长。研究会围绕 1981 年教育部颁发的《幼儿园教育纲要（试行草案）》，成立了幼儿园课程结构、德育、各科教学、游戏、一日生活五个课题组，开始有重点地研究，我负责其中的幼儿园课程结构课题研究。1986 年，幼儿园课程结构课题组在江苏南京进行了第一次课题交流活动，以学习皮亚杰的儿童发展理论及苏联等国的课程理论为主。1988 年在浙江湖州召开第二次交流会，来自南京、上海、北京、湖北、河北等地的幼教工作者就综合教育、活动课程、农村教育等进行了讨论。联合国儿基会专家考特尼及美国专家派特森与会，外国专家对会议内容予以了高度评价。这一年的会议也为 1989 年我国第一次召开的幼儿教育国际会议提供了交流内容。1990 年，研究会在湖北武汉产生了第三届理事会，会上首次交流了各课题的研究成果，共收到科研报告和改革经验文章 500 余篇，由教育科学出版社出版了《幼儿教育改革与研究》，分上、下两册正式出版。这些文章体现了内容充实、覆盖面广、应用性强等特点，也显示了我国幼教工作者深入实际、苦心钻研、勇于探索的精神，进一步密切了理论工作者与实践工作者的协作关系。

1995 年，研究会在四川成都产生了第四届理事会，史慧中当选为理事长，庞丽娟为秘书长。这届会议按课题进行交流，由北师大出版社出版了《继往开来，共创辉煌》三本分册，代表了当时幼教发展的最新成果。在这届理事会上，成立了学术委员会（我是学术委员之一），并建立了分支机构，即托幼机构教育、健康、游戏与玩具、家庭及社会教育、事业发展与管理共五个专业委员会，我负责其中的托幼机构教育专业委员会（后改为“幼儿园课程专业委员会”）的工作。

2000 年，研究会在大连产生了第五届理事会，冯晓霞为理事长，本人重又担任副理事长。研究会启动了“十五”规划课题研究。在无锡召开的常务理事会上讨论、通过了“十五”课题的规划，并在北戴河举行了课题培训会。2005 年，研究会在广西桂林举行了第六届理事会，这次会议的重点就是对“十五”课题进行结题、交流和表彰活动。如今已进行到“十三五”课题了。

第五届理事会主要筹备并开展我国幼儿教育机构诞生百年的系列纪念活动。如开机拍摄了《中国幼教百年》五集大型电视专题片。《学前教育研究》《早期教育》《学前教育》《幼儿教育》《山东教育》《上海托幼》等杂志联合发起“我和幼儿教育”征文活动，并于 2003 年秋汇集成册，几代幼教工作者从不同角度抒发自己的幼教情怀。研究会组织了“中国幼儿教育百年征文”活动，共收到全国各地包括港澳台地区的研究论文五百多篇，作者有一线的幼儿园教师，有各级师范院校的教学和研究人员，有教育行政人员和教研人员，论文内容涵盖幼儿教育发展历史、幼儿心理、幼儿教育原理、幼儿园课程、幼儿园各领域教育、幼儿园的活动与游戏、社区与家庭教育、幼儿教育事业发展与管理、教师教育等多方面，反映了新理念和新问题，在江苏教育出版社出版了《为了每个幼儿的健康成长》一书。另外，研究会还在教育科学出版社出版了《百年中国幼教》，我和冯晓霞担任主编，邀请诸多幼教同仁通力合作，发掘整理了中国幼教百年历史中的大量原始资料，图文并茂，以史为鉴。

2003 年 10 月 15 日，中国幼教百年纪念大会在北京人民大会堂隆重举行，会后由学前教育研究会组织报告会和学术研讨会，我主持了几次报告会。

五、结语

40年来，研究会从无到有、从小到大，逐步壮大，不断发展。研究会做到了学术性和群众性兼备，形成了务实、关爱的优良会风，在我国幼教事业发展史上起到了不可磨灭的作用。随着研究会的发展，我也从一名普通的青年教师逐步成长起来。我的成长固然与学校的本职岗位、师长的教育有关，但也与研究会前辈的教导密不可分，她们使我的学术视野从当地的一个单位扩大到了全国范围乃至世界范围，在全国各地结识了很多良师益友，我与她们彼此学习、相互支持，如向北师大祝士媛老师学习了她的顾全大局、果断利落的工作作风。我俩除在研究会中步调一致地工作外，还合作出版了首部《幼儿教育辞典》及《教育大辞典》的《幼儿教育分册》。又如80年代初，我校执行了教育部和联合国儿基会的师资培养合作项目。教育部要求我们举办两期幼教大专班，招收华东六省一市学生，后应贵州、云南、新疆、内蒙古、宁夏、天津、四川等地要求，扩大到了16个省、自治区、直辖市，各省研究会组织来南师、江苏、南京参观学习的，我们都认真安排，热情接待。

我随研究会一起成长，共同发展。中国学前教育研究会的昨天很风光，明天将更加灿烂辉煌！

中国学前教育研究会创业岁月的回忆

北京师范大学　祝士媛

2019年正值全国庆贺中华人民共和国成立70周年之际，也恰逢中国学前教育研究会成立40周年，在欢乐、喜庆的日子里，让我们共同回顾研究会成立以来，我国幼儿教育领域群众性科研从无到有，从以总结实际经验的水平，逐渐提升为有计划地进行科学研究，促进中国学前教育的整体水平提高的过程，以利我国学前教育的科学研究更上一层楼。

1979年3月，参加全国教育规划会议的九位幼儿教育界的代表，在出席会议的过程中，酝酿成立全国幼儿教育研究会。经过数月的联系、奔波，在教育部领导的关怀下，当年秋季被中国教育学会接纳为“中国教育学会幼儿教育研究会”(简称全国幼儿教育研究会)，并于11月3日在南京召开了中国教育学会幼儿教育研究会的成立大会。此次成立大会得到多方的重视，收到国务院托幼领导小组组长陈慕华副总理、全国妇联主席康克清主席、中国教育学会的贺电与贺信。著名幼儿教育专家陈鹤琴先生亲临开幕式并致辞，我国教育部幼儿教育处首任处长张逸园发来书面发言。陈鹤琴在会上当选为中国教育学会幼儿教育研究会名誉理事长。在成立大会上，左淑东当选为理事长，孙岩、钟昭华、张小清、陈俊恬当选为副理事长，孙爱月当选秘书长。会址设在北京师范大学。与会的代表给予全国幼儿教育研究会的成立以充分的肯定，一致认为没有科学依据的实践，常常会陷入盲目或形式的困扰，开展幼儿教育领域的科学研究是历史赋予的责任，将为我国幼儿教育的发展开辟一个新天地。全国幼儿教育研究会的成立，是我国幼儿教育史上的创举。

依照成立大会的号召与建议，全国幼儿教育研究会在成立的前20年中，做了很多基本建设的工作。

1. 在全国建立群众性的科研队伍

1979年全国幼儿教育研究会成立起，“群众性”一直是我们遵循的重要原则。第一届理事会的成员，是来自不同层次的幼儿教育工作者，既有高师学前教育专业的教师，幼儿师范学校的校长、专业课的教师，专职科研人员，又有幼儿园的优秀园长和骨干教师的代表，幼儿教育行政部门的干部。在这个有广泛代表性的理事推动下，与全国幼儿教育研究会同时成立的江苏省教育学会幼儿教育研究会带动下，理事们回到本地后，很快就开始筹备成立了本地的幼儿教育研究会，短短几年，全国除西藏自治区外，均成立了省、市、自治区教育学会所属的幼儿教育研究会。全国及地方幼儿教育研究会的成立，标志着我国开天辟地第一次组成了群众性的幼儿教育科研队伍。这支队伍的成员与全国理事会的组成相似，只是幼儿园层次的园长及骨干教师的比例相对较高。这些不同层次的幼儿教育工作者，在各级研究会的组织下，创建了幼儿教育科学研究的合作关系，在一起探讨幼儿教育理论与实践的问题，并能在一定时间内就某一课题协作进行合作研究，发挥了不同层次人员的特长，为大面积提高幼教工作质量，探索幼儿教育规律创造了有利条件。这是研究会成立后所起到的最重要的作用。

2. 对我国幼儿教育群众性科学研究的探索

在20世纪50年代，我国幼儿教育界很少有经验与学术研究成果的交流活动。仅在1954年，教育部在京召开过一次“京津两市幼儿教育经验交流会”。自此之后，经过50年代后期的政治运动，60年代经济困难时期，加上十年“文化大革命”，我国幼儿教育事业的发展与科学研究均处于停滞状态。1978年“科学春天”的到来，激发了幼儿教育工作者科学研究的热情，开启了一个新的征程。

第一届年会于1979年11月在南京举行。有18位代表，就中国教育史、幼儿心理、幼儿品德、语言、数学、营养、游戏等方面的内容，进行大会发言。其中有部分是“文革”前高校学前教育专业教师的研究成果，大部分为实际经验总结层面的内容。大会结束前，新选出的副理事长孙岩、张小清分别对我国今后幼儿教育领域内科学研究的开展提出了建议。

第二届年会于1982年11月在长沙举行。本次年会的核心内容是总结中华人民共和国成立以来幼儿教育工作的经验与教训，研究、探讨我国如何开创幼儿教育的新局面。

会议分两个阶段进行。第一个阶段为全体会议和按各大行政区分组会议，研究总结新中国成立32年以来，幼儿教育事业的历史经验和教训。第二阶段按体育、思想品德、语言、常识、计算、音乐美术及游戏七个专题组，交流、研讨各专题的研究报告和经验。

第三届年会于1985年4月在杭州举行。本届年会的中心议题是依据1983年7月中共中央宣传部、中共中央书记处研究室《关于加强爱国主义宣传教育的意见》和教育部把《意见》的通知下达后确定的。经过两年多的实验研究，收到50余篇有关幼儿爱国主义教育研究的论文。

通过大会交流、小组讨论，与会代表对幼儿年龄阶段进行爱国主义教育的意义、内容、手段、方法，各抒己见，畅所欲言，进行了认真的探讨。与会代表认为，向幼儿进行爱国主义教育是适应新形势、新时代的需要，是教育要“三个面向”的需要，是全面发展教育的需要。从幼儿本身来说，只要内容和方式符合幼儿心理发展特点，幼儿是能够接受的。同时提出对幼儿进行爱国主义教育重点应从情感入手，对幼儿进行爱国主义教育的中心应是“爱祖国、爱人民”的情感培养，内容的深度、广度、形式、方法，都要符合幼儿的年龄特点。代表们还提出，对幼儿进行爱国主义教育研究仅仅是开始，尚有许多问题待继续深入研究。

鉴于召开一次全国性的年会，从准备到开会的组织工作都比较复杂，要用很大的人力、物力，同时，研究会不断发展，会员增多，研究课题也随之增多，因此，在1985年召开第三次年会后，全国幼儿教育研究会改为以小型分散的专题研讨会为主，延长大型研讨会的间隔时间，改为每隔五年召开一次大型研讨会，第五届年会即改称为“学术研讨会”。

第四届年会于1990年6月在武昌举行。本届年会的专题报告有：华中师大杨汉青教授做有关世界教育信息的学术报告，介绍了当代世界教育的矛盾，21世纪教育发展的趋势，对我国21世纪教育的想法等内容；国家教委幼教处朱慕菊同志介绍了《幼儿园工作规程（试行）》《幼儿园管理条例》两个“法规”的精神；北京市教科所陈秀云同志介绍了陈鹤琴的教育思想。在大会上交流的研究报告有：教育评估组报告了幼儿教育的评估类型与评估标准；河北农村学前教育研究课题组报告了为提高与发展我国农村幼儿教育，探索农村幼儿教育多种形式培训体系的研究成果；国际教育成就评价委员会中国组（简称IEA项目组）做了旨在为世界与本国学前教育提高质量提供依据的研究报告。

本届年会分组交流是依据第三届年会提出的五个课题的研究成果交流。这五个课题是：幼儿园的作息制度怎样才能更加适合不同年龄幼儿的生理与心理的特点；幼儿园的课程结构，怎样才能更加有利于幼儿的全面发展；幼儿园的德育怎样才符合幼儿的年龄特点；幼儿园的各科教学要求怎样才能更加科学、有效地促进幼儿成长；幼儿园的游戏和玩具的科学性和系统性主要体现在哪几个方面。以上课题分品德行为、游戏、幼儿园课程、一日生活、语言、体育、计算、美工、常识、音乐、农村幼教、教育评估等课题组分别进行交流。

这些课题是在上一届年会后确定的，在下一届学术研讨会召开之前，各个课题组都会召开 1—2 次的研讨会，进行研究成果交流，并从中选出有代表性的论文或实验报告，在下一届全国学术研讨会上交流。

从第五届年会开始，会议名称改为第五届学术研讨会，于 1995 年 11 月在成都举行。本届学术研讨会由三大议程组成。

第一个议程是听取专题报告：① 中央教科所曹青阳做《国际教育改革趋势》的报告；② 四川省教科所周林做《改变科学观》的报告。

第二个议程是听取北京师范大学林嘉绥代表国际合作项目——“幼小衔接”课题组做科研成果报告；各课题组的研究报告主题分别为：“社会主义市场经济与幼儿教育”“学前教育课程”“学前儿童健康教育”“学前儿童品德教育”“学前儿童数学教育”“学前儿童科学教育”“学前儿童语言教育”“学前儿童艺术教育”“学前儿童游戏”“学前儿童家庭教育”“学前儿童师资培养”“学前教育发展与管理”，以及上海与全国各地其他方面的研究报告。

在研究会成立前 20 年期间，我除了参与以上学术研讨会的组织与准备工作外，还辅助孙岩同志组织召开过四届理事会、两次各省市自治区研究会的秘书长会议。理事会和秘书长会议属于工作性质的会议，一般是规划阶段性的研究课题，确定下一届的年会地点和承办单位，修改《章程》，研究理事会改选等事项。除此之外，我还参与了研究会另外两项建设性的工作。

3. 创建学前教育一级学会

中国教育学会幼儿教育研究会成立 10 年后，在北京主持日常工作的常务理事们提出，中国教育学会的分支机构，都是基础教育范畴的，且多数为一个学科（语文、数学、历史等），就是一个二级研究会，在全国秘书长会议上讨论问题时，幼儿教育与他们没有共同语言。鉴于幼儿教育研究会研究的是 3—6 岁的学前教育，有它的独特性，但根据我国民政部的群众团体的管理办法，各种群众团体下属团体只是专业委员会，不能再有独立章程和团体会员，这样，我们就不适宜再在全国进一步开展工作。因此，我们认为应该将幼儿教育研究会升级为一级学会。此提议经过理事会通过后，先给中国教育学会写申请写报告，申诉独立出去的理由。因中国教育学会认为“幼儿教育研究会”工作开展得好，是中国教育学会中的先进单位，不愿我们退出，就迟迟不予以正式答复。后经孙岩理事长亲自去国家教委办公厅，申述拟成立一级学会的理由。后经国家教委有关部门与中国教育学会共同商议后，同意“幼儿教育研究会”升为一级学会，并以国家教委办公厅名义，给中国民政部社团司写了申请成立幼儿教育一级学会的报告，分配我负责赴民政部办理社会团体的登记手续。从教育部内部商议至民政部1992年初正式批准，历时一年有余。从此“中国教育学会幼儿教育研究会”更名为“中国学前教育研究会”，并于1992年7月8日在《人民日报》第七版发表公告《中华人民共和国民政部社团登记公告(六)》，根据《社会团体登记管理条例》核准我会登记，登记证号为0944。会址仍设在北京师范大学。

在研究会成为一级学会不久，正式成立了学术委员会，由13人组成，其中有五位理事兼任，其他为聘任委员。学术委员会下设8个专门研究组：基础理论组、体育组、德育组、智育组、艺术教研组、幼教事业发展与管理组、幼教师资组、游戏组。

1995年10月，更名后的中国学前教育研究会召开第一次代表大会。会上扩大了理事会的组成范围，增设了五个专业委员会，近年的事实证明，在上级领导关怀下，研究会作为国家级学会，组织扩大更促进了群众性科研活动的开展，扩大了研究范围，使课题的选择更合乎实际需要。20年来研究会一步一步扎扎实实地在科研大道上迈进。

4. 国际交流

中国学前教育研究会开展国际交流活动，在成为一级学会和加入OMEP之前就已开始。如1985年7月我会名誉理事长左淑东、副理事长陈俊恬赴日，参加了日本保育学会第38届大会。会上左淑东做《中国幼儿教育现状》的报告。1986年10月，我会邀请日本保育学会副会长村山真雄、冈田正章教授来华，先后在北京、上海讲学和访问。1987年我会派胡润琴赴朝鲜参加联合国儿童基金会在平壤召开的幼儿教育现场会。1988年10月，我会邀请日本幼年教育协议会会长横地清教授来华，在福州举行的幼儿教育研讨会上讲学。

5. 加入世界学前教育组织(OMEP)

OMEP于1948年成立，会址设在挪威的奥斯陆，是与联合国教科文组织有咨询关系的非政府机构。1981年冬联合国教科文组织在巴黎总部召开"国际学前教育协商会议"，时任教育部幼儿教育处的孙岩处长赴会，OMEP主席古他专程赴巴黎会见孙岩处长，邀请中国参加OMEP。研究会常务理事会经过数年的调查、咨询后，决定以团体会员形式参加。1986年国家教委(86)教外际字700号文件，批准中国教育学会幼儿教育研究会加入OMEP，并同意每年提供500美元以内的额度作为会费。我会向OMEP总部递交《OMEP中国委员会章程》后，于1988年在布拉格举行的OMEP理事会上，中国被接受为正式会员国。这是我国教育部系统的学会中，唯一参加世界学术团体的机构。

OMEP中国委员会成立后，由孙岩理事长兼任主席，由北师大林嘉绥副主席负责日常会务工作。其中主要工作是向OMEP总部和OMEP亚太地区分部报告中国OMEP所进行的工作，写通讯稿；接待美国、日本、澳大利亚、瑞典、以色列等国来访。20世纪90年代后，OMEP中国委员会有组织出席的幼儿教育国内外学术会议有：1992年8月，我国OMEP副主席林嘉绥、秘书长项宗萍率团参加了在美国举行的OMEP第20届世界大会及亚太地区会议，会上朱慕菊、林嘉绥分别发表了《中国幼儿教育十年发展和国家政策》《早期数学教育与儿童思维发展》的报告。1992年10月，我赴中国香港地区参加OMEP香港分会成立大会，发表《中国内地幼儿教育发展趋势》的报告。广东省有20余名幼儿教育工作者与会。1993年8月，OMEP中国委员会委派副秘书长庞丽娟及中国学前教育研究会学术委员陈志超为正式代表，加上各省市代表共16人，赴日本大阪，参加OMEP亚太地区“促进学前教育和保育发展国际研讨会”。我国与会者共有11篇论文在分组讨论会上发言，其中庞丽娟的《中国幼儿教育内容与方法的改革》和陈志超的《中国幼儿师范教育的历史、现状和未来发展》被选入大会论文集。

我1995年卸任研究会的秘书长兼副理事长后，担任OMEP中国委员会主席五年。在这五年期间，主要组织研究会成员参与国际交流活动。如1995年8月南京师大唐淑教授作为OMEP中国委员会的全权代表，与国家教委姜瑾及各省市12名代表，参加在日本横滨市举办的OMEP第21届世界大会。上海郑美玲在分会场发表《幼儿园自我评估》一文，姜瑾和唐淑分别在小组会上做《有关贫困地区和农村的非正规学前教育形式》的发言。1997年10月，我在日本静冈大学做访问学者时，率黑龙江幼儿教育研究会代表团，出席了在日本大阪举办的OMEP亚太地区研讨会。

以上是我担任研究会秘书长等职务20年期间，所参与的基础建设的工作。回想起40年前研究会开始起步时，我们面临的是个“三无”研究会，即无专职人员，无办公地点，无开会的资金(会员不交会费，中国教育学会开始每年拨一些日常办公用费，几年后也断粮了)。会址虽然设在北师大，但那时的北师大办公房间极为紧缺，且设在那里的全国性学会也不仅是我们一家。研究会开小型会议和日常办公地点，只能在孙岩同志和我的家中。当时虽然对研究会这个新事物充满热情，但对这种学术团体的性质、任务、会务等，完全是陌生的。我参加业内的会议，也只参加过一次1954年的“京津两市幼儿教育经验交流会”，当时也只是一个听众而已。但在改革开放大潮的驱使下，从研究会理事到基层会员，对研究会这个新事物的热情极高，在全国范围内，大家都本着“自力更生、勤俭办会”的精神在摸索中前进。记得研究会成立的第二年，在成都开第一次理事会时，选择住在每天0.8元住宿费的机关招待所。

在北京召开第一次各省、市、自治区研究会秘书长会议时，也是选择了一个工厂的廉价招待所，两次会议与会者均无一人有怨言，让我这个会务负责人深受感动。在后来召开几届年会时，资金总是个大问题，因当时不收会议费，中国教育学会的拨款有限，开展工作很困难。在这种情况下，每次活动的承办单位总要给予经济上的支援，为了感谢地方给予的支持，每次开会，研究会都请与会的高师和幼师的专业教师、科研人员、特级幼儿教师以及有经验的行政管理干部，给当地幼教工作者义务做专题报告或介绍经验。1989 年始，中国教育学会完全停止给专业委员会拨会议费后，研究会召开专题研讨会、大型学术研讨会时，只好同时在开会地点举办收费讲习班，请与会者中各路专家讲学，以学员缴纳的少量学费来"以班养会"。这种讲习班从一开始，就受到广大幼教工作者的欢迎，使他们有机会听到全国各地专家的讲学，丰富幼儿教育理论和知识，获取全国各地幼儿园办园的新经验。这一勤俭办事业的举措，使研究会在无经费的情况下，也能不断地召开学术会议，使研究会科学研究成果得以及时、广泛的交流。

回顾研究会的创业之路，我们不能忘记研究会老一辈的创始人、长期主持会务的负责人孙岩、左淑东、张小清、陈俊恬、史慧中、孙爱月等在京的常务理事，外地的唐淑（南京）、李道佳（沈阳）、肖传京（长沙）、王风野（长沙）等人做出的贡献。特别是孙岩同志自从研究会成立起，直至她离世前，一直关怀、扶持研究会的工作。在她60—80 岁担任理事长期间，因研究会无专职办事人员，而我这个秘书长在北师大一直讲授两门专业课、带研究生，寒暑假要赴外地的函授站上课，其中有 11 年担任学前教研室的正副主任。孙岩同志看我担子较重，就亲自做很多具体事务工作。在举行全国性会议之前，要向中国教育学会或教育部办公厅呈送的申请报告，大都由她本人起草。有些事情她不可能亲自做时，如申请升为一级学会期间，需要多次去民政部，送各种申报材料，我稍有耽搁，她就会给我打电话提醒。每次召开全国性的学术或理事会议，事前拟定会议计划、工作报告、请领导人出席讲话等事宜，孙岩同志一定事必躬亲，具体指导我们操作。

2019 年 12 月 7 日是孙岩同志 100 周年诞辰，中国学前教育研究会的后起之秀，应以更好的研究成果，纪念她对研究会所做出的贡献。另外，在回忆我们研究会一个个业绩时，永远不会忘记，研究会在遇到自己解决不了的困难时，得到过的无私帮助。如 1980 年初，我会就曾给中国教育学会写了拟创办学前教育理论刊物的请示报告，但一直苦于没有经费、人员和刊号等因素，未能办起来。1986 年，我会的理事、湖南长沙师范学校（幼师）书记肖传京同志、王风野校长知晓此事后，自愿与研究会合作，决定提供《湖南幼教》的刊号，与我们的会刊合为一个新刊物。在他们的大力支持下，我会没有任何经济投入，即于 1987 年初创办了我国第一个幼儿理论性刊物——《学前教育研究》（双月刊），使我们一直向往有自己会刊的愿望终于得以实现，从此我会有了自己的宣传阵地。此刊现仍在全国公开发行，得到全国幼教界的支持与认可，并获得好评。又如 1992 年，我会在申请成为一级学会时，呈交了书面申请材料后，民政部社团司又提出还需要研究会出具拥有 10 万元以上资金的证明，此要求又把我们难住了，最后还是长沙师范的前后两位理事，再次伸出援助之手，解决了申请一级学会的最后难题。

前面提到的研究会最初几届的正副理事长、秘书长，他们之中已有四位在2005～2010 年期间相继离世，有两位现重病在身。现在可以告慰他们的是，后继者们已把他们为之辛勤劳动多年的研究会发展壮大，科研水平逐年提高，研究硕果累累，为我国学前教育理论与实践水平的提高，在不断地做出新的贡献。这一切也让我们这些尚健在的、为研究会创业时期出过力的耄耋老幼教工作者们感到无限的欣慰。

2019 年 1 月

团结奋进温馨的纽带

——有感于中国学前教育研究会成立40周年

辽宁教育研究院　李道佳

这是一个难忘的日子，1979 年 11 月 3 日，江苏省南京市天高云淡，气候宜人，来自全国各条战线幼教界的代表，有幼儿教师、幼师教师、幼儿园园长、幼教教科研人员、高校教师、幼师校长、省市幼教行政干部，还有个别的妇女儿童工作者，以及儿童出版社编辑等。这是“文革”后第一次大家为了一个共同的目标，为中国幼教事业的兴起，走到一起参加庆祝成立中国幼儿教育研究会。到会有多年不见的师生们，同学们，百感交集，热泪盈眶，又高兴，又激动！特别使我兴奋的是第一次见到来自延安保育院的姚淑平院长，来自延安的现任国家幼教处处长孙岩同志和上海市幼专校长左淑东同志三位幼教界的革命老前辈，她们都年过半百，头发花白，但一个个都是精神饱满，神采奕奕！她们都被大会选为领导班子，这使我非常有方向感、安全感、亲切感！

让我又激动又难忘的是我还亲眼见到了久仰的幼教老专家陈鹤琴先生，并亲耳聆听了他的讲话，虽年事已高，但他非常高兴，三次登台讲话，语重心长地对大家提出四点期望，根据他一生的探索、亲自实践与实验的认识，要发展与提高中国幼教事业，他提出第一是要开展与加强对幼儿教育的研究活动；第二是要重视对儿童的家庭教育的研究；第三是重视与加强办好示范性幼儿园;第四是重视和加强对幼儿玩具的研究与生产。老先生的期望与教导使我感到任重道远。但是我们都下定决心一定要继承发扬他的事业,绝不辜负老一辈革命家和教育家的期望,只争朝夕地做好本职工作和幼教会要求我们完成的一切任务!

研究会成立后,按照章程规定每一两年要召开一次全体大会。以后又相继成立了各专业委员会以不断扩大加深各领域的研究项目。不论是全体会,还是分支专业委员会都是生机勃勃地开展工作。研究会还不定期地组织各省市开展学会工作交流互相学习,唐淑代表江苏省幼儿教育研究会首先介绍了经验,她们的工作非常出色,对我们很有先导性、启发性,是我们学习的榜样,后来我也代表辽宁省幼教研究会汇报了我们的一些做法。好几个省的工作也都记录在由孙岩同志主编的《我们的足迹》一书中。

2018 年,由虞永平理事长、冯晓霞教授主持召开了第八届年会,说明了这是一个按既定目标前进的坚强的组织,她虽不是一个行政单位,只是一个群团组织,但是她有如磁石般的吸引力,团结全国各条战线的幼教工作者聚集一堂,为中国的幼教事业奋斗不息!不论遇到什么困难与阻力,她都能战胜,并坚强地屹立在祖国的大地上!

研究会是全国幼教界同行们的知识宝库,大学堂,也是幼教研究成果的集散地。

自从有了自己的研究组织,每一次开会或是学术报告会,大家都会得到许多信息,学到许多新的理论知识。如南师大林凤藻教授做的《神经系统的可塑性与习惯》报告,赵寄石、潘洁教授先后做的《世界学前教育发展的新阶段》报告等,使我们对国际学前教育的前沿理论与形势有了一个新认识,对国内外学前教育的发展有了新视野,使我们大开了眼界。

我们国家在 20 世纪 60 年代反苏防修以来,对以凯洛夫为代表的苏联教育理论的彻底批判,也使我国建立在苏联学前教育基础上的学前教育体系受到严重的批判与冲击，当时只能讲最高指示论教育，或高校临时编的材料。“文革”时，辽宁更是重灾区，省市幼师全被取消，全省除儿所军区幼儿园外，其他幼儿园也被打散。“文革”后，教育部给幼儿园编写的《规程》与《纲要》就是主要学习的资料。研究会成立后，不少专家在不同领域先后做了不少的新理论与实践的研究成果的介绍，如北师大幼儿园园长周南副教授的《关于幼儿园的改革实验研究》，南师大郝和平教授的《关于幼儿园课程改革的报告》、卢乐珍教授的《幼儿品德教育研究》，北师大梁志燊教授《幼儿品德教育大纲与内容》、陈俊恬教授《关于幼儿品质教育》、郑慧英教授关于《幼儿园自然科学综合性实验研究》、林嘉绥教授与浙江幼师矫德凤老师关于数与数教育的研究，还有黄人颂教授关于幼儿教育的社会观与儿童观的研究，周兢教授关于幼儿语言教育和祝士媛教授关于儿童文学教育方面的报告，以及许卓娅、屠美如教授关于幼儿音乐和美术方面的研究介绍等都对大家有很多的帮助！

1987 年研究会又克服重重困难在湖南长沙师范的协助下成立了研究会自己的刊物《学前教育研究》，大家的研究成果可以定期在这里交流，也稳定了资料的来源。这些通过会议和刊物交流的研究成果都为形成我国幼教新理论的体系奠定了有力的基础。

在孙岩等理事长们的带领下，研究会对我们这些常务理事、副理事长们提出要求：不仅仅是学习者，也要当好某一部门的活动组织者。当时分配给我和梁志燊老师的任务是品德方面的任务。为此 90 年代初我与梁老师先后在江苏省无锡市、山东省烟台市召开了两次幼儿品德与个性品德的全国交流会。以后我还与安徽省幼教会联合举办了幼教学习科研的黄山会议，请数学教授讲解统计学及在幼教科研中的运用。总之，我们不仅是学习者，还要承担一些组织者的义务。对我来说召开全国性会议，真是第一次，虽感到力不从心，怕，但也要去完成任务。果然出事了，记得在烟台开会那次，会议已结束，梁老师有事先走了，结束那天晚饭后，有几位老师出现了上吐下泻的情况，我和她们一起去了附近的医院，医生说是急性肠胃炎，需挂水，我与护士长说请多多给以照顾，最好安排在室内，不要在走廊，她们都是来自全国的老师们，晚上还可能有人来。回到旅馆，我立刻找他们经理，追查伙食卫生问题，要他们保证不再出现问题，否则后果由他们负责！第二天中午，老师们病情逐渐稳定，傍晚至第三天上午，老师们逐渐离去，我是等最后一位老师走后才离去的。每当想起我都有些后怕，万一出了人命，我将如何交代？因此我感到组织一个会是很不容易的，尤其是各种安全问题。在此我很佩服祝士媛同志，她是好几届全国研究会的秘书长，每次大会都安排得有条不紊、滴水不漏，没出过问题，真的很不容易。

研究会召开全国大会时，不仅交流学术研究成果，还在当地政府和教育部门的组织下参观幼儿园和当地的名胜古迹。如，中山陵、雨花台烈士陵园、武侯祠、杜甫草堂、毛主席故居、橘子洲头、黄山、黄鹤楼、桂林山水等。记得我们在无锡市开完会后，教育局及妇联组织我们去参观当地改革后富裕起来的一个农村——华西村。这个华西村办起了 21 个企业，实行工农商一体经营，村民由穷变富，幼儿园、小学、中学一律免费入学，高中毕业考上大学的每人发 300 元奖励。妇女主任月工资 500 元（我们当时工资不足 100 元）。家家户户住着独门独院二层别墅，院内停放着小轿车、摩托车，一层还有车库。村内外全铺设柏油马路，交通通畅。这次的参观也使我们对改革开放的形势有了新的认识和信心。研究会不仅是我们学习专业的大课堂，也是我们认识大社会的大课堂！

不记得是从第几届年会开始，经大家的建议，研究会也开始对上交的研究成果论文进行评奖活动，奖励分为一、二、三等档次，此奖励证书对老师们在本单位评职称时也是一个重量级的资料！

最后，我想谈的是，我感到中国学前教育研究会，也是世界学前教育界大花园中一枝鲜艳绚丽的花朵！

研究会成立之前，中国的幼教专家们就和世界各国幼教同行们有些往来与学术交流，1988 年世界学前教育组织 OMEP 委员会在布拉格会上通过接纳中国成为 OMEP 的正式成员。日本是世界公认的幼教比较先进的。日本保育学会会长村山贞雄曾来华介绍过日本的保育经验，东京的山梨大学教授横地清先生说他一年来华交流数学教育，下一年来华交流育儿教育。在沈阳我曾接待过他的讲学。联合国儿基会官员考特民博士也来华做过课程问题的报告。我国幼教专家也积极参加国际上有关的学术会和 OMEP 所召开的会议。如孙岩会长就曾在 OMEP 大会上介绍过《中国幼教事业发展的状况》，林嘉绥教授曾做过《幼儿数教育的研究》报告。1993 年由庞丽娟博士和陈志超教授率领的 14 名代表参加了一次在亚洲召开的 OMEP 大会，提交了 12 份研究报告，庞教授不仅自己提交了《中国幼儿教育内容与方法的改革》和《同伴社交困难幼儿的培养研究》两份研究报告，同时，她作为亚太地区委员会理事国代表主持的一场全体大会上的交流发言和三次主持大会上的发言，思维敏捷清晰，英语流利，主持得非常成功，受到大会的一致赞扬，从而使各国代表对中国的代表留下了非常良好的印象。

还记得 1989 年我和南师大卢乐珍教授代表中国研究会参加了在日本召开的 OMEP 组织的“亚洲学前教育相互了解与今后发展”研讨会，第一个发言的就是中国代表卢乐珍教授，说明对中国的尊重，她报告的是《提高独生幼儿同伴交往能力》，受到大会热烈欢迎。我和上海幼专两位校长的发言是在下午三个分会上，我的发言是《幼儿大班玩玩做做的研究》。我们发言后一些代表和我们说希望下次这样的大会能在中国召开，这样我们可以向中国学习得更多！我说：“非常欢迎来中国，我相信以后会有的！”大会最后一天，OMEP 主席欢迎大家出节目，卢教授首先站出来说和大家一起玩 *London Bridge Is Falling Down* 的游戏，把全场代表都吸引进来了，大家玩得非常开心，因此受到大会主席的感谢与赞扬！会后代表们还参观了培养幼师的圣和大学和幼儿园。总之，通过每次的国际会议我们看到、学到了各国的学前教育经验，同时也介绍了中国的经验，展示了中国的智慧。

研究会走过不长也不算短的40年历史。以上仅是我一孔之见，我祝愿研究会与时俱进，不断发展，不断提高，继续发挥团结奋进的纽带作用，办好这所大学堂，我愿在这所大学堂中当一名永不毕业的学生！

最后，我还要对已故的中国学前教育研究会的发起者、组织者、建设者的领导们、理事们，致以深深的谢意和敬意，并永远地怀念她们！

2018年10月

凝聚爱心　不忘初心

西北师范大学　马以念

40年弹指一挥间。“文革”十年，中国幼儿教育几乎停滞。随着改革开放的春风，那些被迫离开幼儿教育的工作者、被迫撤销了学前教育专业的高校、停办了的幼儿师范学校和幼儿园也欣喜地获得了复苏的信息。而在那样一个百废待兴的时代，的确有太多的工作需要恢复重建。大、中、小学的恢复工作就已经是海量的工作量了，对于脱离国际社会科学研究已久的国人，那时对学前教育的认识基本上还是停留在20世纪50年代的层面，即学前教育阶段是一个可有可无的学段，因此教育职能部门尚无暇顾及。然而人们对于学习的渴望犹如久旱的土地祈望甘雨，他们希望自己的孩子能够从幼儿时期就开始接受教育。刚开始恢复办学为数不多的幼儿园成了家长们清晨四五点钟拿着小板凳排队报名的目标。而刚刚恢复招生的高校学前教育专业、幼儿师范学校、幼儿园里从不同工作岗位归队的老师们该怎样开始从事这个熟悉而又陌生的工作呢？大家满怀激情而又困惑，最需要的就是学习新知识、交流前进中的经验和探讨遇到的问题。在这样的期盼中，由教育部基础教育司幼教处牵头，组织了当时已经恢复招生的高校学前教育专业、幼儿师范学校、幼儿教育行政管理部门和幼儿园等单位和部门于1979年成立了经国家民政部批准、受教育部业务指导的全国性学术团体——中国教育学会幼儿教育研究会，并于 1988 年以团体会员的身份加入了世界学前教育组织（OMEP），成立世界学前教育组织中国委员会，这是当时我国最早参加世界学术团体的两个学会之一。学会自成立就像一块磁铁吸引着全国不同工作岗位的幼儿教育工作者。也正是由于越来越多的全国广大幼儿教育工作者的参与，学会也在不断地发展壮大，日臻成熟。

我是 20 世纪 80 年代初由西北师范大学推荐参加学会理事会工作的。对于刚刚回到专业工作的我来说，有这样一个学习的机会自然是很高兴的。在学会的活动中，我结识了许多幼教界的朋友，吸收到了许多新的信息。1990 年第三届学会换届暨学术研讨会在湖北武汉召开。在讨论理事会人事构成人选的时候，大家对会前拟定的人选产生了争议，在毫无征兆的情况下突然有人提名我为副理事长候选人。我自感刚恢复专业工作，又参与教育部与联合国儿童基金会一项合作项目的工作，能力精力有限，恐力不能胜任，所以竭力推辞。后来德高望重的孙岩同志以命令的口吻说："民主集中制，大家的意见作为决定，不要再强调个人意见啦！"就这样我开始参加了中国学前教育研究会"领导层"的工作，和一群充满了爱心的开拓者、耕耘者、育苗者、探索者们一起共同走过了 40 年风风雨雨而目标始终如一、辛苦又甜蜜的岁月。有理想有目标地工作着是幸福的，大家一起探讨、研究解决发展中的各种现实问题，提供理论学习和经验分享的平台，加强国际交流合作，不断提高发展中的幼儿教育质量，真是忙碌并快乐着。

前辈革命精神的引领、一切为了孩子的工作目标是学会发展的精神支柱。上世纪八九十年代那是一个讲奉献重实效的岁月。记得一次在兰州举办幼教研讨会，学会理事长孙岩和副理事长林嘉绥教授决定来参加指导。那时从北京到兰州火车正常行驶需要 36 个小时，他们选择了清晨 6 点到达兰州的车次，会议定于 8 点半开始。而火车晚点，8 点多才到达兰州，他们从车站赶到会场已经9点过了。两位老先生不顾在火车上已经摇晃了将近40个小时,用水擦了一把脸就上会场了。在座的幼儿教育工作者们不仅为他们精彩的讲演所打动,更为他们的精神所感动。会议没有给他们一分钱的报酬,我们"宴请"他们的是那时不到一元钱一碗的兰州牛肉拉面。我们一起在小饭馆里谈笑风生地吃着牛肉面,边吃孙岩同志边给我们讲在延安时期,他们怎么偷偷跑出去吃"肉夹馍"的趣事。兰州会议结束后他们说时间紧来西北不容易,又要求马上去青海。我们从幼儿园借了一辆面包车立即前往青海的西宁市做指导。青海海拔在3 000米左右,当地的老师们让他们休息两天,给孙岩同志找来了氧气袋让她吸氧,但都被他们拒绝了。他们几乎走遍了当时西宁市的幼儿园,对幼儿园进行调研指导,希望把他们的关爱洒向蓝天下的每一个地方。

学会组织的由刘占兰老师带队,《学前教育》杂志杜继刚、张月红等参加,从北京几所优秀的幼儿园选的一批教师为主的支教队;由陈志超老师带队的湖北幼儿教育支教队、张虹老师带队的浙江支教队分别在兰州、西宁、甘南藏族自治州的合作市、临夏回族自治州、新疆维吾尔自治区的支教活动再一次延续了这种精神。支教的老师们悉心准备,热情地与当地的幼儿教育工作者分享自己宝贵的经验、体会。有的老师高原反应头晕、口干唇裂仍然坚持工作。尤其是刘占兰老师,为了有质量的支教、切实通过支教活动让受教者理解教育理念、提高教育质量,她对来支教老师的每一次示范活动都反复讨论、仔细推敲,每晚都工作到很晚,要求近乎严苛。通过他们的示范,当地的老师们对于如何尊重儿童主动学习、如何进行互动、如何有效地利用各种资源等有了进一步的理解和借鉴,至今这里的老师们还常常念及北京的老师们给他们留下的深刻印象。辛苦的工作之后,当地的老师们很想尽一点地主之谊,陪他们去周边游一游,都被他们拒绝了。科学严谨的治学态度、无私奉献的工作精神也被当地的幼儿教育工作者继续传承,他们也经常性地下乡进村,帮助更多需要帮助的幼教工作者和家长们。

近十年，尤其是2010年国家一系列有关幼儿教育的政策文件颁布以后，我国的幼儿教育事业得到了跨越式的发展。由政府主导，有政策指引，发展速度举世瞩目。快速的发展也难免产生一些这样那样的问题。例如有些机构、群体以营利为目标；有的在速培中不能提供合理的教学内容，甚至误导学员。在2017年11月甘肃省幼儿教育专委会面向会员举办的一次免费的大型研讨会上，虞永平理事长和资深的幼儿教育专家方红霞做主题报告。他们两人接地气有理论有实例深入浅出的主题报告，引起了极大的反响，与会者们说："这样理论联系实际的报告太好了，我们一听就明白，也能和自己的工作联系上。有些报告看介绍很吸引人，大老远跑去花费不少却越听越糊涂。"虞老师、方老师百忙之中赶来讲学却分文报酬都不肯收取，我深深地感到在他们身上学会的这种精神一直在继续发扬。

新世纪初我已经任两届副理事长期满，又被理事会推选担任OMEP副主席，和屠美如、周欣副主席一起协助庞丽娟主席工作。紧接着在北京举办的OMEP亚太地区主席会议上确定的工作要点中有一项决定是：亚太地区的各委员会两两组合互帮互学，我们中国大陆委员会和中国香港OMEP分会商议组成了一组，配合中央西部大开发的精神，依据OMEP组织1948年成立以来关注世界各地处境不利的儿童，保护儿童受教育的权利，参与支持有益于提高早期儿童教育质量的各种活动，促进OMEP组织成员间相互了解共同发展的宗旨，制订了"中国西部和香港特区幼儿教育交流活动计划"，以培训西部幼儿教师、分享先进的教育理念、提高西部幼儿教育质量、相互交流学习、共同发展为目标。计划是从2003年至2013年共计十年，实际上在开会之前庞丽娟和刘丽薇两位主席就已经提出了这一意向，在分工时确定由我负责中国委员会的这一项工作。在这十年的时间里共计为中国西部的九个省培训了156名幼儿教师。对于这项合作交流计划我们双方OMEP组织都是非常认真的：从选送什么样的学员、对学员学习生活纪律的要求、去香港地区交流的内容、香港地区提供的学习安排计划的商议确定、学习结束后学员学习总结的要求以及回到各地以后与当地幼儿教育工作者分享情况的汇报等。例如最初我们挑选学员倾向让那些偏远地区外出机会少的老师去，后来发现理论基础太弱、现实差距太大，在短时间内的学习交流收效有限。因此我们改为从地区分布和学员吸收能力考虑选择，同时加强学习后的分享要求，收效就更好一些。又如最初香港地区学习计划中以在高校听课、去幼儿园参观、交流工作坊为主。根据学习反馈，将在高校听课改为在高校听课并参与讨论幼儿园课程设计，将去幼儿园参观改为在幼儿园驻园全天参与工作等以不断提高学习质量。西部去香港地区学习的学员也会根据香港地区的要求和自己的地方文化特色与香港地区幼教工作者进行交流，先后就皮影戏、扎染、民族舞、剪纸、水墨画等做了 40 多场工作坊，增进了对祖国传统文化的了解与热爱。每期学习结束后，我们都会汇集学员的学习报告，总结后以书面的形式提交 OMEP 中国委员会和香港 OMEP 分会。除了学习，香港的朋友们在生活上也十分关心西部的学员。例如考虑到西部地区老师们的困难，几乎每期孔美琪主席都会自己出资邀请学员们参观一次香港迪士尼乐园，她说搞幼儿教育的老师去看看既是放松娱乐也是学习开阔眼界。在执行计划的中期和结束的时候分别在兰州和成都成功地举办了总结汇报会；历届学员们的学习总结中也有一些体会深刻撰写得好的文章曾分别选登在《学前教育》《幼儿教育》杂志上与更多的幼儿教育工作者分享。我在去一些幼儿园的时候常常欣喜地看到西部幼儿教师把在香港学习的经验运用在了自己的实际工作中，并向更多的幼儿教育工作者介绍推广。

计划的实施使两地 OMEP 组织互动的合作不断深入，我们与香港 OMEP 的合作拓展到了更广的范围，香港特区政府倡导的“薪火传承始于幼儿”的国情教育计划就是其中的一项。内容是在香港的幼儿园里竖起国旗、学唱国歌、学习祖国的传统文化知识等基础上，香港选出一批优秀学员到北京、南京、西安、兰州参观学习。2006 年我们在接待香港“国情教育团”的过程中看到他们庄严肃穆地仰望国旗，看到他们不停地用手抚摸黄河的流水……我们双方都从中接受了一次国情教育的洗礼。2007 年，我们组织西部一些幼儿园参与了香港“薪火传承始于幼儿——幼儿园国情教育教材”的编写工作。在组团参加香港 OMEP 分会召开的“薪火传承始于幼儿——国情教育闭幕大会”上，西部的幼儿还参与了演出活动。

在计划实施期间，香港 OMEP 分会举办了两次国际会议，西部去学习的老师也受邀请参加了会议。在会上，他们不仅听到了来自世界五大洲知名的幼儿教育专家的报告，例如：2008 年庞丽娟教授关于中国幼儿教育立法问题、香港黄艾珍教授关于幼儿园发展评量研究等。2008 年的国际会议上专门安排了以西部赴香港学习学员为主的“以中国文化艺术促进幼儿国情教育发展”的工作坊；此外分会场和版面墙贴上展示了他们自己的工作经验和成绩，受到了与会者的关注。学员反映这也是他们学习提高的好机会。

为了使“中国西部和香港特区幼儿教育交流活动计划”取得更好的成效，这十年期间 OMEP 中国委员会在兰州和重庆先后组织召开了四届“中国西部幼教改革与发展”研讨会。先后有庞丽娟、刘占兰、刘焱、冯晓霞、刘云艳、孔美琪、黄艾珍、林兰美容、杨黄慧颖、简楚瑛等幼儿教育专家到会做主题报告，指导现场观摩活动，为提高西部幼儿教育质量做贡献。我在参与 OMEP 工作的岁月里，有中国委员会全体委员和香港 OMEP 分会委员们的支持协同工作，有主席、副主席尤其是秘书长们的指导、沟通，使得计划能够很好地完成。我也在此间有机会接触更多西部基层的幼儿教师，他们努力追求知识、勤奋好学、吃苦耐劳、朴实真诚的作风激励、感染着我，在与大家共处的过程中，朋友们很少计较我的急躁、直率，一致的目标使我们由陌生到结成了好朋友，一起同行了快乐的一段人生旅程。

参加研究会工作的日子的确格外忙碌，但是从工作中获得的充实和喜悦更是超乎我的付出：老一辈孙岩、史慧中、林嘉绥、张小清等人身上爱业、敬业精神始终激励着我。结识了许多好朋友像潘洁、丁碧英、李道佳、唐淑、祝士媛、屠美如、周欣、赵琴等。年轻一辈的学会工作者们更是英才辈出，不胜枚举。让我最为痛惜的是在我参与 OMEP 中国委员会工作时期担任秘书长的叶子，她虽然本职工作已经十分繁忙，但是只要我发给她信息，她都会在第一时间回复并且积极协助解决问题，工作极其认真，又有很强的工作能力，十多年的协作我们亦成为亲切的忘年之交。没有想到她在花一样的年龄却突然离开了人世，至今想起来我仍然忍不住落泪。参与 OMEP 的工作有了更多的机会认识了不少世界各地的幼儿教育工作者，他们的理念、他们的工作作风为我打开了一个国际课堂，也结交了一些志同道合的朋友。2008 年 OMEP 国际学术研讨会暨年会在加拿大召开，我很荣幸由于有 OMEP 中国委员会和香港 OMEP 分会的联合推荐，会上以全票通过当选为世界学前教育组织终身荣誉顾问(也有翻译为终身荣誉会员)，我因故没有能参加那次盛会。在第二年 OMEP 的年会上见到加拿大 OMEP 分会的主席马格瑞特，她特意告诉我说："我是一个不容易记住别人姓名的人，但是我记住了你叫马以念。因为在我们举办年会的时候需要政府给予经费支持，加拿大政府特别关注教育公平，我们在向政府申请经费支持的时候，就是拿着介绍你的推荐材料，说服了政府得到了经费的支持。"我在感动的同时想到：中国和世界各国的幼儿教育学会工作者们，不都是这样一群为了孩子、为了美好的明天不知疲劳、不计报酬的耕耘者吗？所以虽然大家有着不同的肤色、讲着不同的语言，但是我们的心是在一起的。和研究会的朋友们一起工作的几十年，生活在志趣相投的友情中，生活在孩子们天真无邪的笑脸包围中，点滴的努力付出，得到了满满的幸福和各种荣誉、关爱。我为自己能在生命中选择了这样一个甜蜜的事业而感到无比的庆幸和快乐！

在中国学前教育研究会成立40周年之际，迎来了我国幼儿教育跨越式发展的大好时机，同时也面临着队伍不断壮大和发展中产生的各种现实问题。40岁应当是成熟的不惑之年了，我相信有政府主导把握方向，有一代代幼教人不忘初心积极地参与，在幼儿教育的园地里用心去浇灌、持之以恒地为之付出，孩子们美丽的梦想终究会开花结果的！

致敬孙岩会长

原浙江省幼儿师范学校校长　丁碧英

在举国上下亿万民众共庆我国改革开放40周年的大好日子里，我悉知中国学前教育研究会也要于今年举办中国学前教育研究会成立40周年庆典活动时，我的心情很兴奋、激动。数日里，总是回想着幼儿教育改革发展进程中的一些事与人，脑海里时常会浮现一幕幕具体而形象的场景。在甜蜜的回忆中，我最先最多想到的是孙岩会长，她是我最敬仰而又要感恩的人。

1980年，在国家改革开放、全国学前教育研究会成立的第二年，浙江省教育厅也加快步伐，重视幼儿教育事业的发展，着手成立浙江省幼儿教育研究会，作为分会接受中国学前教育研究会与浙江省教育学会的双重领导。于是我有了认识孙岩会长的机会。在1980年初，孙岩会长到浙江和我省分会会长吕静教授（系原杭州大学心理系儿童心理学专家）会见时，我和我校心理学专家矫德凤老师（我省分会副会长）也一同前往，参与会见。这是我第一次见到孙岩会长。在漫谈的现场，我倍感孙岩会长是一位和蔼可亲、平易近人的老干部，很快消除了陌生感。后来，由于我兼任省分会副秘书长之职，每年都有一两次参加研究会工作会议或学校活动的机会。随着和孙岩会长共商学习、工作次数的增多，我对孙岩会长的认识也随之加深，意识到她是一位胸怀大局、奋力创新、助推幼教发展干大业的人。在此，我简单说几件铭记于心的事。

孙岩会长有“向下求实”作风。我是温州人，当然关注故乡的事。一次返乡探亲时，和一位温州市教育局干部碰面，她与我说起于 1996 年 3 月，孙岩会长下温州基层调研，那一次她就走访了 12 所幼儿园，对不同类型、不同办学形式的城乡幼儿园（重点为农村）的办学理念、办学目标、办学形式、办学条件的优势与困难、办学质量等问题都进行了认真细致的调查。调研后她和局领导交换了看法与意见，其中有一句非常概括而明朗的话：“温州以公办幼儿园为龙头，依靠社会力量办学的温州幼教模式，我要宣传并大力支持。”这句话，今天的年轻人可能并不理解有多么重要与不易。在那一特殊历史时期能说这番话是非常不容易的。1979 年，党的十一届三中全会已提出国家的工作重心应转到以经济为重心，掀起社会主义建设高潮。但是当时的温州，要克服地少人多、交通闭塞、百姓缺粮少钱的条件，找到一条谋生、挣钱致富之路确实困难重重。温州人具有拼搏、创新精神，涌现出“个人摆地摊”“家庭开作坊”“朋友合伙办企业”等新事物。温州市政府坚持落实党的十一届三中全会精神，坚定不移地从温州实际出发，尊重群众的创造精神，解放思想，狠抓改革，放手发动群众，从发展家庭工商业起，逐渐形成温州模式。所谓温州模式就是“以私营经济为基础，以家庭工业、联户工业为支柱，以市场为依托，以供销员为骨干”的模式。但是对于温州这一条唯一大道，有许多人不理解、不认可，甚至怀疑、责疑，还有人说温州在“倒退走老路”等。作为温州模式之内的温州幼教模式，同样也招来不少怀疑和责疑之声，因为温州幼教模式的形成基础是温州的经济与环境条件：当民众特别是大批妇女要走出家门摆摊、打工、开店就业，则要摆脱孩子牵累，解决入托难的困境，而政府缺少办园经费，怎么办？群众主动自办家庭幼儿园，合伙开办股份制民办幼儿园，工厂、企业筹集资金开办集体所有制幼儿园，逐渐形成以民办幼儿园为主体的办园模式。温州市民众承担了政府的困难，解决了孩子入园难的问题，这是群众勇敢承担和智慧创造的成果，却被责疑民办幼儿园是商业化，姓“资”不姓“社”。对于温州幼教模式的另一个责疑是民办幼儿园办园水平低。针对这一问题，我校教育组几位老师和孙岩会长一样，也深入各类民办园进行访问调研。我们采用访问园内职工、幼儿园孩子家长、查册算账等方法进行调查，调查结果是绝大多数的幼儿园的收费与开支是合理的。由于这些幼儿园数量大，存在师资紧缺、水平偏低现象，但温州市教育局委托公办园采用分区公、民办园结对合作的方式，公办园发挥龙头作用，引领教师提升专业水平。1998 年，温州市有省示范园、市一级园 76 所，其中民办园有 52 所。可见这种责疑是片面的，是缺乏发展眼光和科学分析的。孙岩会长能亲自下园深入调研，对温州幼教模式给予公正评价，是非常重要的支撑。她是这么说，也是这么做的，多少年来都依然如此。

在 2000 年 6 月的一天，我接到孙岩会长的一个电话：“过几天有一位世界学前教育组织主席——柯蒂斯女士，英国人，她要了解我们中国民办幼儿园的情况，我考虑你们浙江民办幼儿园发展比较好，所以决定由北师大胡娟博士陪同她到你们浙江考察。请你安排接待。”我接电话后，立即和温州市教育局领导联系，请他们负责安排接待。大概过了两三天，我与胡博士一起陪同柯蒂斯主席赴温州考察。她前后考察了 5 所幼儿园（包括市区 2 所，县城 1 所，村办 2 所）。考察结束后，她坦诚地说：“我来中国之前，不了解中国幼儿教育事业的发展情况，对中国到底有没有民办幼儿园心中存有疑问。这次考察温州，让我看这么多民办幼儿园，说明中国不仅有民办幼儿园，而且政府是扶持民办幼儿园发展的。民办幼儿园发展得这么好，说明中国有良好的环境给予帮助……”这些简短的语句，让我懂得温州幼教模式具有重要意义与影响力，它让国际友人了解中国幼儿园教育在中国政府的关心领导下，正在健康发展着。中国政府本着为民服务，为儿童服务的精神，在正确路线政策的扶持下，使公、民办幼儿园都能获得良好发展，中国公民特别是儿童，都进入最佳发展时期。为此，我们感谢孙岩会长对温州幼教模式的公正评价与支持。

孙岩会长又是一位具有很高领导才能的人，我从她对中国学前教育研究会的领导管理中得以认识与感受到这一点。她遵照学会是群众性学术团体的性质，形成她的学会管理理念，做出规划，实施有效管理。她强调学会要面向群众，服务群众，凝聚群众，将高校教师、中专教师、幼儿园教师和行政领导、工作人员团结在一起，凝聚在一起，发挥各方优势与力量，在参加学术活动，在推进事业发展的过程中提升自己学前教育知识与水平，她要使大家在学术活动中有自信并有收获。学会学术活动有长期与短期规划。我通过回顾这 40 年来的一些活动，尤似我们行走之路，从小路出发逐渐跨入开阔大道。在改革开放的初期，我国幼儿园处于数量大增、师资数量不足、水平偏低的状况，依据这一实况，中国学前教育研究会与各省分会的活动多以发动教师开展幼儿教育实践问题的讨论、交流为主，配合行政部门，组织多种形式的教育经验总结交流，专题讨论，举办短期培训，请高校或有经验的教师做专题讲座等形式进行学习交流。我分会将这一阶段的交流文章加以汇集，请《幼儿教育》编辑部帮助编辑，于 2003 年出版了《浙江幼儿教育研究文集》。慢慢的，交流的规模扩大，浙江省分会起到了更鲜明的超前性、引领性作用。我省于 2001 年 5 月举办“托班综合教育课程”讲习班，与《幼儿教育》杂志社合作举办“《幼儿教育指导纲要(试行)》专题学术报告会”。2002 年 10 月，在上虞市举办“浙江省纪念陈鹤琴先生诞辰 110 周年暨学术研讨会”，缅怀陈先生热爱祖国、热爱儿童、热爱教育、终身献身教育的崇高精神，开展幼稚教育、幼儿师范教育和特殊教育实践研究的科学精神和创造精神，纪念他为建立中国化、科学化的幼儿教育和幼儿师范教育做出贡献。2003 年，中国学前教育研究会在北京人民大会堂隆重举行“中国幼教百年庆典”活动，各省分会选送优秀论文与教师代表参加交流庆典活动。我省分会有 6 篇优秀论文入选《为了每个幼儿健康成长——纪念幼教百年学术论文集》。

中国学前教育研究会为了引领广大幼教人拓宽思路，扩大幼教科研范围，提升科学研究能力与水平，以“十五”课题研究工作为重点，开展了一系列的组织发动与专业辅导管理工作。2001 年 2 月中国学前教育研究会下发“十五”课题申报评审办法，各分会配合做好课题管理工作，并聘请专家做“如何开展课题研究学术知识”讲座，对课题项目选择，研究价值与研究目标的制定，研究内容、研究方法的确定与运用，研究成果的形成，研究课题方案的制订，课题资料汇集梳理及结题报告的撰写等等有关理论知识都做了详尽介绍。2001 年上半年我省分会批准立项“十五”课题研究项目 96 项，其中 17 项被中国学前教育研究会批准立项。2003 年开始我省分会在学术委员会组织下，聘请专家对结题报告做出中期与终评鉴定，并进行有效的点评指导。2004 年对结题项目进行评奖，有 8 个项目被评定为一等奖。结题项目送交中国学前教育研究会学术委员会，其中“浙江省民办幼儿教育发展研究”等课题研究项目获优秀奖(当时只设优秀奖，没设等级奖)。

这一阶段的学术活动，教师们提高了开展学术研究的主动性、积极性，开阔了视野，拓宽了幼儿教育实践与理论问题研究的范围，掌握了科学开展研究的方法，从而使自己的认识具有超前性、科学性与有效性。我们觉得研究会是“学校”又是“平台”，我们会热爱它、保护它，学习前辈的优良传统、继承传统、发扬传统，实现孙岩会长的愿望，为促进我国幼儿教育发展而贡献自己的智慧与力量。

2019 年 1 月 14 日

从误入"女儿国"到筹建"专委会"

——亲历学前社会教育专业委员会的建立

上海市教育科学研究院　李洪曾

一、误入"女儿国"

我原是华东师范大学教育系教育心理学专业五年制66届学生，因"文革"推迟到1967年10月毕业，又因心理学在"文革"被批为"伪科学"，于是被分配到闸北区一所中学工作。先是教政治，后来教地理，最后在图书馆当上了管理员。1978年7月到区教师进修学院工作，9月为小学教导主任开设儿童心理学进修班。第二学期院进修部安排我为幼儿园园长上幼儿心理学。当时我没多想今后等待我的会是什么，就接受了，从此我的工作进入了一个由女性占主导的世界。

自此，无论是给在职园长和教师上幼儿心理学，还是到幼儿师范班上心理学课，或是组织幼儿教育科研方法的普及和幼教科研课题的指导，对象都是女园长、女教师；后来从事家庭教育的知识普及和指导工作时，对象也是女性占据绝对多数。为了教好幼儿心理学课，我随胡荣萱老师（陈鹤琴在上海办幼师时当过陈鹤琴的助教）到幼儿园，进教室听课，小朋友倍感新奇，课间休息时有的孩子聚在一起对我指指点点，私下议论"今朝来了一位男小囡老师”。参加幼教的进修、交流和研讨活动也因是男教师而引人注目，有时会被当作异类。有一次，上海幼师举办报告会(在上海市第一师范学校旧址)，因为业务的需要，领导通知我前去参加。但我持票进场遭拒，门口纠察拦下我，问我:“你来干什么?”收票的人想不到一个陌生的男同志也会来听幼儿教育的报告。进会场后立即发现整个会场就我一个男性，做完报告的香港地区女教授与听众互动时，冷场中一眼看到我，点名“请中间的男同胞说说”。我的姓名有时会被写成“李红珍”，别人见到我会感到奇怪——怎么是一个男教师。去幼儿园上厕所，也会变成一件难事。1998 年召开全国第二届幼儿家庭教育研讨会，我趁机向虹口区教育局提出应建立一个男厕所，以此作为在虹口区艺术幼儿园向全国开放现场活动的条件。当然，这只是长期以来没有或极少有男同志参与幼儿教育的状况造成的思维习惯。40 年来，我并没有因为是男性而在幼教界受到歧视、排斥的情况和感觉。

二、邂逅幼教科研

区进修学院常务副院长孟自黄、研究部主任倪江松两次提出教育理论组的教师应该到基层搞调查研究，以充实教育理论课的教学内容。① 1979 年，与胡荣萱老师到新泰路幼儿园、恒丰路幼儿园、开封路幼儿园等幼儿园，边听课边观察幼儿行为特点，试用智力量表对幼儿进行智力测定，通过进修班进行“幼儿欢迎怎样的教养员”的调查，自此开始了近 40 年的幼教科研历程。新学期开学不久，上海市教育局幼教处副处长张淑求、市幼师校长高志方带一批幼教界人士来区进修学院了解开展幼教科研的情况。② 1980 年起深入到基层幼儿园进行比较规范的研究，我们以儿童心理学的理论为指导，运用实验心理学的研究方法，采取教育统计学的数据处理手段完成了“5—6 岁幼儿有意注意稳定性的实验研究”与“幼儿对全称肯定判断的直接推理能力”两项研究。后来两篇论文分别发表在《心理学报》1982 年第 2 期和第 4 期。

③ 1981 年组织闸北区幼教科研学习小组，在区进修学院雷佩芸、区教育局梁美兰协助下，带领幼儿园园长和骨干教师，一起研究幼儿园教育实践中的问题，完成了一批幼教课题。④ 组织幼教科研方法培训班。1981 年在进修学院开设幼儿教育科学研究培训班，将心理学的观察法、实验法，教育学的经验总结和社会学的调查法引进幼教科研，带课题进行培训，1981 年年底召开了培训学员成果交流研讨会。张淑求副处长对我讲：“你不能只研究闸北区的，要了解、研究全市幼教的问题。”于是我开始接触、学习其他区县和全市的情况和经验。

1982 年中国学前教育研究会第二次年会召开。上海在组织论文时我们闸北区幼教科研学习小组报了几份研究报告，后来接到通知，《大班幼儿与一年级小学生 24 小时活动量的调查报告》经评审被列入交流论文。由于该调查研究的方案设计、数据处理和报告撰写都是我做的，所以我作为正式代表参加大会。这次年会于 1982 年 11 月在湖南省长沙市召开。报到后我得知，参加论文交流的正式代表住湖南宾馆，因仅我一人是男同志，同行的上海幼儿师范学校王副校长，虽是列席代表但是男同志，与我同住楼上最西边的一个房间。开幕式上我听取了理事长左淑东、副理事长孙岩和张小清的报告。我被分在体育卫生组，在小组内交流了论文并应要求介绍了上海市闸北区幼教科研学习小组活动的情况。会后参加了大会组织赴广州的幼教考察。年会期间，认识了幼教界不少同志。会后，应邀到江苏无锡、浙江杭州和福建福州等地介绍幼教科研方法。1985 年暑期，闸北区教师进修学院在市教育局幼教处支持下，举办了全国幼儿教育科研方法培训班。

三、闯入家教领域

第一项家教研究。上海市幼儿师范校长高志方与静安区教育局幼教干部傅宝丽等在上海市心理学会年会期间，提供的独生子女问题研究报告引起了心理学界和教育学界的高度关注。1980 年我曾与市教育局师范处郑美玲感到问题可能在家庭教育上。于是我设计了调查问卷，郑美玲在闸北区几所幼儿园进行调查，我再对调查数据进行统计分析，然后由郑美玲起草形成了调查报告。这项研究可能是上海市第一个有关幼儿家庭教育的研究。

发现家教问题。1986 年我调到上海市教育科学研究所，不久郑美玲也调入研究所。当时国家教委办公厅通知上海市教育局，要求上海市教育科学研究所参加由中央教育科学研究所史慧中主持的“IEA 学前项目的研究”。当时参加研究的地区有辽宁省、北京市、山西省、宁夏回族自治区、上海市、江苏省、安徽省、湖南省、贵州省和重庆市。每一地区经过严格的随机抽样程序，抽取 4 岁组与 6 岁组各 1 284 名幼儿家庭。上海市除成立地区研究课题组外，在上海市教育科学研究所建立项目研究办公室，在全市抽调 108 位幼儿园副园长和骨干教师组成调查队伍，按要求抽取对象、入户调查，内容包括幼儿发展、家庭教育和幼儿园教育情况。完成调查后，我们还跟辽宁李道佳、北京方明和重庆王瑶祖等合作，进行四城市比较研究。比较后发现，上海地区幼儿教育存在三方面的问题：① 由于幼儿园体制原因，4 岁组幼儿发展并不理想；② 以亲子互动时间不足为重要标志的幼儿家庭教育问题较多；③ 城区幼儿心肺功能不强、腿部力量很弱。针对上海在家庭教育方面的问题，我们采取了三项措施：① 出版一份《幼儿家长报》；② 组织一个“上海市家庭教育心理学研究会”；③ 在上海市教育科学研究规划中申报一个“上海市家庭教育的研究”课题并立项。由此，上海市幼儿教育开始有计划地组织对家长进行家庭教育的指导。

投入家教研究。参与主持多项家庭教育研究课题，提高研究能力、积累研究经验、扩大联络范围。1990 年参加由美国夏威夷东西中心美籍华人吴燕和教授主持的“中国文化与社会化”研究，通过对上海、台北、曼谷、新加坡、夏威夷和洛杉矶的华人家庭采用录像、问卷等工具，对华人家庭教育受中国文化的影响进行研究。1990 年参加由北京师范大学陈帼眉教授主持的中国家庭教育学会重点课题“家长教育观念导向的研究”，对北京、上海、天津等地家长的教育观念及其影响进行调查研究。1991 年申报全国教育科学“八五”课题“我国幼儿家庭教育指导模式的研究”，立项后在上海市教育科学研究所建立了由郑毓芝、谢光庭、叶令仪、黄娟娟等人和我组成的总课题组，并在上海、沈阳（索仁荣为组长）、宁夏（张曼君为组长）、江西（李丽珠为组长）和成都（何惠和刘子健为组长）建立五个子课题组，每一地区建立了幼儿园、工厂与社区、街道、城镇与乡不同背景和不同条件的 20 多个实验基地。总课题组提出指导方案并不断根据进展情况、新的问题和新的认识调整指导方案，每年到各地了解研究情况并进行研究指导，带领各分课题组在进行幼儿家庭教育指导实践的过程中研究各类基地家庭教育指导的对象、目标、内容和形式的特点，形成了各有自身特点的幼儿家庭教育指导模式。

组织全国研讨。经过参与几项幼儿家庭教育的大型课题研究，我与中国学前教育研究会和中国家庭教育学会建立了联系，也认识了全国一批家庭教育的理论工作者和指导实践工作者，深感大家都有聚在一起沟通情况、交流经验和研讨问题的需要。1992 年 4 月，上海市教育科学研究所联合中国学前教育研究会主办全国首届幼儿家庭教育研讨会。会议于 4 月 20 日至 24 日在上海市闸北区电力宾馆举行。闸北区教师进修学院在常务副院长侯锁生带领下承办了会议的全部会务工作。全国 20 多个省市、自治区 200 多名代表参加交流和研讨。

四、筹建专委会

酝酿筹备。1995 年 10 月，中国学前教育研究会第五届年会在成都召开，中央教育科学研究所史慧中被推选为新一届理事会理事长，北京市教育科学研究所方明被选为副理事长，我进入常务理事会。会后，就建立研究会分支机构的问题，我向史慧中理事长提出可以建立一个学前家庭教育专业委员会的建议。1996 年史慧中打电话给我说，考虑到研究会分支机构的总体布局，她们商量后的意见还是建立学前社会教育专业委员会好。史慧中的意见是，把学前儿童机构教育外的其他学前教育，包括学前家庭教育、学前社区教育和传播媒介对学前儿童的影响都包括在内。史慧中还提出了专业委员会的主任、副主任的人选：主任李洪曾，副主任方明和张虹（浙江幼儿师范学校副校长、《幼儿教育》杂志社总编）。于是 1996 成立了由以上三人组成的专业委员会筹备组。筹备组的三位同志对专业委员会的性质任务、成员组成、“九五”期间的工作和成立大会的召开进行了长时间的考虑，通过电话、书信交换了意见，取得了一致，并形成了提交成立大会讨论的文件。

会议活动。根据民政部“可以先成立、工作起来”的意见，经中国学前教育研究会同意，1997 年 6 月 13 日至 14 日，在江西省南昌市江西省幼儿教育培训中心举行专业委员会成立大会。参加专业委员会成立大会的主要有：专业委员会的筹备组成员与部分中国学前教育研究会的常务理事和理事，全国教育科学“八五”规划重点课题“我国幼儿家庭教育指导模式的研究”课题在辽宁、宁夏、四川、江西和上海的课题组成员代表，正在南昌参加“全国幼儿家庭教育研究方法培训班”的学员，南昌市幼儿教育工作者。

会议分两天进行。6 月 13 日下午，专业委员会筹备组向大会介绍了中国学前教育研究会关于成立学前社会教育专业委员会的意见和筹备经过，讨论并通过了专业委员会的工作条例，对专业委员会的性质、研究领域、任务、领导机构、联系的会员、专业组、研究活动、挂靠单位一一做了具体说明；通过了专业委员会“九五”工作计划，对专业委员会的组织建设、研究工作和队伍培训三项工作做了重点说明；讨论通过了专业委员会委员、常务委员、主任、副主任和秘书长名单，委员为李洪曾、方明、张虹、邓佐君、李丽珠、姜维静、宋元、谢光庭、黄娟娟、窦宗英、索存荣、何惠、朱缪斌、黄丽珠、周长秋、陈伊丽、康长运、程晓樵、吴带生、杜乃芳、张丽芳、何祖建、朱良和程晓明等 24 人，常务委员为李洪曾、方明、张虹、邓佐君、李丽珠、姜维静、宋元、谢光庭和黄娟娟等9人，主任李洪曾，副主任为方明和张虹，秘书长谢光庭；听取并确认关于举办全国第一期幼儿家庭教育研究的做法和情况；讨论通过了专业委员会成立大会议程。6月13日晚上，会议分家庭教育、社区教育和传播媒介三个专业组，各自讨论了本专业组的工作计划。6月14日上午，会议听取了“传播媒介”专业组和“社区教育”专业组的工作打算，商讨了专业委员会理事会第二次全体会议的内容、时间与地点等事项。6月14日下午，召开中国学前教育研究会学前社会教育专业委员会成立大会。

大会内容。成立大会上，中国学前教育研究会副理事长方明代表研究会宣布了关于建立学前社会教育专业委员会的意见。专业委员会主任李洪曾做了《我国幼儿家庭教育研究的回顾与任务》的报告。专业委员会副主任张虹对专业委员会的工作提出了要求。好几名代表和同时进行的“全国幼儿家庭教育研究方法培训班”学员也在会上谈了感想和打算。会议指出，在“七五”时期研究的基础上，进入“八五”后我国幼儿家庭教育的研究有了明显的发展，具体表现在：① 在研究的人员和规模方面，具有“研究人员增多，研究队伍扩大”“成果数量上升，研讨交流增多”“单项研究减少，规模周期增大”的特点；② 在研究的范围和内容方面，具有“适应实践需要，拓展研究领域”“深入‘家教’研究，逼近课题核心”“开展‘指导’研究，重视实验研究”的特点；③ 在研究的方法和手段方面，继续采用观察、访问、座谈、问卷、测验、查阅书面资料等传统的研究手段并有所发展，而且引进、创造了现场观察、录像问卷等新的研究手段；对数量资料的统计处理，除了采用单变量和双变量的常用教育统计方法进行处理外，采用多变量统计方法对研究数据进行处理的研究报告比“七五”有明显增加；大量运用的是常见的调查研究方法，但是已经开始注意采用教育实验方法对家庭教育指导的措施与效果之间的联系进行科学的实验研究，与此同时对家长有效的家庭教育经验和学校与社会开展的有效的家庭教育指导工作经验进行的科学总结也得到了重视；研究方法的综合运用受到重视，研究的总体设计意识得到加强。会议认为，“八五”期间，我们对目的的认识在逐步深入。① 根据对象和目的的不同把“家庭教育”与“家庭教育指导”区别为两个不同的研究领域。我们认为，“家庭教育工作”是家长的事，我们幼儿园对家长做的工作应该叫“家庭教育指导”工作。② 幼儿园向家长进行的家庭教育指导工作，不仅要让家长了解幼儿园教育的性质、任务、内容和要求，以及自己子女在幼儿园的表现，在家长的配合下使幼儿在家庭接受的教育与幼儿园教育“同步”，为提高幼儿园的保育教育质量服务；同时要让家长了解幼儿园办园的情况、问题和困难，使幼儿园在经费、设备和活动条件等方面得到家长的支持、帮助，为提高幼儿园的办园水平服务；而且更应该让家长获得有关家庭教育和儿童身心发展规律的理论知识和方法，使家长的教育素质提高，有助于促进幼儿在家庭中健康地成长，为家长和幼儿服务。③ 根据直接目标不同，把开展家庭教育指导的实践与开展家庭教育指导的研究加以区分。认识到家庭教育指导实践的直接目标是提高家庭教育的质量和促进幼儿的发展；而家庭教育指导的研究，它的直接目标并不是提高家庭教育的质量或促进幼儿的发展，而是揭示家庭教育指导的规律，它的最终目标才是提高家庭教育质量和促进幼儿发展。研究的直接目标是揭示规律，研究的最终目的是推动实践。④ 拓展组织开展家庭教育指导研究目的的内涵。许多行政部门、研究机构和幼儿园开始认识到，组织开展家庭教育和家庭教育指导研究，不仅能够形成规律性的认识，获得研究成果；而且能够提高家长的教育素质，促进幼儿在家庭中健康成长；还能推动幼儿园教育本身的改革，促进幼儿园保教质量的提高；特别重要的是，在组织研究和实践的过程中，能够丰富教师的家庭教育理论知识，提高教师开展指导工作的能力，获得从事家庭教育及其指导的研究经验，达到提高教师素质的目的。

江西省和南昌市对我们专业委员会在南昌成立比较重视，我们近五年在南昌也举行过多次活动，并且有一定影响。加上江西省幼儿教育培训中心主任、南昌市八一保育院院长李丽珠多方联络，前来出席大会的贵宾有江西省和南昌市党政部门和研究机构的许多领导，其中有江西省政府副秘书长洪礼和、南昌市副市长钟乐初、江西省教委副主任于玉梅、江西省政府办公厅人事处处长李少恒、江西省教育科学研究所所长谭虎、江西省妇联儿童部部长李明英、南昌市教委副主任周家荣、江西省教委普教处副处长章柳英和南昌市教育科学研究所所长林龙河等。江西省省政府副秘书长和南昌市副市长都在会上讲话、祝贺。

五、成立后的工作

后来，方明因病不再工作后，由辽宁省教育科学研究院罗英智任副主任；张虹离开杂志社后，由《早期教育》杂志社主编卢晓明任副主任。专业委员会的秘书长工作在筹备早期由郑毓芝承担，但郑毓芝不幸因急病过早去世；专业委员会成立后，由谢光庭代行秘书长职务；谢退休后，由黄娟娟接任。

根据成立大会的精神，专业委员会成立后主要抓了下列工作：① 普及幼儿家庭教育及其指导的知识和研究方法；② 组织培训班为各地培训幼儿家庭教育指导和研究的骨干；③ 组织全国幼儿家庭教育研究的课题申报、立项，并在可能的范围内进行必要的指导；④ 扶植、支持有条件的幼儿园在加强研究的基础上建立全国幼儿家庭教育研究基地；⑤ 组织全国性的幼儿家庭教育和社区教育成果研讨和评奖。

专业委员会成立后到2005年，组织过多次全国性的家庭教育研究会，其中包括在上海组织的全国第二、第三届全国学前家庭教育研讨会，全国学前家庭教育指导形式研讨会；在大连组织的全国学前家庭教育与社区教育模式研讨会。2005年还会同中国家庭教育学会和中国教育学会家庭教育专业委员会一起在上海组织过全国家庭教育指导活动研讨会。

幼教工作者任重而道远

北京师范大学　冯晓霞

各位领导，各位贵宾，各位朋友：

首先，请允许我代表在座的幼教界同仁、中国学前教育研究会的全体会员、全国广大幼教工作者，对各位领导、各位贵宾的光临表示最热烈的欢迎和最衷心的感谢！

今天，我们聚集一堂，共同纪念中国第一所幼儿园诞生一百周年，缅怀中华民族幼教事业的奠基人和先导者，回顾百年我国幼教事业发展的历史进程，思考如何继续沿着幼教先驱们所开创的"民族化、大众化、科学化"之路开拓进取，再创辉煌。我们深信，我们是在为儿童谋幸福，也是在为社会谋发展，为中华民族的振兴做贡献。

中国的幼儿教育事业，从它诞生的时候，就被赋予了崇高而沉重的历史使命，它的命运，从一开始就与中国社会的命运密不可分地联系在一起。

19 世纪末 20 世纪初的中国，内忧外患，风雨飘摇。怀抱救国图强之志的有识之士纷纷向西方寻求救国真理。在认识到"强国必先强种""人生百年，立于幼学"之后，西方的教育制度、包括幼儿教育制度成为重要的学习内容。1903 年 9 月，在张之洞的力促下，我国开办了第一所官办的幼教机构——湖北幼稚园。拉开了我国幼儿教育社会化的序幕。由此可见，中国的幼儿教育事业从一开始就被赋予了民族振兴的重任，赋予了极为重要的社会意义和价值。

应该说，在当时的历史条件下，人们对幼儿教育重要性的认识还是朦胧的，模糊的、带有很强的主观主义、理想主义色彩。但是，伴随着我国社会发展的历史进程，幼儿教育的功能与价值日益彰显。无论在战火纷飞的战争年代，还是龙腾虎跃的建设时期，幼儿教育在保护民族后代、培育国家幼苗，支持妇女解放运动，支援国家建设方面都发挥着巨大的作用。社会对幼儿教育的认识在不断提高。

近几十年来，大量科学研究的成果深刻地揭示了幼儿教育在人的发展中的意义，也进一步证实了它在社会经济发展中的价值。世界学前教育组织主席的发言已经言简意赅地概括了脑科学和儿童发展领域研究的最新进展，为“人生百年立于幼学”这句话作了最有力的注释。许嘉璐副委员长的讲话更是高屋建瓴地指明了当今世界各国重视发展幼儿教育的根本目的——抢占人才培养的制高点！人才培养的制高点不只在最后，而是在最初！这是今天有远见的政治家、经济学家、社会学家和教育家的共识，历史已经而且必将进一步证明这种认识的正确性！

遗憾的是，这种认识还没有真正成为社会的共识。这就使得幼儿教育在其发展过程中常常比其他阶段的教育遇到更多的困难和波折。

幼儿教育素来被称为“向下扎根的教育”，这十分生动形象地描绘出幼儿教育在人的终生发展以及在整个教育系统中的地位。根是基础，关系全局；根深才能枝繁叶茂，才能繁花似锦，才能硕果累累。然而，根又是深藏地下的，它不如叶那样生机盎然，不如花那样烂漫芬芳，更不如果那样让人感到丰收在望。幼儿教育事业就是这样一种“根”的事业，极其重要却又容易被忽略。但是，中国的幼教先驱陶行知、张雪门、陈鹤琴、张宗麟怀着对儿童的爱、对振兴中华民族的希冀，自觉自愿、无怨无悔地投身到这样一种不显赫、大众化、科学化之路，为我们留下了极为宝贵的精神财富。他们的高风亮节，他们的责任感、科学精神，将永远激励着一代又一代幼教工作者沿着他们走过的道路，开拓进取，奋勇前进！

我国是一个人口大国，0—6 岁的儿童多达 1 亿 3 千万，占世界同龄儿童数的1/5。通过科学的幼儿教育焕发他们巨大的学习潜能，将其大地提高我国国民的整体素质，对我国社会的持续发展具有重要的战略意义。幼教工作者任重而道远。

今天，国家和有关部门的领导同志，社会各界关心幼教事业的朋友和我们幼教工作者相聚在人民大会堂这一神圣的地方，讨论幼教发展的话题。这本身就是对儿童，对广大幼教工作者，对我国幼教事业的关怀、重视和支持，更是一种激励与鞭策。我们相信，它将带给我们无穷的力量，激励我们为使每一个适龄儿童都能受到优质、科学的幼儿教育、为实现中华民族的全面振兴做出更大贡献而奋斗！

（本文是作者作为中国学前教育研究会的代表、在“中国幼儿教育百年纪念大会”上的发言，题目为编者所加）

写在中国学前教育研究会成立40周年之际

华东师范大学　朱家雄

我参加过很多学术团体，中国学前教育研究会是我参加过的一个重要的学术团体，在那里，我曾担任过专业委员会和理事会的工作。

想起中国学前教育研究会，我自然会想起孙岩和史慧中两位老前辈，这是我在研究会工作期间接触最多、受其影响最深的两位研究会领导。虽然她们在十来年前已经相继离世，但是，她们对我国学前教育的贡献以及她们与我在研究会工作中所建立的情谊，让我难以忘怀。

现在，已经不容易在网络上搜索到她们两位的名字以及有关介绍了，知道她们名字的我国年轻一代的学前教育工作者也越来越少了。可以说，研究会在40年的发展过程中由小及大，由弱变强，与她们及她们组织、引领的团队的努力是分不开的，她们的敬业精神、专业素养、包容态度以及组织能力，给研究会留下了宝贵的财富，她们不愧是研究会的旗帜性人物。

当今，我国已经进入了社会主义新时代，为培养体、智、德、美全面发展的社会主义建设者和接班人打好基础的基础，这是时代赋予我国学前教育工作者的使命。愿我国的学前教育工作者能继承老一辈的精神，团结一致，共同努力，为我国的幼教事业做出新的贡献。

一段工作经历　一生幼教情怀

——我的幼教笔记

宁夏回族自治区教育厅基础教育处　孔宗雪

1983年，由于分管幼儿教育的陆纳慈老师退休了，我离开了工作8年的自治区招生办公室，接替陆老师，到新成立的初等教育处分管幼儿教育。

犹如一次华丽转身，我踏进了幼儿教育行列。

教育行政机关，业务处室的分管干部，有着独立的工作职责，独立的管理职能，若能独当一面，发展空间很大。

路漫漫其修远兮，我开始了一个人面对一条战线的工作思考与管理。

当时，全区的幼教现状是：幼儿教育属多头管理，市区和比较发达的县有一所政府办园，由教育行政部门管理；大的厂矿企事业单位办的幼儿园，由工会管理；街道和农村集体办园由妇联管理。

全区3至6岁儿童的入园率不足1%，“入园难”成为群众呼声最高的问题。

雄关漫道真如铁，而今迈步从头越。我开始了对幼儿教育的学习与调研。第一次看到幼儿教育的教育方针“体、智、德”，心想，这是文字错误还是幼教的教育方针与中小学提法不一样？带着心中没谱的问题，我开始查阅幼教的所有文件和资料，研究幼儿教育的教育方针，这是我迈出的第一步。

有为才能有位。如何让幼儿教育在教育战线有地位，如何让社会重视幼儿教育，如何推动幼教事业的发展，幼儿教育分管干部肩负着推手的作用。

我在银川市第一幼儿园听吴亦琴老师说，自治区派了三位老师到北京学习制作幼儿木偶，但学习回来，始终没有办培训班。

我来办这件事！上任几天，撸起袖子就干。初等教育处是新成立的处，处长王富民说："好，咱们处对外第一件事就办木偶培训班！"开班典礼上，处长带着全处四个人到场。

这是我从事幼儿教育工作后，做的第一件事。自此，认识了来自全区20多所幼儿园的老师，与幼教界的老前辈张曼君和吴亦琴开始了长达十几年的密切合作。全区幼儿木偶培训班载入了宁夏教育志。

初生牛犊不怕虎，中央教科所幼教研究室要进行幼儿身体机能、形态、基本素质调研，希望西北地区有一个省参加调研活动，我又贸然领命。

整个调研由我和一幼卫生保健室的李郑兰大夫两个人完成。我俩开始了全区4个地区8个县2 000名幼儿，每人19项的测试。到了县里，从公交车站到幼儿园没有车，幼儿园用拖拉机接我俩，那种感觉，不是风光，胜似风光。

有时，完美做好一件事，收获是多方面的：打开了工作局面，幼教界知道自治区教育厅有一位分管幼教的孔老师；"保教并重"的教育原则，是结识李大夫后，在测试中有了深刻认识的，我俩成了30多年的挚友；结识了中央教科所的科研人员，与全国16个省市区的幼教干部成为朋友。

人脉迅速扩展带给我大量前沿的幼教信息与资料，工作起来，我心中有数了。一套翻烂的文件装订本，粘粘贴贴，字字句句熟烂于心。

1987年，国务院办公厅颁发了《国务院办公厅转发国家教委等部门关于明确幼儿教育事业领导管理职责分工请示的通知》，这是第一个关于幼儿教育职责分工的文件，明确了幼儿教育的管理由教育部门负责。

幼儿教育的性质从福利事业，提升到福利和教育双重性，既是教育的重要组成部分，又是公共福利事业。

区妇联马世兰副主席、少儿部部长李瑞兰和区工会分管幼儿教育工作的负责同志主动找我，于是三个分管部门开始密切联系。也正是从这时起，我开始对企业办园、农村和街道集体办园调研，为接管全区幼教事业的管理工作做准备。

1989 年，我当了基础教育处副处长，分管幼儿教育、特殊教育、德育。

南京师范大学幼儿教育专业毕业的李秋玲，调到了基础教育处，接替我，分管幼儿教育工作。秋玲有着良好的专业素养和个人修养，我俩配合默契。两个女子，要作幼儿教育的一篇大文章，从源头理顺管理体制。我们开始与区妇联、区工会沟通，与计委、人事、财政等有关部门协调。

当时，机关人员编制很紧，活动经费很少。1979 年中共中央、国务院转发《全国托幼工作会议纪要》时，自治区把托幼工作领导小组设在了区妇联，每年有 10 万元活动经费，有一部专车，配了一名专职幼教干部。我的处长于连湘是一位有战略眼光的教育家，他说，没经费，没车，没人，我们也要把事儿先接过来。

就这样，为了让幼儿教育早日纳入教育事业，我和秋玲赤手空拳，接过了全区幼儿教育的管理工作。幼教事业纳入教育行政管理后，基础建设性的工作从头开始了。

1991 年 10 月 1 日，全区开始实行幼儿园和学前班登记注册制度。这是一项最基础的工作，幼儿教育开始有了规范化、制度化的管理。登记注册制度的实施，带动了幼教工作三个方面的变化与发展：各级教育行政部门开始重视幼儿教育工作，把幼儿教育列上了议事日程；四个地市开始配备专、兼职幼教干部，县（市区）开始指定兼职幼教专干，幼教战线有了一支管理队伍；登记注册制度实施后，举办幼儿园有了依据，幼儿教育的家底清，情况明，为制定政策奠定了基础。

一张白纸好写最新最美的图画，登记注册制度，是这幅图画浓墨重彩的第一笔！

1991 年 10 月 18 日，教育厅印发了《宁夏回族自治区幼儿园定级分类标准》。“定级”是评估办园条件，我们统称为硬件，内容包括，园舍、设备、编制、任职资格。全区 300 多所幼儿园，我基本上都去过，对幼儿园的办园条件了如指掌。“跳一跳够得着，不跳够不着”这句话是对标准制定的形象比喻。三个级别，一级办园条件是当时最高水平，三级是基本办园条件。

“分类”是评估办园水平，我们统称为软件，包括领导管理、教育教学、卫生保健、园风园貌。

衡量办园水平，“定量”的指标少，“定性”的指标多，掌握评估标准，全凭专家组成员的管理和教育教学经验，因此我们抽调专家组成员时非常慎重。

一石激起千层浪，幼教界热议幼儿园定级分类，牵动了人事、财政、编制、卫生、建筑、物价等有关部门，园长们都像社会活动家一样，到各部门去宣传公关、要钱、要物、要编制、政策咨询……

过去，由于编制紧，幼儿师范专业和职中幼教专业的毕业生，无法进入幼儿园工作，大量的毕业生改行，出现了一方面幼儿园缺乏专业教师，一方面专业教师改行的矛盾现象，定级分类对专业教师的比例要求，从根本上解决了这个矛盾，开始出现幼儿园抢专业教师的局面。幼师和职中幼教专业的毕业生供不应求。

十年磨一剑。长期的学习与调研，实践中的收获与感悟，专业知识的沉淀与积累，给了我底气。我决心把幼儿教育推向一个高的起点，由政府颁布一个关于幼儿教育的文件。

文件起草，签发，在与政府和几个部门打交道的过程中，我见识了起草文件的高手。我们处长于连湘，办公室主任，主管厅长，各厅局办公室，政府秘书三处。一次交道是一次学习，一次沟通是一次收获。与高人在一起，我知道了什么叫“一字之师”。我的文字水平，政策水平，宏观思维，跃上了一个台阶。

1992年2月2日，自治区人民政府颁发了《自治区人民政府办公厅转发自治区教育厅等部门关于加强全区幼儿教育工作意见的通知》。这是由自治区人民政府颁发的第一个有关幼儿教育工作的文件。幼教事业由政府挂帅，教育厅牵头，计委、财政厅、劳动人事厅、城乡建设厅、卫生厅、物价局六个部门分工合作，各司其职。

幼教事业的春天来了！

1992年下半年，幼儿园定级分类申报结束，教育厅开始对一级一类园评估验收。这是一次对干部掌控能力的考验。评估验收需要公平公正，“正”赢得信赖；需要娴熟的业务力，“能”让人敬佩。遇到特殊情况，只要有利于促进发展，我们就给幼儿园和主管部门改进与发展的空间。处理特殊情况，需要胆量与智慧，稍有不慎，会引发矛盾。20多所幼儿园评估验收完成后，风平浪静，我的理解，这是一种圆满，一种成功。

评估验收一个成功的之处，是锻炼培养了幼教战线一支骨干队伍。自治区验收专家组由行政干部、教研员、有经验的保教主任、妇幼保健院保健专家组成，专家组的成员走遍全区，对幼儿园的情况有了更深入全面的了解，业务能力提高很快。为了更快、更大范围地让幼儿园园长和保教主任得到锻炼，促进幼儿园之间相互学习，示范幼儿园验收时，采取了地区间互查的办法。园长，保教主任之间相互交流，取长补短，既完成了验收任务，又培训了干部。

当年活跃在幼教战线的专家组成员和老园长、保教主任、骨干教师，如今，大多数已成为民办幼儿园的园长，她们是民办幼儿教育的栋梁。是她们，把当年幼儿教育的优良作风，带到了民办幼儿园，发扬光大。

没有专项经费，仅凭一纸公文，全区调出了2 000多万元资金，用于改善办园条件，这是幼教战线的一次跨越，一个壮举。在教育界是空前的，是个奇迹！在一次会议上，自治区主席马启智说，幼儿教育政府没怎么管，但幼儿教育在全区发展是最好的。

一个机制可以撬动一个行业全面的发展变化。定级分类全方位改善了幼儿园的办园条件，提高了幼儿园管理水平和教育教学水平，使幼教事业走上了规范化发展的轨道。幼儿园定级分类和企业升级挂钩，调动了企业办园的动力；和收费挂钩，调动了所有幼儿园办园的积极性。

幼儿园收费标准的确定是根据幼儿园定级分类标准确定的。条件与收费相符，群众满意，办人民满意的教育，政策制定符合客观实际，科学、合理、公平是基础。依法治教，是幼儿教育健康发展的必由之路。

1993 年 4 月 22 日，自治区人民政府发布"关于发布《宁夏回族自治区实施〈幼儿园管理条例〉办法》的通知"。这是一个各级政府、各部门、直属机构都必须遵照执行的文件。文件共五章二十六条，涉及办园条件和登记注册、管理、经费、教师待遇、奖励与处罚等问题。

文件起草的过程难度很大，司法厅与我们共同起草，幼儿园的建设和经费、教师待遇等敏感问题，要找到有关省市是否有先例的依据才行。要与城乡建设厅、财政厅、计委等多个部门反复协商。磨破嘴、跑断腿、绞尽脑汁，用这些词形容这个文件的起草过程一点都不夸张。司法厅的同志说，这个文件发布后的力度，值得这么做！

1997 年，我当了体育卫生与艺术教育处处长，不直接管幼儿教育了，但心系幼儿教育，走到哪里我都会进幼儿园看看。

2000 年，我又回到基础教育处当处长，李秋玲是分管幼儿教育的副处长。此时的秋玲已经挑起了幼儿教育的大梁。在幼儿教育的管理、教育教学、科研、教研方面都取得了突破性的进展。宁夏的幼儿教育，始终走在我区基础教育领域改革与发展的前列。一直到 2005 年我退休，两个女子又在幼教战线共同战斗了五年。

22 年，宁夏的幼儿教育发展在我心中像一盘棋，每走一步，都是心血的凝聚，它关系着 30 万适龄孩子的人生起点。当我离开时，就像看着一盘没有下完的棋，不舍……

1986 年我上电视大学写毕业论文时，选题是《在校生犯罪类型剖析》，当时到自治区少管所调研了半年。从那时起，我开始了家庭教育的研究。退休后，受聘自治区妇联搞家庭教育培训，受聘自治区出版社办《家庭教育》杂志。2005 年 9 月 24 日，被中国家庭教育学会聘为首批全国家庭教育专家讲师团专家。

离开基础教育行政管理行列，转战到了家庭教育行列。

从事学校教育的人不熟悉家庭教育，研究家庭教育的人不熟悉学校教育，而我恰恰既熟悉学校教育又研究家庭教育，得天独厚的工作经历，让我在家庭教育的讲坛上如鱼得水。退休十几年，讲了近百场，听众近万人。幼儿园又成了我家园共育的试验田。

2017 年 3 月，一个民办校外教育机构的老总找到我，希望我给他的校外教育机构当顾问。我从事了 30 年的基础教育，又从事了 30 年的家庭教育研究，当了国家级专家；我已经 68 岁了，我想向天再要 30 年，做校外教育的拓荒牛，开垦出一片新天地。

本想专心培养孙子的奶奶，又披挂出征了。当年一批老园长在民办幼儿园当园长，我又成了她们的顾问。宁夏的民办幼儿园发展迅速，已经占幼儿园总数的 60%多。民办幼儿园的改革与发展，有诸多方面的问题需要研究，园长的选择渠道很窄，师资不稳定，管理不规范……又像当年从一个退休干部手中接过幼儿教育事业一样，我开始了民办幼儿园管理与教育教学的研究。

我想与我一起奋斗过的同事、园长、老师们，分享那段经历，不忘我们曾经共同努力过。

我想与我现在的同仁分享，幼儿教育走过的路程，对今天的幼教事业发展的启示，让我们共同创造辉煌。

退休是在职工作的结束，但不是事业的终结，只要对事业热爱，永远有做不完的事儿，写这一段经历，也是鞭策自己，继续为幼教事业努力。

在学术委员会中锻炼成长

——我在研究会工作的最初五年

南京师范大学教育科学学院　虞永平

2000年10月29日至11月1日，中国学前教育研究会在大连召开第二次会员代表大会，选举了第五届理事会，组建了新一届学术委员会。我有幸进入学会常务理事会，并进入学术委员会，担任学术委员会副主任。冯晓霞老师是理事长兼学术委员会主任，担任副主任的还有邓佐君老师和潘洁老师两位前辈。我在学会的工作就是从学术委员会开始的。

进入学术委员会第一项工作就是根据常务理事会的要求，编制中国学前教育研究会"十五"课题方案。这是中国学前教育研究会第一次组织编制课题方案，也是正式开始大规模地组织群众性的研究。新一届常务理事会决定组织会员开展课题研究，颁布研究会的课题，主要是为了满足广大会员开展研究的需要，吸引更多的会员加入群众性的学术研究活动之中，用会员的力量去解决一些教育实践过程中的问题。研究会的课题是参照国家规划课题的思路和时间安排来组织设计的。具体任务落实到学术委员会，几位前辈委托我来设计初稿。这对我来说是一个重大的挑战。冯晓霞老师向学术委员会传达了即将到来的全国教育科学"十五"规划的一些基本精神，对我们思考学会课题方案起到了重要的作用。我也要感谢赵寄石老师。早在全国教育科学"七五"规划期间,我就在赵老师的指导下研究规划方案,主笔设计规划课题《农村幼儿教育研究》,并获得了批准。因此,对课题方案的基本结构、主要内容、行文特点、申请和设计要求等有一定的了解,为我完成规划方案的设计起到了重要的作用。

为学前教育设计规划课题方案,要求我们必须把握学前教育发展的现实状况,尤其是要充分把握学前教育存在的问题和困难。为此,我花了很多时间查阅文献和资料,几乎翻遍了当时主要的几本学前刊物,把大家面临的一些共同问题梳理出来,分析哪些是理论研究需要解决的,哪些是实践研究可以解决的。根据我国学前教育的传统,形成了一个课题方案的基本架构,拟定了一些重要的课题。经与冯晓霞老师、邓佐君老师和潘洁老师交流,修改后准备交学术委员会会议讨论。

2001 年 2 月 27 日至 28 日,中国学前教育研究会又在无锡召开学术委员会扩大会议,会议上审议了《中国学前教育研究会"十五"研究课题指南》草案,会议强调了研究课题要做到普及性和突出重点相结合;强调要重视西部地区、贫困地区的教育研究;强调要重视城乡社区幼儿教育的研究;幼师正值政策转型时期,如何适应政策、形势切实保证事业发展的需要、培养高质量师资等问题值得重视;强调加强地方研究会对课题的管理,地方高校、科研单位、行政部门参与和指导的必要性;强调研究课题为实践服务、为决策服务的基本方向。经过讨论,最后课题指南涵盖了"学前教育事业发展研究""幼儿发展与教育问题研究""幼儿园课程·游戏·教育过程研究""家庭、幼儿园、社区协同教育的研究""教师成长研究""中国学前教育发展的历史经验研究"六大板块 25 个领域,每个领域用列举的方式呈现了一些建议的研究课题,既突出了重点领域,又在具体的课题选择上具有一定的开放性和自主性。会后做了一些修改,就向广大会员发布了。

"十五"课题申报工作是从 2001 年 3 月开始,截至 7 月底,研究会秘书处共收到地方研究会(包括军队系统)和专业委员会的35个申报单位经初评后报送的课题申请书401份。8月9日至13日，在河北召开了学会“十五课题评审会”，这也是学会的第一次课题评审会。研究会学术委员会成员和各专业委员会负责人及学会顾问孙岩、张小清出席了会议。中国学前教育研究会学术委员经专家评委小组初选、换组复选、集体确定，评选出立项结果。第一批立项课题为97项，待立项课题194项，建议地方研究会考虑立项的课题103项。根据各地的要求，“十五”期间又组织了一次研究会课题立项，两批共批准课题280项。主持课题的会员覆盖全国绝大部分的省市，其中有高校和科研机构的研究者，有行政干部，大量的是幼儿园的园长和教师。

为了推进课题的实施，中国学前教育研究会还组织了课题培训会，就课题的设计修改、课题的开题与实施、课题的结项等进行了专题培训。研究会要求学术委员会委员积极参与对承担课题幼儿园的指导和帮助，研究会委托各省学前教育研究会或专业委员会开展课题的开题、指导等相关工作，并不断了解课题组织过程中的一些困难和问题，与地方学会一起积极研究和解决。

课题结题工作是课题组织管理工作的重要组成部分，也是检验研究成效的重要环节。各地方研究会做了大量的组织管理工作，帮助各课题承担幼儿园完成课题研究的各项工作。各地的课题研究成果是寄往南京的，由我具体负责组织结题会议。与会学术委员们总体上感觉到研究会的课题对推动幼儿园发现问题、深入学习、实践研究、提升质量起到了积极的作用，也提升了老师的研究意识，各地涌现了一批积极研究、深入探索和成效显著的幼儿园。

2005年，中国学前教育研究会在桂林召开的第三届会员代表大会上分五个专业委员会对“十五”课题的成果进行了交流。有关课题组对“教师专业化成长”“课程与游戏”“地域文化与幼儿教育”“事业发展与体制改革”“幼儿健康教育”五个主题进行了发言交流。在大会最后一天，根据大会的要求，我代表学会对“十五”课题情况做了总结性报告，报告肯定了“十五”课题申报过程中广大会员积极参与的热情，认真研究的态度和呈现的一批优秀成果，肯定了大部分地方研究会对课题研究的组织和指导工作。同时也指出了在课题审计、课题研究以及课题结题等方面存在的一些问题，还对即将开展的“十一五”课题研究提出了希望。大会隆重表彰了95项“十五”课题成果，10个部门和单位获得优秀组织奖。

中国学前教育研究会评选出的“十五”课题优秀成果，涉及幼儿教育事业发展、幼儿园管理、基本的教育观念、课程与教学、游戏、社区与家庭教育、幼儿健康与体育、教师专业成长等领域，由安徽少儿出版社出版了《在实践中研究 在研究中发展——中国学前教育研究会“十五”课题优秀研究成果集》。这些成果既有实践经验的总结和提升，也有科学理论的运用和发展，还有对现实问题的洞察和剖析。这些成果体现了广大幼儿教育工作者的智慧，体现了我国幼儿教育的发展状况。它是大家努力实践的结晶，也是大家踏实研究的成果。限于篇幅，这本成果集分为全文刊登和要点摘要两种呈现形式。

我要特别感谢学术委员会主任冯晓霞老师对我的信任和指导，感谢邓佐君和潘洁两位前辈。在进入学会之前，我只是认识邓佐君老师，跟她没有任何工作上的联系。因为“学前教育管理”课程建设的需要，阅读过邓老师的《实用托幼管理学》一书。因为学会的工作，我们的联系逐步增加，邓老师非常务实，非常亲切，也非常严谨，每次跟她讨论问题，她总是循循善诱，我能得到很多的启发。我在上大学时就认识潘洁老师，因为上海、南京距离较近，接触也多一些。潘老师的思路很开阔，对年轻人也非常信任，工作中经常能给我一些很好的建议。邓老师和潘老师是我进入学会学术委员中给予我很多具体指导的前辈，让我受益匪浅。此外学术委员会中唐淑老师、李季湄老师、马以念老师、杨丽珠老师、李道佳老师以及李洪曾老师等等学术委员也给了我很多的帮助和启发。学术委员在冯老师的领导下，在大家的共同努力下，开启了课题申报、评审、管理等各项工作，使学会工作进入了一个新的阶段。

值得一提的是学会秘书处在王化敏老师的带领下，在课题的发布、培训、结题、管理及联络等方面做了大量的工作，秘书处强有力的工作，保证了课题各项工作的顺利推进。各省学前教育研究会或专业委员会高度重视课题研究工作，一些省份的工作做得非常精细，指导到位，老师们普遍反映研究过程中得到了有效的指导，收获很大。

在学术委员会的最初五年，是我与中国学前教育研究会真正开始亲密接触的五年，是我经受锻炼的五年，是熟悉学会工作的五年，也是感受学会文化的五年。一批热爱儿童，热爱学前教育事业，热爱学会的前辈无私地、执着地支撑着这个学会，他们秉持着以儿童为本的理念，努力维护研究会的专业精神和学术纯洁，积极把学前教育的科学理念和积极态度传播到全国各地。这大概就是中国学前教育研究会的文化内核。

美好的遇见

——与学前教育研究会一起走过的岁月点滴

华东师范大学学前教育系　周　欣

作为学前教育研究会的一个成员，对我而言，几十年间做的许多事情大都已经随风而逝，唯有在这个大家庭里遇见的同行始终留在自己珍贵的记忆中。自 1992 年底出国之前，我与当时的幼儿教育研究会有过几次交集。想到要写这篇小文，翻开了存有当年照片的相簿。当翻开这些尘封的历史，往事也慢慢浮上心头。

最早听说幼儿教育研究会还是在大学期间，1979 年 11 月，中国学前教育

学会幼儿教育研究会在南京成立并召开了第一届年会。陈鹤琴先生任名誉理事长，左淑东女士任理事长。当时的南京师范学院承担了本次会议的组织工作，作为大一新生的我们刚入校不久，尚未跨入专业的门槛，当时好像没有参加什么活动，可能也就是听说有这个事情而已。

1985 年夏天，由唐淑老师牵头，幼教研究会在江苏连云港市召开了一个小型研讨会，记得曹筱宁老师、梁志燊老师、卢乐珍老师、王志明老师、潘洁老师、陈蘅老师、祝士媛老师、冯志坚老师等参加了会议，我和王坚红当时作为南京师院学前教育教研室的年轻老师参加了这次活动。虞永平老师和张明红老师那年刚刚从南师毕业，唐老师也邀请他们一起来参加了会议。张明红老师就是连云港人，记得她还在家里款待了我们几人。那是我第一次参加研究会的学术交流活动，遇见了来自不同高校的老师们。

1990 年夏天，我参加了在湖北武汉举行的幼教研究会第三届年会，这次会议除了改选了理事会成员以外，还进行了学术研讨。这次会议上我还有幸被选为幼教研究会的常务理事和世界学前教育组织（OMEP）委员会成员。记得那次会议我是跟唐淑老师同行，第一次坐上了南京至武汉沿江而上的长江轮船。会议还组织大家去了一些市内的风景点游览，我跟研究会的很多前辈和同仁在东湖风景区留下了欢快和难忘的合影。

因为出国读书，再次与中国学前教育研究会续缘已经是 10 年以后的 2003 年了。这次是参加了在北京召开的百年中国幼教纪念大会暨学术研讨会。很开心又见到了很多学前教育的前辈和同仁。2005 年，学前教育研究会年会在广西桂林召开，记得是和上海幼教的"三黄"——黄琼、黄铮、黄娟娟三位老师同行。理事会改选，我有幸加入了 OMEP 中国委员会的工作团队。

在后来的 10 年中，因为在 OMEP 中国委员会承担了对外交流的工作，遇见的幼教同仁又扩大到除中国以外的地方。记得 2006 年是加入这个团队以后第一次出行欧洲，赴挪威参加 OMEP 国际会议，与秘书长叶子同行。到达挪威北方的特罗姆瑟小镇时已是半夜，但当时明亮犹如白昼。在机场还遇到了来自印度的一位同行，她带了一个很大的箱子，我们觉得很奇怪，开几天的会为何要带这么大的箱子。后来才看到，她是带了一箱子印度民间的儿童玩具，来参会也顺便摆摊。在 OMEP 工作的这段时间与叶子在工作上的交往最多了，且合作愉快。尽管她当时已经不在学前教育领域工作，但她对中国 OMEP 委员会工作的敬业和认真一直让我敬佩不已。但万万没有想到她会这么早就离开了我们，谨以此怀念我的工作伙伴叶子！

2010 年，我参加了在瑞典召开的国际学前教育组织会议，这次是与马以念老师同行。在世界 OMEP 工作会议上，因中国四川地震曾经收到了来自

新西兰、英国、日本等地OMEP的捐款六千多美金，在报告财政支出情况时，时任国际OMEP财政部长的孔美琪女士特别邀请马以念老师在工作会议上做了一个中国OMEP委员会为四川震区建立爱心图书馆的幻灯片报告，给大家解释了给中国的捐款的用途。在会议期间，马老师在大会分会场做了《西部女童教育问题》的报告，我做了《中国可持续发展教育》《广西壮族农村儿童入学准备情况》的报告。记得那次在分会场报告中受到大家关注的是"OMEP可持续发展教育"项目的交流专场报告会。会场中座无虚席，许多国家和地区的OMEP主席都到场。因为我们参加了这个课题，我也代表中国OMEP委员会做了报告。中国这次有来自OMEP委员会、华东师范大学、南京师范大学、东北师范大学和上海市幼教研究会的十多位学者在年会的分会场发言。OMEP国际学术会议见证了中国学前教育工作者参与国际学术交流从无到有、从少到多的喜人变化。

2012年7月，由巴西OMEP委员会承办的第64届世界OMEP国际研讨会在巴西南马托格罗索州(Mato Grosso Do Sul)联邦大学召开。因为中国决定承办2013年的国际OMEP会议，所以中国OMEP委员会决定去巴西参加这次会议，希望也可以学习一些办会的经验。我与上海市教委教研室的黄琼老师参加了这次会议。去巴西的一个记忆是路途的遥远。我们需要在欧洲转机飞往巴西圣保罗,然后从圣保罗转机去巴西中部的会议地点,路上走了 40 多个小时。回程时还因为飞机晚点,在圣保罗未能赶上去欧洲的班机,只好在圣保罗住了一晚。所幸的是遇到了一位同遭此遇的挪威同行,有了一个伴。

不同文化的习俗在国际会议中也反映出来,学术会议的开幕式和晚餐竟然是放在晚上的 10 点以后,且地点与住宿的宾馆还不在一起。我们因为有时差反应,熬不到那么晚,连晚饭也没有着落就洗洗睡了。后来得知,当地的文化习俗就是如此,他们的晚餐都吃得很晚。我们在这次参加巴西国际 OMEP 会议的一个使命是要为 2013 年上海的 OMEP 国际会议做宣传。在工作会议和学术会议上都播放了由上海市教委学前教育信息部制作的介绍上海的录像,并热情邀请大家来年到上海参会。不少人表示我们的录像和会议宣传册都做得不错。我们很高兴会议上不少成员对 2013 年的上海 OMEP 会议表示了兴趣,有的还索要了额外的会议宣传册,我们带去了 800 份宣传册全部发完。我和黄琼老师在会上都格外注意巴西学术会议组会的一些细节,希望通过借鉴可以提高我们 2013 年办会的质量。

2013 年 7 月，在各方的积极努力下，世界学前教育组织工作会议和第 65 届国际学术研讨会在上海浦东圆满召开，来自 57 个国家与地区的 1 200 余名学前教育负责人、知名专家学者共聚一堂，就“学前教育机会与质量”这一核心话题，探讨世界学前教育发展的相关重大问题。按照中国学前教育研究会的总体部署，中国 OMEP 委员会与中国学前教育研究会、华东师范大学学前教育系、上海市教委、上海市学前教育研究会携手，积极做好 OMEP 国际会议的筹备和组织。中国 OMEP 委员会承担了对外联络工作，特别是主题报告人的报告内容的确定和来华手续及接待事宜；会议的对外宣传、签证邀请信事宜；会议网站英文页面的设计和运行协助等等。因多方齐心协力，会议的举办和组织得到了很多国际友人的赞扬和肯定。以至于在后来几次的 OMEP 国际会议中，总有人会跟我提起这次在上海的美好记忆。

这次会议的组织充分体现了上海幼教人的集体智慧和精神，在这里忍不住要夸一下。我来上海工作以来有机会遇见了上海各路幼教精英。上海有一批幼儿园园长给我留下了美好的印象，她们敬业、睿智、精明能干、亲和、时尚优雅，她们是上海幼教人的骄傲，她们的工作给国际 OMEP 会议提供了让国际友人了解中国学前教育的窗口。上海学前教育研究会、上海教委幼教教研室、上海市教委学前教育信息部的同仁们也是各显身手，在大会的筹备和组织中做出了重要的贡献。

2014 年 7 月，由爱尔兰 OMEP 委员会承办的第 66 届 OMEP 工作会议和国际研讨会在爱尔兰科克大学召开。华东师范大学、北京师范大学、南京师范大学、东北师范大学、西北师范大学、广西师范大学等高校、上海学前教育研究会、中福会幼儿园等单位30多位学者和教师参加了学术会议，并做了各种学术交流报告。

美好的遇见，美好的记忆，庆幸成为这个大家庭中的一员！

研究的力量

——北京市学前教育研究会改革开放40年的发展历程

北京市学前教育研究会　梁雅珠　王瑜元　姜维静

北京市学前教育研究会于1980年成立，至今已经形成了具有近4 000名会员的专业学术团体。伴随着改革开放的步伐，学前教育研究会在北京市学前教育事业改革与发展进程中始终发挥着学术研究和专业引领的作用。回顾近40年的工作，大致经历了以下几个阶段：

一、第一个十年(20世纪80年代)

成立后的北京市学前教育研究会本着“以研究促发展”的学会宗旨，组建了群众性学前教育专业研究队伍，开展了以分科教学(即三学六法——三学：心理学、教育学、卫生学；六法：语言教学法、常识教学法、计算教学法、音乐教学法、体育教学法、美术教学法)为基础的幼儿园课程实践研究。

二、第二个十年(20世纪90年代)

随着国家改革开放的大好形势，研究会开展了国内外的学术交流活动，引进了世界先进的学前教育理念，拓展了学术研究的领域，从幼儿园学科教学研究走向了以研究儿童发展为目标的探索之路。特别是在《幼儿园工作规程》(旧版)的指导下,研究开展了"以转变教师教育观念为核心的"教育科研工作。广大会员从现代化儿童观入手,反思我们教育中的问题,开展了"幼儿教师师德""幼儿园教育与家庭教育的结合""幼儿园健康教育""幼儿园德育教育""幼儿个性化教育"等方面的研究,将大教育观引进我们的研究,将幼儿的整体发展列入我们的研究。与此同时,通过学习宣传国内外先进的教育理论,研究会组织广大会员开展了丰富多彩的学习交流活动,组织"教育观念的大讨论",通过学习、反思、研讨、交流,开阔了广大教师和园长的眼界,了解了国内外教育实践的最新成果。这十年,我们的研究立足于幼儿园发展实际,开始将先进的教育理念转化为教育实践,在推动教育改革过程中取得了突破性的进展。

三、第三个十年(2000—2009年)

随着教育部《幼儿园教育指导纲要(试行)》(以下简称《纲要》)的宣传、贯彻和落实,研究会带领广大会员开展了以五大领域为目标的课程改革的实践研究。在《纲要》精神的引领下,研究会组织广大会员认真学习,领会《纲要》中的核心思想,开展了"以幼儿发展为本"的课程改革探索,从环境的改变,到区域游戏的开展;从只研究教师如何教,到开始研究儿童如何学……随着教育改革的不断深入,教师的专业化发展问题摆在我们的面前。这十年,我们立足于课程改革实践,不断探索适合教师专业成长与发展的途径,通过课程的建设与实施,不断将新的教育观念转化为教师的教育实践,课题研究着眼于《纲要》精神的落实,努力实现"促进幼儿不同水平的发展""促进幼儿身心和谐发展"的教育目标。这十年,研究会积极倡导幼儿园结合园所发展实际开展园本教研,与此同时,积极宣传普及科研方法,在推进教科研的工作方面取得了显著的成效,通过组织论坛和讲座,广大会员的科研意识有了较大提高,研究能力和研究水平也有了明显的进步,优秀的研究成果不断涌现,这对促进北京市学前教育的质量起着重要的作用。

四、第四个十年(2010—2019年)

2013年，教育部颁布了《3—6岁儿童学习与发展指南》(以下简称《指南》)，为进一步促进幼儿园教育质量的提高指明了方向。研究会紧紧围绕着《纲要》《指南》精神的进一步落实，开展了更为深入的教育研究。在深化课程改革的实践中，我们还结合中国学前教育发展实际，引进并推广了新西兰的"学习故事"，借鉴美国的"高瞻课程"、德国的"森林教育"等，我们的研究呈现出更加多元、更加深入的趋势。从研究会发布的"十三五课题指南"中可以看出，研究的内容越来越广泛，研究的问题越来越深入。从幼儿园教育到社区、家庭教育，从教师的专业化发展到幼儿园园所管理，从幼儿个性化发展到幼儿成长的评价，从幼儿园的环境建设到自然环境的保护，从幼儿园课程建设与实施到对教育质量的评价……我们的研究越来越贴近教育改革实际，越来越追求解决现实中难点问题。例如，"在幼儿园阶段如何防止小学化倾向""新时期家园共育的难点问题研究""如何指导家长正确处理家中二孩关系问题""园本课程的研究""幼儿园队伍建设与发展""幼儿园质量管理"等等。这近十年间，广大会员参与教育科研的积极性越来越高，申报课题的数量越来越多，课题研究的质量越来越高。越来越多的年轻教师主动承担课题研究，在研究实践中，教师的专业能力得到了显著提高，课题研究也同样带来了园所质量的提高。这些显著的成效证明了研究的力量是不可低估的。

总结改革开放40年的工作历程，我们体会到，学前教育的研究必须要紧紧围绕着学前教育发展的实际，立足教师和儿童长远发展，立足学前教育质量的提升。我们是一步步走过来的，可以说北京市学前教育研究会在发挥学术指导作用方面，在课题研究的引领、指导与管理工作中积累了比较丰富的实践经验，也得到了广大幼儿园园长和教师们的一致好评，对于推动首都学前教育事业发展起到了重要的促进作用。

回顾北京市学前教育研究会40年的发展，我们在教科研引领、教师培训、教育交流、推广教科研成果方面做了许多卓有成效的工作，概括起来有以下几个方面：

第一，借鉴新西兰儿童学习评价体系“学习故事”的理念和实践，贯彻落实《指南》精神。

2013年8月初，北京市学前教育研究会邀请新西兰教育领导力项目创始人温迪·李(Wendy Lee)和来自北京市各区县的200位幼儿园教师、园长、教研员分享了新西兰早期教育课程框架(Te Whariki)以及与之配套的儿童学习评价体系“学习故事”。温迪老师的两天分享，引起很多参与培训老师的共鸣，特别是老师们发现“学习故事”的理念与《指南》精神不谋而合。例如，相信幼儿是有能力、有自信、积极主动的学习者，相信幼儿的学习和发展具有整体性，相信幼儿是在与环境(人、材料、事件等)的有效互动中学习和发展，也相信幼儿园与家庭、社区的密切合作在幼儿学习和发展中起着至关重要的作用，教育应充分利用各种教育资源，共同为促进幼儿的学习和发展创造良好的条件以及多样化的机会和可能性。同时，老师们也发现，“学习故事”的形成性评价过程需要老师不断注意—识别—回应—记录—回顾儿童的学习，而这种旨在促进儿童学习又融入日常教学实践的评价实践有可能帮助老师们在自己的实践中落实《指南》所期待的“教中有评、评中有教、评教合一”的评价样态。

于是，北京市西城区三义里第一幼儿园率先从2013年9月开始打破教学实践和幼儿园管理中的一些思维和行为定势，以发现儿童兴趣和优点为切入点去发现儿童的力量，并提供时间和空间上的条件；与此同时，研究会与北京市教科院也在2014年4月成立了北京学习故事研习小组，探索借鉴“学习故事”理念和实践贯彻落实《指南》精神的路径。五年来，在区域教研和园本教研的带动下,“相信儿童”开始成为越来越多老师的主流话语;“注意—识别—回应”儿童的学习开始融入越来越多幼儿园和老师的日常教学;“倾听”和“追随”儿童的兴趣也渐渐成为师幼共同建构课程的基础。学习故事,是故事,但不仅仅是故事。我们的研习还在继续,而驱动着我们研习的,是想要回归教育原点——儿童的初心,是对“以人为本”的坚持,更是对做有温度、有深度教育的决心。

第二,团结广大会员,积极开展教育科学研究,以研究促发展。

北京市学前教育研究会自“十五”开始面向会员进行课题申报及管理工作,包括以下几个环节:

1. 课题立项

(1) 下发申报通知,包括申报目的、课题指南、申报表格及具体要求。

(2) 举办培训活动。培训专家对选题、研究方法等做详细讲解;课题负责人做研究经验介绍;秘书处对课题的立项申报要求做具体说明。

(3) 课题立项评审。及时组织专家对申报的课题进行评审,被批准立项课题的课题约占申报课题总数的90%左右。批准立项课题分为“重点课题”与“一般课题”两类,其中“重点课题”占立项课题总数的30%左右。评审工作完成后,向被批准的立项课题颁发立项证书。

(4) 第一批课题立项后一年至一年半,组织申报、评审“滚动课题”。

2. 课题指导

(1) 课题咨询。从“十一五”开始,每个研究周期秘书处都组织两次面向全体立项课题的免费咨询活动,具体做法如下:① 每项课题的负责人和主要成员都可以参与活动。② 为使更多老师能有与专家一对一互动的机会,并方便各区县,特别是远郊区县的老师参加,活动在一天中分四个时段进行。城近郊区安排在“两头”(上午8:30—10:00,下午2:30—4:00),远郊区县安排在“中间”(上午10:00—11:30,下午1:00—2:30)。③ 指导专家分为10个小组全天候接待来访的课题负责人。④ 课题负责人带着自己研究中的问题和困惑与专家互动，在场的其他老师也可以参与讨论、交流心得、相互切磋。

免费咨询活动的开展受到广大会员的热烈欢迎和一致好评。咨询日当天许多人早早就来到现场，规定时间到了还久久不愿离去。他们说："一对一的咨询帮助我们切实解决了研究中的难题，我们的收获太大了！"

（2）课题日常指导。除组织集体的咨询活动外，学术指导委员会的专家们还根据各个课题的需要，经常深入幼儿园进行现场指导。在那里，专家们听取课题组的汇报，进班观察幼儿的活动，活动后又与教师进行充分的交流和研讨，从而帮助课题组成员把握研究方向，不断思考，及时总结经验。老师们感到受益匪浅。

3. 课题结题及成果交流

为及时总结、推广研究成果，并为下一次课题研究做好准备，每阶段课题研究结束时，秘书处都要精心组织结题工作。具体做法如下：及时下发结题通知及要求；按时收集结题材料；组织专家进行结题与获奖评审，获准结题率为 90％左右，获奖率占获准结题课题的 30％左右。

由于我们明确规定，本届无故不参与结题的课题负责人不得作为负责人申报下一届的课题，因此各届课题的结题率一直在不断提升。

4. 召开学术年会

学术年会的日程安排：

（1）大会总结、重点发言、颁奖、特邀专家做报告，同时免费发送研究论文集。

（2）分论坛交流。各届年会除第一天安排召开大会外，第二天都要安排分论坛（一般为六个）进行交流。分论坛交流的突出特点是：既有重点发言，又有展板展示。这种做法改变了以往年会仅少数人报告成果，大多数人只做"听众"的传统模式，给每项获奖课题都提供了展示自己成果的机会。在"展板展示”环节，与会者可以根据自己的兴趣和需求自由观看，在现场与各课题负责人探讨问题、交流经验。这种做法既使更多研究者获得了成功的体验，又使每位参与者获得了更加广泛、有益的信息，大大开阔了所有参加者的眼界。这样做不仅提高了研讨实效，而且极大地调动了广大会员的参与热情和研究积极性。

小结：

在研究会秘书处和学术指导委员会的共同努力下，在各区县常务理事全力配合及广大会员的大力支持下，老师们的研究热情日益高涨，学前教育的课题研究不断进步，课题的申报、结题、获奖数量大幅提升。请看以下表格的统计数据：

(1)“十五”到“十二五”的课题研究情况。

表1　各时期课题完成及评奖情况　　（单位：项）

时期	立项	结题	优秀
“十五”	62	41	24
“十一五”	272	143	75
“十二五”	537	424	183
合计	871	608	282

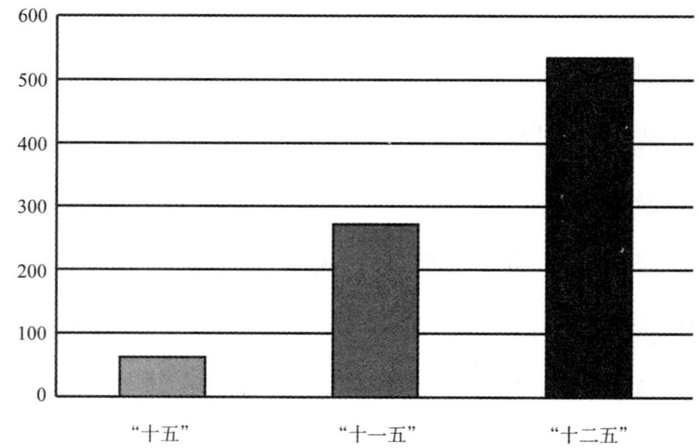

图1　研究会批准立项的课题

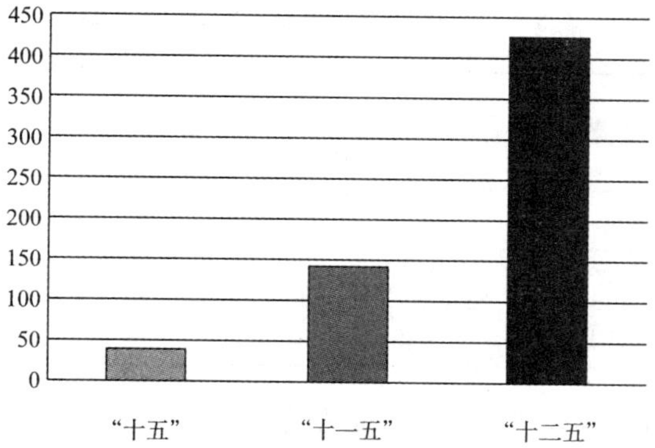

图 2　研究会获准结题的课题

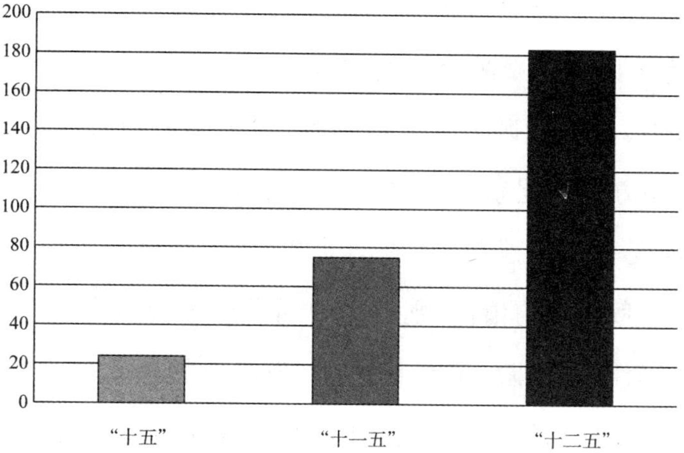

图 3　研究会优秀课题

(2)"十三五"与"十二五"课题立项情况比较("十三五"尚未结题)。

表 2　"十三五"与"十二五"立项课题数量比较　　(单位:项)

时期	申报课题总数		其中重点课题		其中一般课题		立项课题总数	
	数量	135/125	数量	135/125	数量	135/125	数量	135/125
"十三五"	1025	2.3(倍)	301	2.5(倍)	631	2.2(倍)	932	2.3(倍)
"十二五"	439		121		284		405	

注:135 代表"十三五"课题,125 代表"十二五"课题。

从表 2 中可以看到,"十三五"第一次课题申报及立项数量与"十二五"相比,有了成倍的增长。

表 3　“十三五”滚动课题申报、评审结果　　（单位：项）

组别	申报课题总数	立项课题		未立项课题	
		数量	比例(%)	数量	比例(%)
一	94	85	90	9	10
二	87	82	94	5	6
合计	181	167	92	14	8

研究会“十二五”滚动课题的立项总数为 124 项，“十三五”滚动立项课题的总数约是“十二五”滚动课题立项总数的 1.4 倍。

第三，积极响应中国学前教育研究会的号召，开展西部支教及援助汶川灾区的工作，为灾区儿童奉献出我们的爱心。

2008 年 5 月，汶川地区发生地震灾害，中国学前教育研究会立即启动了援助灾区的行动方案。北京学前教育研究会立即响应，组建优秀的团队奔赴灾区，帮助当地受灾群众建起了“流动幼儿园”。在援助灾区的日子里，北京的教师彰显了无私奉献的精神，她们在中国学前教育研究会会长冯晓霞教授的带领下，冒着余震的危险，奋斗在灾区，为那里的孩子建立了帐篷下的“流动幼儿园”，组织孩子们游戏，和孩子们交流，解除孩子心理的恐惧。之后研究会又组织全市的会员单位为灾区孩子们捐助图书、玩具、过冬衣物等，为灾区孩子献出了爱心。

回顾研究会 40 年的发展历程，有老一辈幼教人无私的奉献，有几代人的努力，几代人的传承，我们始终不忘初心——为了孩子的发展，为了事业的进步，我们始终遵循着学前教育的发展规律，本着为广大会员服务的精神，努力做好各项工作。在中国学前教育研究会的引领下，我们将一如既往，带领广大会员积极投身学前教育改革大潮，为进一步提高学前教育质量做出更大的贡献！

2019 年 4 月

上海市学前教育年会诞生记

上海市教委基教处　何幼华

2017年12月的一个周末，华东师范大学的楼宇间一下子多了上万名幼教工作者，他们拿着会议资料，匆匆走向自己选择的会场，有拉着行李箱的，有坐着轮椅被人推着来的……过了一会儿，只见楼宇间及走廊上又静悄悄的，所有人都在近30个会场中静听、分享、交流。有好多个会场已经是坐满了人，座位不够大家就坐地上，后排干脆站着，从人缝中听着、张望着。这样的盛景在上海的大学中几乎每两年出现一次，这是上海学前教育年会的现场。

记得2003年11月我赴美参加在芝加哥举办的全美托幼年会。参会的过程给了当时的我一个大大的震撼，如此多的人参会，不仅有来自美国各地的，还有世界各地的幼教同行齐聚一堂；如此多的会场同时开会，几十个会场内容提供在会议手册上供参与者选择；如此多的既有理论又有实践的交流内容，可以参与始终也可以中途退场，就看交流内容是否精彩；如此的办会形式，没有主持人，只安排会场，交流者到时到指定会场交流，不需为参会者提供住宿、餐饮，办会经费来自收费与参与展销的玩教具商家，等等，与我们习以为常的办会形式有很大的不同。震撼之余我也在思索，这样的年会可以达到什么效果？为什么能常办常新？上海是否有内容吸引幼教同行参与举办这样的年会？上海是否有可能学习这样的办会形式？内心的回应似乎都是可以一试。

回到上海，我便向幼教同行介绍自己参加年会的所见所闻，当时大家都觉得这样的年会上海也可以尝试：① 上海学前教育改革与发展也有许多创新性的实践，年会举办可以为全市甚至外省市幼教同行提供一个教育改革与创新分享交流的平台。② 作为学术交流，年会应由本市幼教学术团体，也就是上海幼教研究会牵头，全市幼教骨干、会员应共同为年会提供、选择交流内容。参与年会交流者应给与参会证明。③ 年会的组织发动与会议筹备可以整合本市学前教育界的各方力量，可由各区理事进行，上海托幼协会一起发动、参与、支持；可发挥《上海托幼》杂志、上海学前教育网等专业媒体的作用，做好宣传以及办会组织工作；可依托大学作为办会场所，利用大学不同大小教室作为交流会场；可发动大学学前教育专业学生的作用，帮忙做好参会人员引导工作。④ 要让全市幼教工作者都有参与交流的机会，在不影响工作的情况下，年会应在周末举行。⑤ 举办年会的经费应取之于民、用之于民，收少量费用全部用于会议，也可发动与学前教育有关的商家共同参与。由于涉及面广，对这样的新生事物都有一个了解接受的过程，因那次年会只有我一个人参加，全市幼教同行中了解该年会情况的人甚少，所以我曾对不同的对象多次介绍全美托幼年会的情况，以获得大家对这项活动的理解与支持。

第一届上海学前教育年会在全市学前教育工作者的共同努力下，于第二年也就是 2004 年 11 月在上海行健学院举办了。年会的主题为“多元视角下的教育创新”，同时开了 23 个会场，一个会场一天举办三至四场的专题内容，共有 200 所托幼机构的 300 多名学前教育工作者围绕 80 多个话题走上讲坛分享交流，会场不设主持人，每次话题交流 1 个小时，研讨半个小时。参会者近 3 000 人，每位参会人员都有两份资料，一份为手册，即会场安排与专题，一份为交流的专题内容介绍，参会者根据内容选择会场。会场不指定人数，交流内容是否精彩从看参会者选择的踊跃程度了就可看出，这也成为进一步激励起大家要拿出优秀交流成果的动因。20 多家专业从事学前教育玩教具企业到场提供了产品展示。年会的首次举办就让我们看到了办会的成效，因为把内容选择权交给了老师，会议交流期间，楼宇走廊几乎没有人随意走动，每个会场都在认真地交流研讨，会场门边贴着本场交流的内容，甚至用易拉宝介绍着教改实践的经验……第一届上海学前教育年会顺利地举办，使上海基层幼儿园多年的创新性实践得到总结、交流、推广，引发大家对下届年会召开的期望。研究会在总结了该届年会工作的基础上，决定从保证年会质量的角度每两年举办一次，并积极欢迎外省市幼教同行参与。

从 2004 年至今，上海学前教育年会已经举办了七届。2017 年举办的第七届年会主题为“在实践中创新，在反思中提高”，共举办了三天，有 43 所优质幼儿园的活动观摩，有 12 场专家报告，有围绕园所管理、传统文化教育、STEM 教育、主题教育、个别化学习活动、环境创设、教师专业成长、营养保健等 84 个话题的专题研讨或工作坊等，交流教育实践的经验，传递前瞻性研究与信息。多年来，年会围绕学前教育的改革与发展，以“现代城市，学前教育的反思和实践”“学前教育改革和发展的回眸与展望”“聚焦内涵，提升质量”“以规范保基本，以多元促优质”“聚焦儿童，促进学前教育优质发展”等为主题。交流的内容涉及学前教育管理、课程教学、教育科研、队伍建设、卫生保健、营养保育、家庭教育指导、0—3 岁早教等多个方面。学前教育工作者踊跃投稿，从上千篇到近 6 000 篇，包括外省市幼教同行的积极投稿，参加交流的人员扩展到近 500 人。年会的形式由交流研讨发展到有理论、信息方面的讲座，有实践观摩交流和论文交流、工作坊演示等。会期也由一天发展到三天。年会专题不断拓展，形式不断变化，参会对象不断扩大，达到逾万人次。外省市的幼教同行也参与进来，这样就有了拉着行李箱参会的一幕。而本市的学前教育工作者更是把能在年会上对全市同行交流看作是对自己为学前教育做出努力的一种肯定，哪怕脚骨折也不愿放弃自己努力争取来的机会。作为组织方的我们为之而深深感动，并获得了继续办好年会的勇气与信心。

2013 年，接受中国学前教育研究会的委托，上海幼教研究会与华东师范大学学前教育与特殊教育学院共同承办了首次在中国举办第 65 届世界学前教育组织工作会议暨学前教育学术会议。有了办年会的经验，幼教研究会积极参与了大会的筹备工作，全市 25 所幼儿园展示，30 多所幼儿园参与自创玩具与游戏的“亲子嘉年华”活动，50 位上海第一线学前教育工作者在会上做了交流，并用多种媒体宣传了上海学前教育发展的情况。国际上 50 多个国家 300 多位境外学前教育工作者参加了会议，上海市副市长、教育部副部长在会上做了讲话。会议很好地展示了这些年来我国学前教育的发展与变化，受到国际同行的赞誉。上海学前教育年会不仅成为学前教育改革与创新的展示平台，成为广大学前教育工作者结合自己专业发展满足学习需要的师训平台，同时也成为直面学前教育发展问题与挑战，引发思索的互动研讨平台。举办两年一次的上海学前教育年会成为上海幼教研究会开展学术交流工作的重要组成部分，成为上海学前教育界研讨活动的一个品牌。

2018 年 12 月

辉煌时代　辉煌业绩

——新时期军队幼儿园建设和发展简记

解放军原总政治部干部部干部工资福利局　彭剑利

1992 年 1 月，因工作需要，组织上把我调到原总政治部干部部福利局(后改为干部工资福利局)负责军官子女教育工作，其中幼儿园工作是重要组成部分。到 2015 年 6 月，我在军官子女教育工作岗位上持续工作了 24 年多。在此期间，我有幸参与了推动军队幼儿园建设和发展的各项工作，经历和见证了军队幼儿园这段辉煌的发展历程。今天，借中国学前教育研究会成立 40 周年之际，我把这段辉煌而难忘的历史呈现出来，以与同行及关心幼儿教育事业的人们同享、共勉。

在党中央、中央军委的正确领导和亲切关怀下，在军队各级领导的关心和重视下，在国家有关机关和社会各级尤其是中国学前教育研究会的帮助、指导下，军队幼儿园全面建设取得了辉煌成绩，为国防和军队现代化建设做出了应有的贡献。

一、继承革命优良传统，齐心协力办好幼儿园

军队幼儿园创建于革命圣地延安，在战火纷飞的年代，幼儿园跟随部队转战南北，环境条件极其艰苦，当时党中央把最好的食物配发给幼儿园，把最

好的穿戴分发给每个孩子，毛主席等老一辈无产阶级革命家时刻关心着每个孩子的安全和健康成长，广大幼教工作者在硝烟弥漫的战场上，冒着枪林弹雨，用生命守护着孩子们的安全，用智慧培育着革命的幼苗，她们舍生忘死、竭尽全力服务部队，为赢得革命战争的胜利做出了不可磨灭的贡献。几十年来，军队幼儿园的优良传统代代相传，历史使命影响着一代又一代的人，每逢“六一”国际儿童节，各级领导都要去幼儿园看望和慰问孩子，给孩子们带去礼物，与孩子们一起联欢庆祝节日；每逢教师节，各单位的领导和业务部门的同志都要与幼儿园教职工座谈、交流，倾听她们的意见、建议，帮助她们解决实际困难和问题；总部有关部门不断增加经费投入，加大力度改善办园环境和条件，努力提高教职工待遇；广大幼教工作者以在军队幼儿园工作为荣，舍小家为大家，把心思和精力都用在工作上，扎实完成各项任务，全心全意为部队服务，她们视军官子女为亲人，真心诚意关心照顾每个孩子，科学规范教育培养每个子女，努力解除军官在子女教育方面的后顾之忧，为保证军官安心部队，抓好战备训练等各项工作做出了新的贡献。

二、健全完善规章制度，确保幼儿园建设和管理有法可依

为了加强军队幼儿园制度建设，促进管理工作规范化、科学化，总部机关有关部门合力抓好三个方面的工作。一是加大内部规章制度建设力度。经过多方联合调研论证，先后制定下发了军队幼儿园编制管理规定，军队幼儿园管理职责分工，军队幼儿园经费管理规定等一系列重要文件，为依法办园管园和促进幼儿园建设发展奠定了良好基础。全军各级机关有关部门依据总部的规定和要求，结合本单位实际研究制定具体实施办法，扎扎实实抓好落实，保证了各项规章制度的贯彻执行，促进了幼儿园的规范化建设和科学发展。二是着力落实幼儿园建设国家标准。总部有关部门高度重视幼儿园建设国家标准的贯彻执行，在向各级转发国家相关规定并提出贯彻落实要求

的同时，结合军队实际，科学规划和严格审批新建幼儿园，加强监督检查，确保每个幼儿园建设的标准和质量。同时，按照国家规定，对全军现有幼儿园建设标准和质量进行全面清查，实施幼儿园危旧房改造工程，在各项经费比较紧张的情况下，总部连续数年下拨专项经费，对全军幼儿园危旧房进行改造，重建、改建和维修了一大批幼儿园，使这些幼儿园建设标准和质量达到了国家有关要求，大幅度改善了办园条件。三是扎实落实教育部相关规定。总部有关部门根据教育部下发的《幼儿园工作规程》《幼儿园教育指导纲要(试行)》《3—6 岁儿童学习与发展指南》等一系列文件规定，及时研究制定实施意见，部队各级按照总部要求，逐级传达学习并认真贯彻落实。同时，总部和各大军区级单位业务部门分级分类抓好人员培训，使文件精神深入人心，推动教育理念向教育行为的转变。各项规章制度的建立和完善，促进了全军幼儿园建设、管理和保育教育的规范化，推动幼儿园进入了一个新的发展阶段。

三、坚持以“规划”作牵引，持续引导幼儿园高质量发展

在我分管军队幼儿园工作的 20 多年时间里，共研究制定了五个五年工作规划。即从“八五”规划到“十二五”规划。“八五”规划是军队幼儿园建设发展的第一个五年工作规划，规划虽然简短，但意义重大，为后四个五年规划的制定开辟了思路，提供了借鉴。我参与和组织实施了“八五”规划后三年的贯彻落实工作，当时我感到军队幼儿园比较突出的问题是，第一，教师素质和能力偏低。那时，很多幼儿园中的教师大部分是军人家属，不但学历不达标，而且专业知识十分匮乏。第二是保教质量不高，许多幼儿园，尤其是边海防部队和艰苦地区部队的幼儿园，基本上处于看管孩子的状态，根本谈不上正规的保育和教育。第三是环境条件较差，许多幼儿园使用的是部队营房，有的还是旧房甚至是危房，玩教具和图书严重不足，环境创设十分简单。第四是管理制度不够完善，编制落实不到位，人员考评考核制度没有建立起来，经

费保障不合理，课程和保教管理不规范，督导评估制度不健全等。第五是优质教育资源严重不足，示范引领机制无法建立，等等。要想改变这种状况，非一朝一夕之功能够做到。为了提升军队幼儿园的建设质量和发展水平，总部机关业务部门的同志坐在一起，认真研究分析形势，针对部队建设发展和战斗力保障需要，确定了军队幼儿园在新时期的地位和作用，明确了幼儿园为部队建设服务、为军官子女服务、为战斗力服务的重要战略定位。这一共识为促进幼儿园的建设和发展奠定了扎实的基础。1996 年，总部研究制定了第二个五年工作规划，即“九五”期间工作规划。之后，又相继制定了“十五”工作规划、“十一五”工作规划和“十二五”工作规划。通过五个五年工作规划的制定与实施，军队幼儿园建设和发展不断迈上新的台阶，不断取得辉煌成绩。到“十二五”末，全军幼儿园优质教育资源已较为丰富，内部运行机制健全完善，服务保障质量明显提高，部队和官兵满意度大幅提升。在教育教学改革方面取得显著成效，尤其是适应教育现代化要求的信息技术在教育教学实践中得到广泛运用，保教的针对性、实用性进一步增强。幼儿园条件环境面貌明显改善，其中 2013 年底前已经完成了危房翻新扩建和作战、边海防部队旧房加固改造任务，园舍及配套设施达到了国家规范化建设标准，玩教具和图书资料配备达到了当地教育行政部门规定要求。卫生保健和安全防范设备更加齐全，信息化建设更加适应教育现代化需要，国家教育资源公共服务平台得到普遍运用，各类幼儿园能够应用网络优质教育资源开展教育教学活动。幼儿园管理体制机制走上科学规范的道路，分级负责、分级管理的体制得到落实，按需设编、按编定岗、按岗聘用的机制进一步健全，各类人员职称评定、考评考核、奖惩激励、各项待遇，以及人员进出、教育评价、民主监督、安全管理等规章制度健全完善，经费保障制度更加合理，督导问责、轮岗代教制度基本建立。优质教育资源实现共享，优质资源配置逐步合理，人才培养和信息化建设向薄弱幼儿园倾斜的力度进一步加大。幼儿园课程和教育教学管理秩序更加规范，教学示范制度初步建立，帮教助学活动深入开展，名园资源得到普遍运用，90%以上的幼儿园进入当地优质园行列。这五个“五年工作规划”的制定与实施，加快了军队幼儿园建设和发展的速度，提高了办园的质量和水平，为军官子女接受优质教育提供了重要保障。

四、突出抓好教师队伍建设，努力培养一支高素质的教师队伍

军队幼儿园是一个特殊的群体，20 世纪 80 年代以前，在城市幼儿园中，三分之一的教职工都是军人家属，而在边海防部队和艰苦地区部队的幼儿园中，教职工基本上都是军人家属，她们爱军队，爱国防，爱幼儿园，爱孩子，履职尽责，全心全意为部队工作，但她们普遍没有相应的资格证书，不具有教师或保育员资格。面对这样的形势，我们采取了一系列措施：一是严把教师入口关。在驻城市部队幼儿园中，不具有教师资格的人员一律不能进入幼儿园工作，同时要求驻边海防部队和艰苦地区部队的幼儿园想办法录用一批具有教师资格的人员，逐步提高合格教师的比例。二是清理不合格人员。总部强调，各单位要对不符合岗位要求的人员进行调整，不适合在幼儿园工作的人员要调离，使驻城市部队幼儿园保教人员全部符合国家规定要求，驻边海防部队和艰苦地区部队的幼儿园逐步达到国家规定要求。三是加大培训力度。总部和大军区级单位业务部门针对机关和部队幼儿园保教人员实际情况，分类组织实施专业培训，保证每人每年不低于规定要求的离岗培训。同时，组织开展岗位练兵，持续推进园长、教师、保育员、保健人员和炊事员等各类人员岗位培训，促进全体人员基本素质不断提升。在此基础上，为进一步提升教职工素质和保教质量，总部制定了“抓两头带中间”战略，即一方面下大力抓好示范幼儿园建设，另一方面下功夫抓好边海防部队和艰苦地区部队的幼儿园建设，同时带动其他部队幼儿园全面建设。首先，下大力抓好示范幼儿园建设。总部于 2000 年、2005 年和 2010 年，分三次共评选出 76 所示范幼儿

园，并充分发挥优秀教师的示范作用，为全军其他部队幼儿园做出保教示范。其次，建立对口帮带和跟班见学制度。总部赋予示范幼儿园保教示范职责，分工负责对边海防部队和艰苦地区部队的幼儿园进行保教示范，定期派出骨干教师到这些部队幼儿园进行对口帮带，边海防部队和艰苦地区部队的幼儿园定期派教师到示范幼儿园跟班见习，互相学习，取长补短。再次，完善交流机制。为带动“中间”幼儿园教师成长，建立定期交流机制，安排这些幼儿园与示范幼儿园和边海防部队、艰苦地区部队幼儿园进行三方观摩交流，带动这部分幼儿园各项业务的提升和发展。总部的要求在全军得到积极响应，轰轰烈烈的互帮互学活动在全军迅速开展，形成了各级领导重视和幼儿园全体人员积极参与的大好局面。通过落实保教业务示范、跟班观摩见习、三方交流学习等活动，大幅度提高了全军幼儿园教师队伍素质和保育教育质量。据 2014 年统计，经过近 20 年的努力，全军幼儿园教师思想道德素养不断提升，教书育人的责任感、使命感进一步增强，教科研和教育教学能力水平明显提高，教师具有学前教育及相关专业大专以上学历的达到 85%，本科以上学历达到 35%（幼儿园园长达到 50%），示范幼儿园教师具有研究生学历的达到 5%，保育员具有大专以上学历的达到 45%，学科带头人和骨干教师达到教师总数的 25%，各类人员年培训时间达到当地教育行政部门规定的要求，保教人员专业成长显著提升。

五、着力抓好教科研工作，不断完善幼儿园课程体系

我分管幼儿园工作初期，发现教师的教科研能力非常薄弱，就课程论课程，就教学论教学的现象比较突出，多数教师不知道如何开展教科研，更不知道如何将教科研与教育教学有机结合起来，难以推动保教质量向更高层次发展。针对这种情况，我们先后采取了以下措施。

1. 开展教科研试点

在办园规模较大和教师队伍整体素质较好的幼儿园组织开展教科研试

点，引导教师把思想集中到教科研上，把工作着力点放在教学实践上，用教科研的眼光审视教学，用教学实践检验教科研成果，使两者有机结合。经过五年的试点，不但取得了一批教科研成果，而且锻炼了队伍。

2. 拓展教科研范围

驻边海防部队和艰苦地区部队的幼儿园由于环境条件较差，首批教科研成果难以得到落实，我们采取驻城市部队幼儿园与边海防、艰苦地区部队幼儿园联合开展教科研活动的办法，确立并研究了一批符合这些部队幼儿园环境条件的教科研课题，取得了较为理想的研究成果。

3. 提升教科研水平

为了进一步提升军队幼儿园教科研能力和水平，鼓励全军幼儿园积极申报中国学前教育研究会教科研课题，努力争取研究会专家的帮助和指导，取得了一批较高质量的教科研成果。

4. 加大专项教科研力度

一是加强课程体系研究。从 2008 年开始，我们着手开展了课程体系研究，以大自然、大社会、大生活、大网络、大科学为基础资源，着眼“五个领域”培养目标，把解决“幼儿需要什么教育，我们应当给幼儿什么教育”作为研究重点，构建了《领时课程》体系，形成了幼儿园“学科课程、体育课程、游戏课程、生活课程”四大课程架构，初步探索解决了幼儿成长所需的基础课程问题。二是注重教师专业成长研究。课题研究分两个层次：第一层次是幼儿生理、心理发育规律，幼儿教育规律，幼儿学习特点，教师爱心、耐心、细心培养等方面的研究；第二层次是怎样才能成为一个高素质的教师，怎样才能培养出高智慧的幼儿等方面的研究。三是抓好家园共育研究。以引导家长“正确认识孩子，正确对待孩子，正确教育孩子”为切入点，设立如何帮助家长全面了解孩子、初步懂得教育培养孩子的方法，如何正确掌握与家长的沟通方式，如何将幼儿园教育与家庭教育相衔接，如何形成家园共育的良好条件和氛围，如何科学促进幼儿健康快乐成长等课题。经过十多年的专项研究，取得了初步的成果，形成了符合我国国情和幼儿智慧成长的课程体系。

六、正确认识和把握教育方向，严格规范保育教育秩序

上个世纪八九十年代，在全国兴起了办特色幼儿园、在幼儿园办兴趣班、教幼儿学习小学文化知识、照搬外国教学模式等不良风气。这些不规范的教学行为不但一时间得到了幼儿园的推崇、家长的认可，还得到了一些幼教专家的肯定和传播。有的军队幼儿园也积极适应所谓的“新形势”，向外界展示自己的办园特色，在幼儿园办起了各种兴趣班，对幼儿实施小学化教学，开设“蒙氏”等外国教学课程，严重干扰了幼儿园正常的保教秩序。面对这种形势，我们进行了认真分析和研究，大家一致认为，不规范的教学行为不但不能使幼儿学到真正的本领，不能使幼儿的兴趣得到良好的培养，反而严重破坏了幼儿的身心发展规律和智力发展秩序，错过了幼儿发展的良好机遇期，是毁人智慧、误人子弟的不良行为。为了制止这些不良的保教行为，规范保教秩序，我们先后向全军幼儿园发出通知，禁止办所谓的特色幼儿园，禁止在幼儿园办特色班，禁止实施小学化教学，禁止对幼儿进行强化训练，禁止照搬外国幼教模式等，并进一步明确，凡是采用“蒙氏”等外国教学模式的幼儿园一律不得参加军队示范幼儿园评选，不得评选全军先进幼儿园等，有效控制了不良办园和教学行为的进一步蔓延。同时，加大幼儿园园长培训力度，全面系统地对园长进行《幼儿园工作规程》《幼儿园教育指导纲要(试行草案)》等法规文件的学习，组织示范幼儿园园长进行跟班评教评学，互相观摩学习，确保幼儿园全面贯彻国家的教育方针，全面实施“五个领域”教学，全面教育培养幼儿。全军各大单位业务主管部门采取制定管理规范，完善管理措施，加强监督检查，充分发挥示范幼儿园引领作用，推广规范化管理经验等措施，促进了幼儿园保教秩序的规范化、科学化。

七、积极适应教育发展新形势，以更高标准为部队提供服务保障

改革开放以来，我国幼教事业快速发展，军队幼儿园紧跟国家教育发展形势，全方位服务部队，保障部队战斗力。前些年，因受教育改革大潮的影响，有的机关或企事业单位幼儿园被撤、并、改、停，有的甚至被转让或变卖，这股风潮也同样冲击着军队幼儿园，军队有的领导极力主张将幼儿园社会化，有的单位未经批准擅自撤销幼儿园或将幼儿园交给社会人员承办，一时间幼儿园人心涣散，发展停滞，建设中断。面对这种局面，我们及时召集有关部门的人员进行座谈，分析形势，权衡利弊，统一认识，顶住各种压力，坚持军队自己办好幼儿园，并进一步明确了军队幼儿园为部队服务、为军官服务、为战斗力服务的正确方向。我们的意见得到了军委领导的充分肯定，军队幼儿园建设和发展重新回到了正常的轨道。十多年的争辩与挑战，军队幼儿园建设不但没有受到这股风潮的太大影响，反而得到了进一步加强，而且建设的要求更高、标准更严，发展的速度更快、质量更好，服务部队的态度更加端正。

回顾军队幼儿园20多年的建设发展路程，有坎坷，有无奈，但更多的是欣慰。我作为这项工作的主要责任人，20多年来思考最多的是如何完成好组织交给我的任务，如何争取把幼儿园建设好、发展好，如何引导幼儿园把军官子女教育好、培养好，如何让军官及家人放心。功绩属于大家，辉煌已成历史，在这里我还想说的是，我一直主张将军队幼儿园向更好的方向改革。比如：军队集中统一办好幼儿园，将幼儿园纳入政府办园体系，合理利用民办幼教资源等，以便减轻部队办园的压力，让领导尤其是作战部队领导把心思和精力都用到部队的管理训练和作战准备上。但是，无论怎样改革，必须坚持一个原则，那就是为军队服务的宗旨不能变。

难忘的记忆

河北省教育厅幼教处　刘贺英

当接到“庆祝中国学前教育研究会成立40周年纪念文集征稿邀请”，我心情非常激动，沉浸在难忘的记忆中。

河北省幼儿教育发展历程，尤其是广大农村幼儿教育事业的发展，离不开国家教育部、中央教育科学研究所、北京师范大学、中国学前教育研究会德高望重的老一辈和新一辈幼教专家学者孙岩孙老、陈巧兰、朱慕菊、付国亮、姜瑾(教育部)、沈芝莲、佟静洋、郑惠英、李红枝、白天佑、刘育明、刘占兰、周俊鸣、郑瑶、何大慧(中央教育科学研究所)，祝士媛、冯晓霞、林嘉绥、刘炎等(北京师范大学)来河北指导工作，培训幼儿教师，搞科研项目。河北人形容“北京是心脏，河北是胸腔”，河北是北京腹地，离北京最近，受益最大。

一、“门外汉”与幼儿教育结缘

1976年7月28日凌晨4点，唐山市发生了震惊中外的7.8级大地震，全市遇难24万人，重伤16万人。当年，我在石家庄河北师范大学宣传组工作，我是唐山滦县人，所有亲朋好友全都在唐山，当听到唐山发生毁灭性地震时痛不欲生。我和北京的姐姐在电话中哭了一场，姐姐哭着告诉我，我姐夫(北京军区工作)第一时间已赶赴唐山抗震救灾现场。随后,我也积极报名抗震救灾,省文办分配给师大的一个指标就给我了。在出发前,姐姐电话告诉我一个好消息:我姐夫的任务是抢修滦河大桥,我家就在滦河大桥附近,他抽时间回家了一趟,我家在第一次地震时,房屋四壁全倒了,沾了老祖宗的光,唐山祖祖辈辈习惯盖房四梁八柱,房顶让柱子顶住了没有塌下来,我姥姥、父母、妹妹从窗户爬出来了。人没事就好,万幸!真的很万幸!

1976年8月2日,我随省直文办系统20位男同志和另一位女同志(唐山老乡)乘坐第四航校军用运输飞机赴唐山抗震救灾。第一次乘坐飞机很害怕,不过很快就飞到了唐山市上空(石家庄—唐山40分钟),从飞机上往下一看唐山市全平了。飞机降到地面后坐汽车赶往现场,一栋栋房子全部倒塌了,一片片废墟,满大街是扒出来的遇难者尸体,惨不忍睹,戴口罩也闻到腐臭的气味,顿时我的心收缩在一起。

我们文办系统暂时安排在市委大院,22个人不分男女住在一个帐篷里,因为我没结婚大家很照顾我,给我安排最靠边,当时是最好条件了,吃饭喝水全是解放军供给,只供饮水,好多天不能洗脸漱口。我们的任务是和解放军一起扒开压在屋里的东西,整理登记遇难者的遗物财产。后来又分配我到唐山市一中重灾区做这些具体工作,并照顾两个孤儿的生活起居(两个孩子的父母和两个姐姐全部遇难)。在唐山抗震救灾3个多月时间,解放军盖好简易房,幸存者按户入住后,奉省委命令,我们全部撤回石家庄。

我回石家庄不久,经组织批准,于1977年元旦结婚。接着学校放寒假,等我度假返校,一张调令,让我去省教育局普教组(现省教育厅基教处)报到,分管幼儿教育和内勤工作。我是师大政教系毕业,对幼儿教育一窍不通,可普教组18人中就我一个女同志,我想自己是共产党员,党让干啥就干啥,不会就学,在实践中学习,在学习中实践。从此,我和幼儿教育结下不解之缘,一辈子从事钟爱的幼教工作。

二、感召的力量

1982 年初冬，我有幸第一次参加中国学前教育研究会举办的年会。年会很有特点主会场地点是安徽省合肥市。会上，我们听取了南师大赵寄石教授的学术报告，参观了安徽省委、省政府两所机关幼儿园，接着又南下参观广州市越秀区两所幼儿园。通过观看这几所幼儿园设备设施、幼儿园环境创设，观摩教育教学活动，所见所闻，耳目一新。特别是孙岩孙老的总结报告，深深触动着我的每根神经。河北省的幼儿教育太薄弱了，无论在数量上还是办园条件上，差距不是一星半点，更谈不上质量。

新中国成立前，河北省旧称直隶省，天津市包括在直隶省内。据官方统计，1949 年全省只有幼儿园 15 所，25 个班，在园幼儿 850 人，且集中于大城市和革命根据地。新中国成立初期，在党和政府领导关怀下，幼儿教育事业不断发展。1953 年，全省幼儿园 63 所，在园幼儿 4 241 名。1957 年全省幼儿园上升到 1 200 所，入园幼儿49 696人，1958 年，在“左”的思想影响下，全省幼儿园膨胀到 33 164 所，入园幼儿多达 2 085 454 人，师资、设备严重不足，没过多长时间就停办了，加之国民经济三年困难，到 1963 年巩固下来的幼儿园只有 364 所。之后，在三年必要调整后，到 1965 年全省幼儿园上升到 552 所，在园幼儿 29 179 人。“文革”期间，大批幼儿园遭到灾难性破坏，房舍被挤占，设备遭毁坏。1979 年迎来了幼儿教育的春天，从中央到地方重视幼儿教育，明确了各部门职责。中共河北省委、省革委(省政府)成立托幼工作领导小组，办公室挂靠在省妇联，负责托幼日常工作。1983 年机构改革时，省托幼办工作领导小组将其办公机构撤销，幼儿教育由原来妇联主管改为由教育部门主管。

1983 年 10 月，“河北省教育学会幼儿教育专业委员会”在石家庄成立并召开了第一届年会。第一届理事长由河北大学教育系胡士襄教授担任。第二、三届理事长由河北大学教育系幼教专业詹龙泽副教授担任，副理事长由河北师大教育系陶岚清副教授(北师大学前专业毕业)和石家庄市幼教干部闫淑琴(河北大学教育系学前专业毕业)担任。我任学会秘书长。每三年召开一届年会，每届理事会任期五年。1995 年 5 月，我当选学会理事长，我的同事曾超敏当选学会秘书长。我记得，我在学会任职期间，共召开过八届年会，每届年会都聘请专家做学术报告。第一届聘请的是沈芝莲老师；第二、三届聘请的是孙岩孙老；第四、五届聘请的是冯晓霞老师；第六届聘请的是林嘉绥老师；第七、八届聘请的是刘占兰、周俊鸣两位老师。可以说，河北省幼儿教育科研、教研活动的开展和提升，是老一辈新一辈幼教专家用双手托着，在肩膀上扛着前行的。

多年学会工作让我深深体会到，中国学前教育研究会虽然是群团组织，没有行政权力大，但是桥梁纽带作用是无穷的。它能够吸纳全国幼教领域德高望重的知名教授、学者作支撑，有一大批第一线热心幼教事业的工作者参与，有坚实的前瞻理念作指导，富有很强的号召力、影响力、感召力、凝聚力。

三、艰苦的岁月

20 世纪 80 年代，我国还处于社会主义初级阶段，物质条件匮乏，交通、通讯、住宿都相当困难，现在想来都觉得不可思议。

尴尬的接站。20 世纪 80 年代初，河北省没有一所培训幼儿教师的专门机构，直到 1984 年省政府才批准在石家庄、唐山、保定、邯郸筹建四所幼儿师范学校，使北京师范大学学前教育系解了燃眉之急。祝士媛老师带队，多次带领老师和学生来河北无私组织培训，没有任何报酬，冯晓霞、刘炎老师都来过河北培训。我记得，每逢接站都遇到麻烦。当时我们省教育局机关只有两部车，一部老旧的伏尔加，一部帆布北京吉普，各处室用车需要到办公室登记排队，而且需要领导签字批准。最让我尴尬的是接冯晓霞老师，因为我没见过冯老师，只知道来的车次。接站那天，偏偏仅有的两部车都有事外出，急得我像热锅上蚂蚁一样，不知所措，我时不时看手表，离接站时间越来越近。办公室的同志安慰我说："别着急，火车经常晚点，不会误事。"在办公室等了好长时间车终于回来了。当我们赶到火车站，偏偏这趟车次没有晚点，火车站出站口冷冷清清，我到处张望，看见不远处广场上有一位年轻女士在树下站着看书，我赶紧跑过去打招呼，果然是冯晓霞老师，让冯老师等了好久好久。

尴尬的住宿。1985 年冬天，中央教科所沈芝莲老师到河北承德滦平县考察幼儿教育，我们约好在北京西直门站见面。滦平县是国家级贫困县，我没去过，事前约承德市教育局张佩然科长在滦平等我们。万万没料到，从北京到滦平仅有一列直达慢车，这趟车实在太慢，站站停靠，下午 4 点多从北京发车到滦平县已是深夜 11 点多钟。

下车后一问，滦平火车站距县城十多里路，我作为东道主很犯愁，滦平谁也不认识，两眼一抹黑，深更半夜找谁呢？正在这时，听到有一位姑娘高声叫喊"站前旅馆，单人房间"。我一听很高兴，和沈老师商量咱俩先住下，天亮再去县城。于是姑娘带领我们去了所谓的旅馆。一进门，原来是大车店，进屋更吓了一跳，"单间"在最里边，外边是大通铺，睡下的是一群男子汉，光着大膀子，见状很不好意思。"单间"没有窗户，也是木板连铺，脏兮兮的，一股刺鼻的味道。幸亏当年社会治安好，不然真的不敢住下。就这样，我们和衣而睡。第二天，我们赶到滦平县政府招待所，我感到浑身刺痒，让张佩然科长一看，传上了虱子，还有许多虱卵。我找到沈老师让她快换衣服，她淡定地笑着说："我没感觉。"我明白了，不再吭声。

尴尬的接待。1986 年 6 月，荷兰伯纳德·范里尔基金会三位专家来河北进行立项考察，不仅要听汇报，还要到农村实地考察。考察时间不长，当天从北京出发，当天返回北京，在河北吃一顿午餐。第一次接待外宾，大家都不知道怎么招待，尤其在吃饭问题上七嘴八舌拿不定主意。还是中央教科所领导解决了难题，告诉我们，夏天天热，建议吃北方过水凉面。就这样，在青县教育局职工食堂做的打卤面，在卤上做了点文章。准备了四样卤：芝麻酱、酱肉味、炒菜豆角、酱油醋加蒜味。青县教育局没有餐厅，也没有大的会议室，外宾加内宾十几个人只能在院中站着吃饭。

尴尬的办园条件。农村幼儿教育，特别是贫困地区，由于没有专项经费，又不属于义务教育，幼儿园或学前班往往开设在村里没人用的公房或小学最差的房屋里，没有桌、椅、板凳，用板板搭个泥台子，从家自带小板凳。有的孩子家中没有小板凳，就蹲着或跪着听讲。当地流传着顺口溜："土台子，泥孩子，晴天一身土，雨天一身泥。"考察幼儿教育的专家见此状况，脱口而出："还不如让孩子们在院子里自己跑着玩呢。"

四、灯塔的光芒

灯塔是航海前进的方向，象征着一种安全和帮助。

自 1988 年 4 月开始，由中央教育科学研究所组织领导，与河北省教育委员会合作，开展了"河北农村学前教育项目"。项目第一阶段(1988—1992 年)，以河北省滦平、青县、兴隆、沧县、南皮、任丘等 6 县(市)为实验区。项目第二阶段(1993—1996 年)，试验区扩大到贵州省花溪区、乌当区、贵定县和凯里市，同时河北省承德市、沧州市所属的 18 个县(市)也列为推广县。这些县(市)均属于经济欠发达地区或少数民族地区。该项目得到荷兰伯纳德·范里尔基金会的无私资助。1992 年底，该项目又被批准为全国教育科学"八五"规划、国家教委级重点课题。此项目犹如灯塔，照亮了河北省、贵州省实验区开展群众性的幼教科研工作。

铿锵有力的支持。"河北农村学前教育项目"顾问团队由全国幼教领域顶级专家学者组成：卢乐山，北京师范大学教育系教授；赵寄石，南京师范大学教育系教授；孙岩，中国学前教育研究会理事长；范崇嬿，全国妇联书记处书记；姬君式，国家教委基教司副司长；陈巧兰，国家教委幼教处处长。

我记忆最深的一次，在中央教科所列席参加顾问座谈会，专题讨论“河北农村学前教育项目”宗旨是什么。专家们利用整整一天时间，中午没有休息，工作餐后继续研究讨论。经过字字斟酌，最后用最简练的一句话表述：“探索一条迅速有效的发展和提高我国农村幼教的道路。”从此，明确了项目的指导方向，这就是顶级专家的魅力。

当项目遇到个别问题和困难时，沈老师就带我登门拜访孙岩孙老。我们在孙老家中汇报项目工作，听取孙老指导意见。孙老和蔼可亲，平易近人，没有专家、长辈之分，只有答疑和讨论之分。有一次，问题还没讨论清楚就到了中午，孙老就留我们在她家吃午饭，直到把问题说透方才离开。

1992年10月，当项目第一阶段实验刚结束，孙老就组织中国学前教育研究会、中央教育科学研究所、河北省教委、河北省幼教专业委员会在河北沧州联合召开了“全国农村幼儿教育研讨会”，在全国推广“河北农村学前教育项目”。

1994年8月，伯纳德·范里尔基金会在河北承德召开“亚太地区改善农村幼儿教育环境研讨会”，有17个国家的代表参加。

1998年5月，教育部、联合国儿童基金会在河北承德召开“早期儿童发展项目经验交流会”，有22个省的代表参加。

吃苦耐劳的敬业精神。项目宗旨明确后，项目课题组负责人，也是项目带头人、项目领航人沈芝莲老师，带领中央教科所课题组的老师们，深入滦平山区搞调研。山区农户居住分散，户与户之间有很长距离，尤其是遇到刮风下雨的天气，坑坑洼洼的泥泞山路行走更艰难。可是她们风雨无阻，不管是烈日炎炎，还是滂沱大雨都入户调研座谈。她们居住在滦平县西地乡曹碾村低矮的茅草屋里，和农村一位土生土长的幼儿教师杜玉瑞吃住在一起，白天走门串户搞调研，晚上与杜玉瑞老师商讨问题，这个村就成为项目长期追踪的实验点。

更让人感动的是，课题组负责家庭教育的何大慧老师，当年怀着身孕，挺着大肚子住在曹碾村，一住就是好几天。她走街串巷，在街头、田间地头和家长促膝了解儿童生活状况，把科学育儿知识讲给农村孩子家长，还指导杜玉瑞老师入户建立家庭图书角、玩具角。

更让人不能忘怀的是，20 世纪 80 年代末，刘占兰，北师大研究生，毕业的报到地点就是曹碾村。她一头扎下去，直到项目 2000 年结束，坚持不懈地投入到“河北农村学前教育项目”中，一干就是十多年，可以说刘占兰老师的青春年华是在河北的贫困乡村度过的。

更让人敬佩的是，沈老师带领何大慧、周俊鸣、刘占兰老师，几乎走遍曹碾村 100 多户 0—6 岁儿童家庭，播种爱、培植爱、传播爱、培育文明种子。蜿蜒崎岖的山间小路，留下了沈老师一行人深深足迹。

项目的实施，改变了该村大人小孩祖祖辈辈不刷牙的陋习，扭转了村里打麻将、婆媳吵架等不利于儿童健康成长的家庭环境，致使该村村民经常议论的话题是“娃娃经”。杜玉瑞老师也荣幸获得“全国模范教师”的称号。

生活在北京，条件优越的老师们，这种吃苦耐劳的敬业精神难能可贵，永远是我们学习的榜样。

严谨求实的科研态度。1986 年春项目立项前，我印象最深的是对河北省 46 个国家级贫困县，随机抽样进行幼儿教育现状调查，沈芝莲老师召集调查人员培训，针对如何抽样、如何问卷特别叮嘱一些细节，不然调查结果不能采用。

首先，沈老师现场进行抽样操作，把 46 个贫困县，按各县名称做了 46 个纸团，放在一个盘子里，来回搅动打乱，从中抽取三个县。抽取结果：承德滦平县、保定涞源县、张家口尚义县。两个山区县，一个坝上草原县。

调查人员分配这三个县后，在同一时间段完成调查任务。对调查又做统一要求，具体要求是：县级层面，把县所有乡（镇），用同样的方法抽取三个乡

(镇)。到乡(镇)这个层面,用同样的方法抽出三个村庄。到村庄这个层面就更具体了,在3—6岁儿童中抽取五个家庭,对儿童和对应的家长进行问卷调查。

例如,对家庭教育方面的问卷,单独和家长进行谈话,不能让其他家长听到,免得回答一样的结果。其中有个问卷是这样的:“请问你,当孩子刷碗时,一不小心,把碗打碎了,你怎样对待孩子?”有的家长干脆地说:“打他。”有的家长说:“打就打了呗。”同样一个问题,反映出家长不同的教育观念和教养水平。

测查儿童认知程度和观察能力的问卷非常简单,而且是平常生活中经常看到的事物,比如问问孩子:“鸡有几条腿?”有的孩子竟然回答:“鸡有四条腿”。由此可见,农村孩子的观察力和认知水平的差距。

通过与中央教科所专家接触,自己渐渐明白,什么是幼儿教育科学研究,就是要从客观事物的内在本质出发,进行脚踏实地的摸底调查,因地制宜地开展实验,探索解决问题的方法措施。

五、欣喜的收获

河北农村学前教育项目是一个充分调动群众积极性,服务群众需求,依靠群众自身努力的研究项目。它既是一个研究课题,又是一个群众性的伟大实践,也是一所培养创造性人才的学校。

首先由项目研究人员编制了《河北农村幼儿教育实验纲要》,突破了按知识领域编排的传统做法,把我国全面发展的教育方针贯融到具体教育目标中。在《河北农村幼儿教育实验纲要》的指导下,实验县卓有成效地摸索出了农村幼儿教育发展的路子。项目的经验遍布河北大地,河北农村幼儿教育焕然一新,到处呈现蒸蒸日上的景象。

办园条件得到了改善。面对农村“一穷二白”的状况,本着少花钱多办事，不花钱也办事的原则，沧州青县率先群策群力，充分利用农村自然资源，土法上马改善办园条件：把农户果园枯死的大棵苹果树、梨树、桃树等去掉细叉枝条，埋在户外场地，让孩子进行攀登练习；把大块河卵石、木桩埋在土里，让孩子练习平衡；用柳树条做钻圈，让孩子进行钻爬的练习；用碎布缝制大小不等的圆球、方球、三角球，用农户剪下的羊、牛毛搓成球，让孩子进行投掷的练习；用木料做秋千、压板，用废旧易拉罐制作高跷，用鸡毛做毽子；充分挖掘农村传统游戏，推铁环、跳绳、跳方格等来丰富孩子户外游戏。

利用农村得天独厚的优越条件，让孩子接近大自然。春天，带孩子们到树林、山坡等地捉迷藏、挖野菜；夏天，带孩子们到小河戏水、捉鱼，在沙滩玩沙；秋天，带孩子们采摘野果，到草地捕捉昆虫，到树林拾落叶，观察农民伯伯的秋收劳动；冬天，林边的小河结上厚厚的冰时，老师就带孩子们滑冰玩耍，下雪就堆雪人、打雪仗。一年四季让孩子们直接接触阳光、空气、水等自然资源。

办园形式走向多样化。承德滦平县是革命老区，纯属山、老、边、穷贫困县。自然条件恶劣，经济贫穷落后，人口居住分散，全县 31 万人口，27 个乡(镇)，422 个行政村，2 176 个自然村。面对居住极其分散的情况，项目研究人员通过预测研究，必须因地制宜建立正规和非正规的多种形式幼教机构模式，才能满足儿童受到良好早期教育的需求。通过实地摸索实践，滦平县办园形式主要有四类。

第一类：完全幼儿园。县城 3 所公办园，由县财政负责。在全县 20 多村乡镇所在地建立乡(镇)中心幼儿园，由乡政府和中心园所在村负责。

第二类：单式学前班。附设在村内小学，单独设院，由所在行政村负责，由所属小学兼管。

第三类：混合班。在生源偏少的村建立，每个年龄段只有五六名孩子，不同年龄混合编班，由所在村负责。

第四类：非正规形式。巡回辅导班：对人数少、居住分散的幼儿就近编班，由老师巡回辅导教学活动；家长活动站：对居住特别分散地区，由家长定期带孩子到站接受辅导；联合活动站：在行政村中，大的自然村设班，小的自然村设活动点，小的自然村孩子定期到班活动，教师定期到点辅导；游戏小组或亲子活动站：幼儿园或学前班老师对经济条件不好或实在困难的村，将孩子定期组织在一起做游戏。这几种非正规形式，引入更多家长参与，不仅加强了集体教育同家庭教育的联系，也转变了家长祖祖辈辈固守着小孩子“树大自然直”的教育观念。

农村幼儿教师迈向专业化。农村幼儿教育的起步、发展，关键在于有一支扎根农村，又具有幼教知识的专业化师资队伍，项目紧紧抓住这一重要环节，着手筹建培训基地。1988 年，经过多方磋商，由河北省教委、沧州市政府、青县政府共同投资，在河北省青县建立了“农村幼教研究和资源中心”（简称青县中心），内部设备和日常经费由荷兰伯纳德·范里尔基金会提供。项目开始，青县中心规模能容纳 100 人的食宿。到项目后期，青县中心依靠自己的力量，扩建能容纳 700 人的食宿规模。

项目研究人员根据项目宗旨，对培训课程内容进行大胆改革，从农村实际出发，创造性地开设了《幼儿心理与教育》《农村幼儿家庭教育》《农村幼儿教育组织管理》《农村幼儿美工和玩具教具制作》《幼儿园教育研究基础》《农村集体教育内容与组织》《农村幼儿园环境创设》等适合农村需要的课程。

项目专门为项目试点县培训土生土长的农村幼儿教师。起初，先有中央教科所研究人员亲自授课，后由青县中心教师授课。采取短期培训，一至三个月周期，培训骨干教师。然后采取滚雪球的办法，由骨干教师对本县、乡（镇）进行二级培训示范。研究人员和中心教师再深入第一线巡回辅导。由于研究人员直接参与教学，培训起点高，经过层层培训和巡回辅导，培训效果显著。

1997 年，在河北省中师改革调整中，经省政府批准，青县中心正式更名为“河北青县幼儿师范学校”，师资培训基地迈向了一个新台阶。从此，面向全省招生，招生条件为在职三年以上、30 岁以下的农村非公办优秀幼儿教师。学制三年，毕业后转为公办教师。这项政策随着招生制度改革，很快招收初中毕业生。欣喜的是她们是火种，是骨干，她们已经是支撑河北农村幼儿教育的顶梁柱。

历史的车轮滚滚向前，时代的潮流浩浩荡荡，回首昨天的记忆，借中国学前教育研究会的平台，感恩生命中遇到的每一位，感恩每一位为河北省幼教事业做出贡献的践行者，并致以崇高的敬礼！

2019 年 1 月 18 日

长沙师范学校与《学前教育研究》

——忆长沙师范学校原党委书记肖传京大姐

原长沙师范学校校长　王风野

二十世纪八九十年代，肖传京同志是中国学前教育界非常活跃的一位大姐。她性格开朗，待人热情，广交朋友，大家亲切地称呼她“老肖”“肖大姐”“肖老太”“老革命”“外交部长”。40年代，她是一名追求光明的热血青年，新中国成立前在湖南加入中国共产党，以教师职业为掩护，从事地下工作。新中国成立后先后在中共湖南省委、怀化地委、省教育厅工作。1979年调入长沙师范学校任副校长（主持工作）兼党总支书记。1978年我任长沙师范学校教导处主任，在肖大姐领导下工作。1985年我任长沙师范学校校长，肖大姐任党委书记，我俩成为工作搭档，直至她1992年离休。肖大姐长我12岁，把我当弟弟看待，对我多方面关心爱护，工作上大力帮助支持，为我营造了宽松和谐的工作环境。肖大姐作风民主，办事公道，严于律己，宽以待人，勤政清廉，展现了一位老党员、老干部的高风亮节。1979年全国工资调整，调整面仅40%，她自己完全符合晋升工资条件，却主动把机会让给了一位家庭人口众多的老同志。她还谢绝学校派专车接送上、下班，坚持坐公交或步行，笑称“这样可以强迫自己锻炼身体”。在这样一位德高望重的大姐的引领下，校领导班子团结全校师生员工，艰苦奋斗，开拓创新，使历经“文革”沧桑、百废待兴的长沙师范学校得以迅速恢复和发展，重展三湘名校的英姿。学校的办学特色和人才培养质量得到社会的高度评价，多次获教育部、省政府和省教育厅的表彰。

肖大姐长期从事党政机关工作，调入长沙师范学校以后，她以强烈的事业心和责任感，满腔热情投入学前教育这一全新领域的工作，她虚心好学，调查研究，思想解放，实事求是，坚持改革开放，锐意进取。“吕端大事不糊涂”，她提议并身体力行推动了几项关系学校长远发展的重要基础性工程。为弘扬长沙师范学校创始人徐特立老校长的革命精神和教育思想，学校建立了全国唯一的“徐特立纪念馆”（时任中共中央总书记胡耀邦总书记题写馆名）；在校园竖立了徐特立铜像；设立了“徐特立研究室”，创办了全国唯一一本研究徐特立的期刊《徐特立研究》（现更名为《特立学刊》，作为长沙师范学院学报）；成立了湖南省徐特立研究会，收集、整理、出版了《徐特立文集》《徐特立文存》《怀念徐特立》《徐特立教育思想》等一大批著作，定期举办全国性徐特立研究学术研讨会，交流理论研究和教育实践的经验。徐特立先生的革命精神和教育思想成为长沙师范学校之魂。为提升长沙师范学校学前教育的教学科研水平和社会影响力，学校设立了学前教育研究室（10 个编制），创办了《湖南幼教》杂志，牵头成立了湖南省教育学会幼儿教育专业委员会（2003 年独立升格为湖南省学前教育学会）。

更为重要的，肖传京同志推动学校与中国学前教育研究会联合举办了《学前教育研究》杂志。作为湖南省教育学会幼教专业委员会理事长，中国学前教育研究会常务理事，肖传京大姐经常奔走于全国学前教育界，虚心向领导专家求教问计，推动长沙师范学校和全省学前教育事业的改革发展。她热心参与和支持中国学前教育研究会的工作，与孙岩、史慧中等众多老同志建立了良好的工作关系和私人友谊。1986 年，时任中国学前教育研究会理事长的孙岩同志提出创办一本理论性学术期刊作为会刊，以促进国内外学前教育界的学术交流，促进我国学前教育的改革和发展。孙老先后与北京、上海有关学前教育机构商讨联合办刊事宜，但均遇到人员编制、办公用房、办刊经费等难以解决的困难。肖大姐得知这一情况后，即与我商量学校可否承担这一任务，两人一拍即合达成共识，经校领导班子集体研究同意后，肖大姐赴京向孙老汇报，表达学校愿以将《湖南幼教》停刊转办的方式全力支持会刊的创办。孙老非常高兴，认为长沙师范学校的办学水平、专业人员队伍的素质较高，领导又勇于担当，符合与学会联合办刊的条件。不久，中国学前教育研究会与长沙师范学校签订了联合举办中国学前教育研究会会刊《学前教育研究》的协议。会刊由会长孙岩同志任社长，副会长史慧中同志任主编，肖传京同志任副社长。由学会聘请副主编并提名全国部分学前教育专家组成编辑委员会负责审稿把关，编辑部设在长沙师范学校，编辑人员由学校指定，编辑部编制、经费、办公用房均由学校解决。学校原办的《湖南幼教》停刊，刊号转《学前教育研究》。

1987 年 1 月，《学前教育研究》正式创刊；从 1982 年中文核心期刊第一版起，杂志一直是中文核心期刊；2008 年中文核心期刊第五版起成为我国学前教育领域唯一一本中文核心期刊；2000—2002 年，杂志入选 CSSCI；2014 年以后一直稳定在 CSSCI，是我国学前教育领域迄今唯一一本 CSSCI 期刊；2018 年，《中国人文社科期刊 AMI 综合评价报告》将杂志列为教育学学科核心期刊。30 多年来，在中国学前教育研究会和杂志编委会的指导下，在长沙师范学校（专科学校、学院）历届领导班子的支持下，全国学前教育工作者积极参与，杂志编辑部的同志辛勤耕耘，《学前教育研究》历经风雨，攻坚克难，越办越好，成为我国学前教育领域最高水平的学术期刊，为我国学前教育事业的改革和发展做出了重要贡献。

学校勇于承担社会责任，支持了中国学前教育研究会，自身也因此受益良多。学校以杂志社为纽带，与国内外学前教育界有了更广泛、密切的交流，获得更多信息，得到更多领导和专家的指导，促进了杂志编辑人员、学校教学科研人员和全省学前教育工作者的专业成长，推动了湖南学前教育的改革开放和创新发展。2004年至2013年的十年间，长沙师范学校由一所中等幼儿师范学校连续跨越两个台阶，先后升格为长沙师范专科学校和长沙师范学院。

肖传京大姐于2003年5月因病不幸离世，享年73岁。值此中国学前教育研究会成立40周年之际，仅以此短文表达对肖大姐的深深怀念，缅怀她为加强长沙师范学院与中国学前教育研究会的联络、推动共同举办《学前教育研究》而付出的辛勤努力，缅怀她为长沙师范学院和中国学前教育事业的改革和发展做出的突出历史贡献；同时，作为长沙师范中专时期的校长、长沙师范专科学校和长沙师范学院的离退休职工，也借此对中国学前教育研究会与长沙师范缔结事业友谊、对学校改革和发展给予长期指导和支持，表示衷心的感谢。

在研究会温暖和专业的氛围中学习和成长

——有感于中国学前教育研究会成立40周年

辽宁教育研究院　罗英智

中国学前教育研究会成立40年了，我从一个懵懵懂懂的参与者，到积极主动的会员，再到参与组织管理工作，在前辈老师们的帮助指导下，在同行们的相互鼓励、研讨交流中，不断学习与成长。

一、初识研究会，在幼教研究会的大家庭中体验归属感和专业精神

中国学前教育研究会的前身是中国教育学会幼儿教育研究会，于1979年11月在南京成立。当年，各省、自治区、直辖市的幼教研究会也纷纷成立，逐步建立起了由幼儿教育行政管理干部、教科研工作者、师范院校专家学者、儿童保健工作者以及广大幼儿园园长、教师组成的群众性学术团体网络。我所在的辽宁省也于1980年成立了幼儿教育研究会，挂靠在辽宁省教育科研所，全省13个市会员达1 000多人。我1984年毕业，被分配到辽宁省教育科研所幼儿教育研究室工作，就开始在李道佳、傅惠芳等前辈老师们的带领和指导下，参与到省级研究会的组织服务工作中，并逐渐有机会参加全国幼儿教育研究会的学术活动，通过这个平台接触更多的专家、学者和老师、同行，逐渐融入这个充满爱和温暖、具有教育情怀、追求专业精神的大家庭中来。

1. 参加研究会的学术年会,感受群众性学术团体的号召力、凝聚力和学术氛围

1990年,我步入幼儿教育领域五年之后,第一次有机会参加了中国教育学会幼儿教育研究会在武汉市举办的第四届学术年会,时任理事长孙岩同志致开幕词,来自全国各地350名幼儿教育工作者以正式或列席代表身份参加了会议。这届年会主要是围绕第三届年会结束后确立的五个课题研究成果展开交流,比如:幼儿园的作息制度怎样才能更加适合不同年龄幼儿生理、心理特点;幼儿园的课程结构怎样才能更加有利于幼儿的全面发展等,目的是为国家教委修改《幼儿园教育纲要(试行草案)》提供科学依据。记得当时想参加会议的人很多,但因会议规模有限,无法满足所有人的参会愿望。我当时正处于学习研究方法、尝试开展课题研究的阶段,在几所幼儿园做幼儿守恒方面的实验,向大会提交了《对5岁幼儿进行守恒实验的研究报告》,获得了优秀论文奖和正式代表的参会名额,我感到非常高兴和荣幸。在第一次参加全国年会,听取专家报告,与不同地区同行研讨和交流中,我初步感受了研究会的号召力和凝聚力,体会了幼教人的热情、投入和教育情怀,使我更加具有归属感。从此,融入研究会的大家庭中、参加研究会的学术交流活动成了我开展课题研究、提升研究能力和业务水平、力争取得研究成果的动力之一。

在此后幼儿教育领域工作的30多年间,我不仅个人积极参加研究会的各项活动,还组织辽宁省的会员多次共同参与了研究会举办的学术年会和其他学术研讨交流活动,切身感受到这个家庭不断壮大,研讨交流的内容不断丰富和深入,举办活动的频次和规模也不断扩展,对业内外人士的凝聚力和影响力不断增强。

2. 参与研究会的课题研究,学习践行认真严谨的科研态度和深入扎实的工作作风

1986年,中国教育学会幼儿教育研究会副理事长、中央教科研的史慧中

研究员组织六省三市参加了国际教育成就评价协会学前项目（简称IEAPPP）研究，我作为辽宁省的一员参加了这个研究项目。为了真实地观测、记录 3—6 岁儿童发展水平以及他们所处的家庭、幼儿园和社区环境状况，比较、分析各省、各国幼儿发展状况，课题组考虑地区、城乡分布和年龄等因素，对要观测的儿童进行了严格的抽样。记得为了准确地找到被抽到的每个样本儿童，辽宁省就组织了 100 多名幼教工作者深入到幼儿园和幼儿家庭，面对面和孩子交流。当时交通不便、经费短缺，我们经常是先乘坐火车、后坐汽车、再坐人力三轮车，甚至是马车、驴车，到县镇、农村去找样本儿童。一个偏僻乡村的家长了解我们的来意后感慨地说，新中国成立以后就没有一个省里的干部来过这里，你们为了我们家的孩子跑这么远的路，真是没想到啊！一些农村的孩子认生，不敢看我们，也不答话，我们就买糖果、玩具和他们接触，先尝试和他们建立感情，慢慢再进行测试。为了得到一个孩子的真实数据，往往花费几天的时间。这项研究使我有感于专家学者对儿童的热爱和尊重以及认真严谨的研究态度，深刻体会到：做研究必须要认真严谨、深入扎实，还要有吃苦、奉献的精神，这样的体会和感悟始终影响着我之后的研究工作。

1993—1997 年，我又参加了时任研究会理事长史慧中研究员主持的中华哲学社会科学基金会“八五”研究项目——适应我国国情、提高幼儿素质的实验研究，参与组织辽宁省 8 所幼儿园围绕着如何转变阻碍幼儿良好素质培养的理念和行为，如何确定 3—6 岁幼儿素质培养的目标、内容与要求，如何制订具体的教育计划，如何改进教育方式、方法以提高幼儿素质基础等，进行了三年的实践研究。在此期间，史慧中理事长多次深入到实验园，指导老师们如何观察幼儿，如何分析幼儿的发展状况和需要，如何创设良好的教育环境，如何对孩子进行有针对性的指导和帮助等等。通过研究，各地区逐步总结提炼出了幼儿园各年龄班教育目标与内容，探索出一系列提高幼儿素质的教育模式，在一定程度上克服了当时幼儿教育口号化、成人化、形式化的问题倾向，形成了符合幼儿年龄特点的素质教育的研究成果。总课题组在科学普及出版社出版了项目丛书——《为幼儿奠定良好的素质基础》，收录了各个地区以及实验园的论文、经验和典型案例等在全国推广，当时颇有影响。以这个课题为纽带，参与研究的各省、市幼教科研工作者以及实验园的园长教师们经常互相观摩、研讨和交流，形成了学习和研究的共同体，也因此而成了研究会的积极参与者和骨干力量。

二、与研究会结缘，在参与组织管理工作中不断学习和成长

自从1984年踏入幼儿教育这一行业以来，我就与全国和省市幼教研究会结下了不解之缘。先是作为本省幼教研究会秘书处的一员，对上有机会参加全国幼教研究会的活动，结识了很多非常令人尊重的专家、学者和同行，对下有机会参与组织本省会员开展各项学术交流活动，结识了很多令人敬佩的关心热爱儿童、爱岗敬爱的一线幼儿园园长和教师。之后，随着工作阅历和经验的积累，参与中国学前教育研究会活动的次数不断增加，主人翁意识也不断增强，时常向研究会秘书处反映地方会员的需求，提出一些想法和建议，成为研究会坚定的支持者和主动的参与者。在前辈老师的认可和推荐下，我进入到中国学前教育研究会的理事会，2010年被推举为副理事长，深感荣幸，也心怀忐忑，更感责任重大。在理事长的领导下，我主要分管研究会的会员发展与管理工作，参与起草了会员管理办法，向理事会提出了会员管理和服务的建议，并参与组织了多次面向单位会员的学术活动，在此过程中不断学习和历练，为研究会的发展贡献绵薄之力。

1. 发展单位会员，增强研究会的向心力和凝聚力

为促进研究会的发展，凝聚更广泛的力量参与学术研究和交流活动，根据研究会章程和会员管理办法，经过常务理事会和秘书长工作会议讨论决

定，从 2013 年开始，在继续发展个人会员的基础上，开始发展单位会员。到 2018 年，研究会已拥有1 000 多个单位会员，包括办园思想端正、有较好社会影响的幼儿园，具备一定规模和研究力量的师范院校学前教育院(系)，地方教育学术团体以及提供学前教育服务并有一定实力和影响的企事业单位等。他们成为了研究会的重要力量，是研究会坚定、稳固的支持者和参与者。

2. 组织开展面向单位会员的学术活动，为会员搭建学习和交流的平台

为了给会员搭建共同学习、研究和交流的平台，研究会每年至少专门组织一次面向单位会员的高水平且免费的学术研讨活动。2014 年 5 月，在南京召开了首次单位会员交流研讨暨学术报告会，首批 170 多名单位会员代表参加了会议并获得了单位会员证书，华爱华副理事长和周兢博士分别做了学术报告，会员们围绕权利和义务进行了讨论，并提出了很好的建议。2015 年 6 月，游戏专业委员会在安吉县召开了“国际视野下的‘安吉游戏’国际论坛”，师范院校和企业单位的单位会员参加了论坛。2015 年 9 月，在无锡召开了幼儿园课程建设学术研讨会，虞永平理事长等六名专家做了学术报告，200 多个幼儿园的单位会员参加会议。2016 年 3 月，游戏专委会在北京举办“儿童游戏的观察与评价”国际研修班，邀请美国丹佛大学教授和全美幼教协会主席做报告，同时研究会和首师大又邀请了专家做学前教育评价的报告，给单位会员提供了免费并选择参会的机会。2017 年 3 月和 4 月分别在重庆、珠海召开中国学前教育研究会“十三五”课题培训会，为 1 000 多名单位会员和主持课题的个人会员提供了科研方法的培训。2018 年 8 月，在兰州召开“读懂儿童——儿童早期发展研究与支持策略”的国际学术研讨会，近 500 名单位会员代表踊跃参加。2018 年 11 月，在苏州举办“幼儿园课程建设”培训会，1 000 名单位会员和个人会员参加了为期两天的学习和研讨。

40年来,中国学前教育研究会这个大家庭不断发展壮大,给多少像我一样的学前教育工作者带来温暖、鼓励、支持和专业引领,使广大幼教人心有所属、力有所用、行有规范、业有提升。诚挚祝愿中国学前教育研究会越办越好,为我国乃至世界学前教育事业发展和质量提升做出更大贡献!

中国学前教育研究会
在不忘初心继承传统中健康发展

中国学前教育研究会　廖丽英

今年是中华人民共和国成立 70 周年，也是中国学前教育研究会成立 40 周年。中国学前教育研究会从成立至今，始终保持着国家对社会组织最根本的要求，即公益和健康的办会宗旨。研究会从成立的那天起，所有成员都怀着一份社会责任感，真诚热心为研究会、为中国的学前教育事业发展而努力工作着。

回顾一路走来的历程，研究会经历了由艰苦简陋到逐步完善，活动规模也由小型到大型，发挥的作用也一天天增大，所涉及专业领域也不断扩大。到目前为止，研究会共有七个专业委员会，同时正在酝酿成立几个新的专业委员会，涉及的领域有学前教育政策与管理、健康教育、幼儿园课程、游戏、家庭与社会、幼儿教师和学前教育基本理论。随着国家对学前教育的重视，学前教育迎来了自己全新发展的黄金期。因此，研究会队伍日益壮大，研究会的工作内容也更加丰富和复杂。

研究会成立初期，工作条件十分简陋，会址虽然一直都设在北京师范大学，但当时研究会是没有固定的办公地点的，讨论问题和办公事宜都是在孙岩、祝士媛等几位研究会前辈的家中进行的。随着研究会的发展以及民政部对研究会年审的要求，研究会需要有一个固定的办公地点。至 20 世纪 90 年代末期，中国学前教育会终于在中央教科所有了自己的办公地点，1995 年至 2008 年，研究会的办公地址为北京北三环中路中央教科所，同时研究会的财务也转为由中央教科所财务部门代为管理，研究会也申请了自己的第一个办公电话 010－62383522，这是一个值得记住的电话号码。后来在 2009 年，研究会又将办公地点由中央教科所搬移至北京师范大学科技楼 C 区 904 室，同时申请了北京师范大学的电话 010－58807970 并使用至今。

在研究会的发展历程中，研究会秘书处的工作也是逐步独立完善和日益丰富的。在研究会秘书处工作的人员都是在热心工作、勤俭持家的精神感召下做着日常及基础性的服务工作。下面让我们来回顾一下在研究会发展历程中秘书处的工作及有关人员。

研究会成立创业之初，秘书长为孙爱月，副秘书长为祝士媛、唐淑。所有活动和工作都是在她们的积极操持和努力中促成的。

第二届（1986—1990 年）的秘书长为祝士媛，副秘书长为熊敏。熊敏老师也负责财务工作。当时研究会的财务工作由北京幼儿师范学校代为管理，具体工作由熊敏老师和北京幼师财务处的王荣老师负责。

第三届（1991—1995 年）的秘书长为祝士媛，副秘书长为熊敏，秘书为赵静。研究会的财务工作仍由北京幼儿师范学校代为管理，具体工作由熊敏、赵静和北京幼师财务处的王荣老师负责。

第四届（1996—2000 年）的秘书长为庞丽娟，副秘书长为周俊明，秘书为赵静、康长运。此时，中国学前教育研究会以 OMEP 中国委员会的身份积极筹备并且正式加入了世界学前教育组织（英文简称 OMEP），首届 OMEP 中国委员会的秘书长为庞丽娟。在本届末期，研究会的财务工作由北京幼师转至中央教科所，由中央教科所代为管理，具体财务人员为中央教科所财务处的王秀文老师。

第五届（2001—2005 年）的秘书长为王化敏，副秘书长为姜维静。OMEP 中国委员会秘书长为刘占兰，副秘书长为杜继纲。研究会的财务工作由中央教科所代为管理，具体财务人员为中央教科所财务处的王秀文老师。同时，开始筹备申请研究会独立账户，并于本届正式开户，汪燕卿入职成为办公室文秘。

第六届（2006—2010 年）的秘书长为王化敏，副秘书长为姜维静、李莉、廖丽英。OMEP 中国委员会秘书长为叶子，副秘书长为张丽娟。秘书处财务聘任人员为王秀文，秘书处聘任人员为汪燕卿。本届研究会财务已经完全独立开户管理，聘任的财务人员为王秀文老师。研究会在此时开始筹建网站。网站建立初期有张春霞老师等多人参与设计筹建，2008 年聘任杜娟为网站管理员至今。

第七届的秘书长为廖丽英，副秘书长为姜维静、杜继纲、张晖。OMEP 中国委员会秘书长叶子，副秘书长为张丽娟。秘书处财务聘任人员为王秀文，秘书处聘任人员为汪燕卿，网站管理为杜娟。

第八届的秘书长为廖丽英，副秘书长为徐军、李如琳、赵静、徐益民、张晖、张月红、李晓巍。OMEP 中国委员会秘书长余珍有，副秘书长张丽娟、钱雨。秘书处财务聘任人员为任军红，后换聘为徐文宏。秘书处聘任人员为汪燕卿、韩峰，网站管理为杜娟。

研究会除了琐碎的日常工作与管理外，在每一届的发展中逐步建立和完善了以下几个方面的工作与事务。

第一，成立了联合党支部。

2015 年 9 月 28 日中共中央办公厅印发《关于加强社会组织党的建设工作的意见（试行）》，要求各类社会组织必须加强党的组织建设。“社会组织是我国社会主义现代化建设的重要力量，是党的工作和群众工作的重要阵地，是党的基层组织建设的重要领域。各级党委（党组）要充分认识加强社会组织党的建设工作的重要意义，将其纳入党建工作总体布局，按照全面从严治党的要求，从严从实抓好各项任务落实。要建立健全社会组织党建工作机构，理顺管理体系，完善工作机制，落实党建责任，形成党委统一领导、组织部门牵头抓总、社会组织党建工作机构具体指导、有关部门齐抓共管的工作格局。要加大党组织组建力度，推进社会组织党的组织和党的工作有效覆盖。”

研究会应教育部、民政部以及主管单位的要求，2016 年底经过与挂靠单位北京师范大学的沟通与多方努力，正式与北京师范大学教育学部学前教育研究所成立了联合党支部，书记由北京师范大学教育学部学前教育研究所的李晓巍老师担任，他同时被任命为中国学前教育研究会副秘书长，秘书处的所有党员加入支部并参加活动。自支部成立以来，研究会秘书处的人员已经多次参加了支部活动，及时学习了党的十九大精神，并在自我要求和自我完善中发挥着积极的作用。

2018 年民政部印发了《民政部关于在社会组织章程增加党的建设和社会主义核心价值观有关内容的通知》。依据通知，中国学前教育研究会在联合党支部建立的基础上，将《章程》的内容与精神纳入其中，充分体现和落实了上级部门的精神。

第二，建立了网站和微信号。

研究会网站从 2006 年初开始筹建，最初冯晓霞理事长、王化敏秘书长非常有前瞻性地决策，然后联系各方人士筹建研究会网站。当时参与网站建设的相关人员还有副理事长虞永平老师，苏州教研主任张春霞、朱小平老师，北师大出版社的老师，秘书处人员都非常积极地投入到筹建当中。在 2016 年初我会终于注册成功了域名为 www.cnsece.com 的网站，同时先后聘任了朱小平、谢天壬、杜娟老师为网站管理人员。从 2007 年至今网站的负责人为杜娟老师。随着网站平台的建设与发展，其作用也在不断提升。2014 年 9 月研究会网站进行了一次大升级，主要委托深圳泽维技术公司在原先网站的基础上进行功能上的提升，共建有 15 个一级栏目，增加了会员管理功能，实现了电子会员证、课题全程管理、会议管理，以及交流、咨询等方面的电子化。目前研究会网站不仅能够发挥宣传的作用，而且具备了初步的管理平台与功能。至 2019 年，研究会个人会员数量为 20 281 个，单位会员数量也突破了一千个。研究会的网站建设工作极大地提升了研究会的工作效率与水平。

2016 年开始，研究会筹备和开通了微信公众号，并使微信公众号与研究会网站能够同步。微信公众号由中央教科所的高丙成老师负责。截至 2019 年 8 月 12 日，微信公众平台关注用户共计 157 318 人；2018 年 4 月 21 日到 2019 年 8 月 12 日，共发布微信公众号文章 305 篇，平均每月发布文章 19.1 篇；而所有 305 篇文章阅读总次数6 354 178次，每月平均阅读 397 136 次，每篇文章平均阅读 20 833 次，单篇文章最高阅读 734 397 次。另外，2019 年 5 月 20 号学前教育宣传月中组织的专家在线网络咨询活动，帖子阅读量为 5 万。由此可见，研究会的公众号已经有着非常大的影响力，发挥着更多的和更大的作用。

第三，财务独立，形成制度。

财务方面，成立初期研究会的账目一直由北京幼儿师范学校代管，至第四届末期又转由中央教科所代为记账和管理。90 年代开始独立开户，并发展至今天的电子化财务工作与管理。在 2016 年民政部抽查审计之后，研究会又接受了联合国儿童基金会委托的国际水准的审计；2017 年之后又进行了内部审计工作和常规工作审计，依据审计反馈和要求更换了专业水平更高的财务人员，更换了更为先进的财务软件，充分完善了财务管理工作，开通了网上银行、网上报税和缴税、电子发票等功能；为此研究会在财务电子化进程中购置相应的硬件设备，如 POS 机、打印机、移动无线上网设备等。同时，明确了财务职能分工，整理完善了研究会的财务档案，建档建制，使财务工作更加高效，更加符合国家的要求。

根据国家对社会组织的要求，加强自身管理建设，建立健全各项管理制度。《关于改革社会组织管理制度促进社会组织健康有序发展的意见》要求："民政、财政部门要推动社会组织建立健全内控管理机制，严格执行国家有关财务会计制度和票据管理使用制度，推行社会组织财务信息公开和注册会计师审计制度。财政部门要加强对社会组织财政、财务、会计等政策执行情况的监督检查，发现问题依法处罚并及时通报民政部门。税务部门要推动社会组织依法进行税务登记。"依据国家要求："税务部门要推动社会组织依法进行税务登记，对于没有在税务机关登记的社会组织，要在本意见下发后半年内完成登记手续；加强对社会组织非营利性的监督，严格核查非营利组织享受税收优惠政策的条件，落实非营利性收入免税申报和经营性收入依法纳税制度。" 2018 年研究会在税务部门的管理要求下，在会计、秘书处工作人员以及税务部门的人员多方共同努力下，完成了税种的核对、登记与申报工作，使研究会的纳税工作逐步进入了国家正规的管理。

科学规范的财务制度建立，也使得研究会的工作业务活动更加高效和顺畅，活动组织的效率也大大提高，社会对研究会的信任度不断提高。因此，研究会于 2016 年成功申请办理了捐赠发票，有了更好的公益活动与事业的后盾和平台；2019 年，研究会又成功申请办理了开具国家行政事业单位发票功能，使得我们为政府做事，承担国家项目的科学规范管理平台也建立了起来。

第四，在继承中发展，在发展中完善。

(1) 良好的工作作风，为研究会的发展奠定了良好的基础。

研究会在成立之初形成了非常好的工作作风，所有研究会成员热心公益，爱会如家，兢兢业业，勤俭办会。历届研究会领导与成员都继承了爱会如家、无私为公的工作作风。作为中国学前教育研究会的服务窗口，秘书处的工作向来纷繁复杂，多年来工作条件简陋。但从研究会成立以来秘书处的工作都是在快乐与积极状态中进行的。研究会秘书处的人员在不断壮大，从秘书长到聘任人员不仅人数增加了，而且分工更明确了。但研究会领导以及秘书长们都是义务为研究会做事，从不计较，热心奉献，将研究会认真、扎实做事的精神继承和发扬。

（2）在原有基础上，抓住机会拓展前行。

近二三十年来，中国学前教育研究会的发展无论在客观上还是在主观上都赶上了比较好的发展机遇。从社会层面来讲，国家与全社会都非常重视和关注学前教育领域，中国学前教育研究会也随之得到了广泛关注，研究会的活动也越来越受到广大幼教界的认可与欢迎；从研究会本身发展的角度讲，研究会的发展与国家大政方针密不可分，特别是在党中央、国务院对社会组织做出一系列新部署，提出一系列新要求的大背景下，落实全面从严治党，加强党的社会组织和基层组织建设；在社会组织里落实全面依法治国，推进社会主义法治建设，意义十分重大。因此，民政部、教育部都加大了对社会组织的管理，从社会组织的自身制度建设工作入手加强对社会组织的管理。在学前教育受到国家与社会空前重视的形势下，研究会秘书处的工作局面也发生了变化，特别是在学术会议和活动的参加人数数量激增的情况下（近几年研究会的所有活动人数基本都在千人以上），开发票、收费等工作量巨大，但由于研究会的工作手段和水平不断提升，以及工作人员和管理服务水平的改进，工作效率有所提高，适应了研究会活动快速发展的现状。

（3）遵守法规，完善制度。

2016 年 8 月 21 日，中共中央办公厅、国务院办公厅印发了《关于改革社会组织管理制度促进社会组织健康有序发展的意见》。中国学前教育研究会这十几年正是在这样的社会与国家的大背景下不断完善和发展管理和制度建设的。

同时，中国学前教育研究会于 2016 年上半年接受了民政部的抽查审计。通过审计，中国学前教育研究会开始依据国家要求，不断制定和完善了方方面面的管理制度。近十年中，研究会从财务制度到日常工作管理制度，从会议制度到各个专业委员会的管理制度，从薪酬制度到人事制度，共制定和完善了“中国学前教育研究会财务管理制度”“中国学前教育研究会会员管理办法”“印章使用及管理办法”“中国学前教育研究会固定资产管理制度”“中国学前教育研究会关于交通及差旅费报销的管理办法”“中国学前教育研究会法人证书管理与使用制度”“中国学前教育研究会分支机构管理办法”“中国学前教育研究会重大事项管理办法”等多项制度。

同时，根据国家和上级主管单位的要求，研究会进一步完善了财务制度，将研究会的财务制度进一步细化分解，使之易于操作和执行。在各项管理制度的制定和完善过程中，一些相关的基础性文件也需要统一和规范化。在总会秘书处的全体努力下，在理事长会和全国秘书长会不断征求意见讨论下，通过学习一些相关单位的材料，特别是参照了与挂靠单位北京师范大学一致的基础文件，研究会初步形成了自己的一整套合同、协议、预算、决算、报表和说明等的模板，为研究会的工作提供了非常规范而有序的支持。

中国学前教育研究会不断地在组织管理、制度建设与完善中获得了积极的发展。按国家要求，在社会组织中加强党对社会组织的领导，体现社会主义核心价值观，提高规范化、科学化管理水平，为中国学前教育研究会的发展保驾护航。

2019 年 10 月

赴德阳工作日记

北京师范大学　冯晓霞

2008 年 6 月 18 日

上午总参兵种部机关一幼的刘海燕，明天集团八幼的何森、张海娣，我的研究生肖淑娟，《学前教育》杂志的张瑞瑞，我们一行 6 人乘机出发到成都。

明天集团的园长老师们热情送行，成都派两辆汽车接，住在成都丰德广场的公寓。老师们积极能干，带的 18 个箱子都是自己搬运。

2008 年 6 月 19 日

上午近 9 点车到，开赴德阳。成都教研室的刘致健和《育儿周刊》记者小刘开车同行。到德阳后见到教研室的欧阳老师，行李也没卸就一起去绵竹教育局的临时办公点绵竹中学，与彭局长、黄薇等见面，汇报了我们的想法。彭局长十分支持这个项目，并提供了必要的信息。午饭后，黄薇先带我们去了受灾严重的汉旺，那个指针永远停留在 2 点 28 分的钟就在东汽附近的街口上。虽然已经清理过，但到处仍然是断壁残垣。

或许因为我6月2号到过绵竹，也到过几乎完全夷为平地的绵竹红白镇，所以那种触目惊心的感觉已不那么强烈，但几位老师的感受肯定不同，只能用“震惊”这个词来表达。她们告诉我，在成都和德阳时好像还没什么，一进绵竹地界，路边一辆接一辆拉着活动板房材料和其他设备、挂着写“××援助队”“××部队和四川人民心连心”条幅的工程车、医疗车，一排接一排的军用民用帐篷，让他们马上进入了一种说不出的状态，有的人眼泪情不自禁地溢出眼眶。我第一次进入绵竹时也是这样，我相信，她们与我第一次的感觉还会有所不同，那就是增加了一种使命感、神圣感。

黄薇带我们看了几个可以考虑的地点，原一幼、三幼、友成儿童活动中心和体育场安置点。前三个因为都有我们的幼教同行，所以马上联系并定下活动时间，心里总算踏实了。

晚上和老师们简单准备了一下。后来才知道，老师们基本上都是两点才休息。

2008年6月20日

我们8点半到绵竹一幼时，门口已经有家长带孩子等在那里了。

上午9点，在一幼老师们的帮助下，按时开始了活动。

孩子们进幼儿园时，眼中的表情是不一样的，有渴望，有欣喜，也有不安和些许恐惧。一个孩子进来是哭着的，据说，还有一个孩子看到幼儿园就哭，无论如何都不肯进来，最后家长只好带他回去。唉！地震给孩子带来的心理创伤不轻啊！

海燕、何森、海娣三位老师马上进入角色，亲切地与孩子交流，有两个孩子马上就与他们亲得不得了。海燕非常能干，极有组织调动和应变能力。在组织孩子们开展一些团体游戏后，开始音乐操“中国武术”的模仿学习。孩子和家长都积极参与进来，几遍以后，海燕已经满头大汗了，让大家休息下，有孩子还喊“再来一遍”，场面很动人。

淑娟的故事虽然生硬了点，但还不错。大班孩子对大书的故事基本知道，原来这几所园都在用“活动整合课程”。

瑞瑞很不错，不停地主动联系，积极采访，像个记者，看来她是个非常敏感的人，不断地被一件一件事感动。后来，她也按捺不住，要给孩子们讲故事。

孩子们的手铃伴奏有模有样。我们自制沙锤给孩子演示，估计下一次就会有不少孩子带着自制乐器来了。上午孩子们大约有20多人。下一次要数一数人数。

下午到了友成儿童活动中心。张颖园长热情得很，帮我们领了午餐。下午孩子近50人，加上家长有80—90人。混龄，从2岁到5年级。不好组织，不过孩子和家长们看起来都很高兴。个别受伤害严重的孩子还是在一旁观望的。

这里的孩子与上午不同，汉旺来的受灾严重家庭的孩子多。

分组后情况好多了。

何森组织的4岁以下儿童的亲子活动很受家长欢迎。我觉得这对儿童来说是最好的放松和情绪舒缓活动，也是一种没有副作用的心理干预活动。一位汉旺山里来的家长走到我跟前，对我们说了一些感激的话，简单朴实真挚，让我很感动。我们和张园长商量，要把亲子活动作为教师培训内容。

2008年6月21日

原计划今天上午去体育场安置点，但昨天晚上接到联系人的电话，说那边的幼儿基本都到友成点了，其余都是小学生，不用去了。今天上午决定还是去友成，一来看看原来的志愿者如何开展活动，二来也可以帮忙做些事情。好在它们一个在路这边,一个在路那边,很近,而且帐篷和儿童都比较多。

和张园长联系后,我们到了有家长陪同的亲子班。原来的志愿者组织活动后,何淼老师又教家长们几个亲子活动。这边不少灾民是从汉旺过来的,有一个9岁女孩据说是自己从废墟里爬出来的,但看她的表现你猜不出她会有这样经历,因为她很活泼开朗,也爱讲话。不过从她十分依恋大家,尤其是总爱和何淼搂抱身体接触的行为看,或许还是有一种抚慰需要的。

活动结束时,志愿者老师表示希望有亲子活动的培训。看来这应该成为一个马上要进行的活动内容——面向教师的专业支援。我想,亲子活动培训要加进一些心理辅导的内容和说明,强调这些活动的心理安抚功能,这种安抚是双向的,对孩子和家长都有利。在幼儿园安置房建好以后,如何开展活动,内容如何设置也需要做一个培训,可以面向所有受灾地区的老师和志愿者。

中午吃饭时,见到了两位从土门镇来的志愿者。她们提供了一个消息,在这个镇的三溪寺有一个安置点,小学生和幼儿有百多人,幼儿也有20—30人。我们决定去看看。开车大约半个小时,到了这个地方,看了看,一方面真为这些志愿者的爱心感动,一方面真心疼这些孩子,因为条件太差。学校和幼儿园在一个极潮湿的山涧旁,小而且不安全。幼儿班还有一个帐篷,小学仅仅是几根绳上搭几条编织袋一样的布。不过三溪寺里边院子很大,干燥,水泥地面。不知是否有规定,所有的村民都没在里边搭帐篷。

这个地方其实最需要我们,但实在没有可以活动的地方。我给黄薇打了电话,不知教育局是否可以协调一下。

下午去了三幼。海娣也独立开展了活动。她擅长美工,可是由于场地和材料的问题,原来一直没有独自组织活动的机会,为此十分郁闷。今天总算有用武之地了,她开始有点高兴了,有成就感了。这个小老师太可爱了,才21

岁，比我儿子还小。每个人都有爱心、上进心，作为志愿者更是如此，很让我感动。

三幼25号就开学了，这个幼儿园受损不太严重。开学后我们可能不需要去这个点了。

看来要考虑新点的寻找和活动的安排，再和大家商量吧。

2008年6月22日

今天星期天，休息。天上下起了雨，好像要让大家的休息更心安理得些。

说是休息，其实也有些名实不符。一早起来赶快抓紧时间发邮件。昨天晚上回来后就开始发，挑了一些有点代表性照片。有些照片（特别是那些孩子们的特写）是四川《育儿周刊》的小刘拍的，人物抓得非常好。但是发了半天，一封邮件也没发出去，时间浪费了不少。后来想明白了，我们住的这地方有很多志愿者，晚上大家可能都要上网，网路自然难通畅。所以，今天早上赶快利用大家没起床的时间发邮件。

其他各位也是如此，都忙着整理日记，整理活动记录，还要准备明天的活动内容。从一开始我们就约定要用图像和文字保存资料，以便与后来的老师们交接。同时，也是自己的一份永久的纪念。这个星期天老师们不会轻易放过的。平时她们很辛苦，面对不同的孩子和家长（上过没上过幼儿园的，年龄大的年龄小的，城市的山区的），不同的环境和活动场所（有帐篷的没帐篷的，有户外活动场地的没场地的，天气凉快的炎热的），头脑需要不停地思考，手、口、足、身体姿势、面部表情并用，紧张得很，体力消耗很大，基本没时间把自己的所思所想所感记录下来。我听她们谈起自己想法和感受，觉得这是一份极为宝贵的资料，不，应该说是财富。星期天必须给她们时间，让她们把这些及时记录下来。

明天余珍有过来，我要回去参加北戴河的会议。从内心我知道那个会必须参加，可是真不想在工作刚刚开始时就离开，有不少事情还处于不确定状况。老师们的工作我放心，只是需要协调的事还不少。江苏的志愿者快要来了，最好把“点”的问题解决得有眉目。15 日汉旺安置点的活动板房可以搬进去，可能会有新点。三溪寺可以成为一个点吗？教师培训怎么安排？只有明天抓紧时间沟通了。要给余珍有交代清楚。

（引自《早期教育》2008 年 7—8 期）

心灵的洗礼

——赴四川地震灾区援助活动札记

南京师范大学　虞永平

前　言

“5·12”汶川地震发生以后，大家在悲痛的同时，强烈地意识到必须为灾区儿童做些什么。于是，我们响应中国学前教育研究会的号召，很快行动起来了：在南京师范大学出版社的支持下，我们组织一些专家和幼儿园教师以最快的速度编写、出版了《幼儿心灵抚慰手册》，并迅速赠送到灾区；同时，我们积极配合有关政府部门，为灾区儿童安置、灾区教育的恢复等提出政策建议。此外，我们还开始设计恢复灾区幼儿教育所需要的环境、设施和材料，以备赴川帮助恢复幼儿教育之需。在“汶川地震应对政策专家行动组”的要求和资助下，在中国学前教育研究会的具体指导下，在南京市有关领导和幼儿园的支持下，7月2日，根据中国学前教育研究会的组织安排，我带领南京市第五幼儿园蔡小荣、南京市太平巷幼儿园李微玉、南京市鼓楼幼儿园史莉、南京市中华路幼儿园李玮、《早期教育》编辑部程友伟五位志愿者，开始了赴川幼儿教育援助的项目。我们赴川的主要工作是：根据当地的条件，开展形式多样、生动有趣、能满足幼儿需要的教育活动，为灾区恢复幼儿教育探索一些新的途径和方法，在此过程中，通过现场观摩等方式，培训当地的幼儿园教师。与此同时，根据“汶川地震应对政策专家行动组”的要求，开展灾区幼儿教育现状的调查，用规范的科学研究方法调查家长 1 000 人、幼儿教师 200 人及部分行政人员。借此调查，反映灾区幼儿教育的实际状况，为政府决策服务，为灾区获得幼儿教育援助提供依据。

一、催人奋发的孩子

7 月 2 日，经过大半天的忙碌，下午两点半终于到达成都，然后驱车去驻地德阳。本来以为开办流动幼儿园是我们工作的重点，但接到“汶川地震应对政策专家行动组”的指示，我们几位高校来的老师要把工作重点放在对灾区重建的现状调查和提出政策建议上。于是，连夜开会讨论如何开展研究，3 日晚就要拿出研究提纲。3 日清晨，送走分别赶赴绵竹和什邡的两队幼儿园老师，我因为要写研究提纲，不能与他们同行，颇感遗憾。

好在 4 日我就随一组幼儿园老师进入了绵竹市，活动地点在绵竹市第一幼儿园。该幼儿园有两进房子，刚下汽车，北京的老师让我们通过第一进楼的过道时速度快一些，因为那是危房。我们穿过那座楼后往回看，那景象令人胆战，墙体破损、断裂，有些裂纹有几米长，大块墙体随时可能脱落。第二幢楼房也有破损，我们的活动就在这幢楼的过道里进行，这个过道的三分之一是安全的，只有不到 30 平方米。过道外面是幼儿园的操场，上面有很多地震棚，住了不少人。老师们一到就开始接近孩子，大多数孩子是由成人陪伴着来的，也由成人陪伴着活动。有一个男孩一进来就哭，说要地震的，就是不肯进入活动地点。老师和家长在做他的工作。我感觉到他真的恐惧，不应该强求他。最后，他还是和大家一起活动了。另外一个孩子也在问自己的奶奶今天会不会地震。这就是灾区的孩子给我的第一印象。北京和南京的老师联袂开展的活动，很快就让这些孩子精神放松了，我们可以看到他们灿烂的笑容。在快乐有趣的游戏中，孩子们感受到了世间美好的东西，这大概就是我们这些老师不远千里赶赴灾区的原因吧。

此后的几天，我去过北川安县、盐亭、江油等地，最吸引我的还是孩子。他们的眼神，他们的表现，他们的需求，他们的调皮深深地打动着我。我印象中最深的是在三溪寺一个农家场院幼儿班上的一个不足2岁半的孩子。在这个班上，有小学生，也有3—6岁的幼儿，他是最小的一个。积极参与是他给我的第一印象，刚开始听第一个故事也还专注，对图书也很有兴趣。慢慢地他坐不住了，离开了大家坐的太阳伞。但刚跑开几步就被他爷爷逮住了，送回座位，让他“念书去”。后来他又跑走了，这回被奶奶逮住了，又被摁在座位上。如此重复了多次。直到老师开始用树叶和竹叶拼画，他的眼睛就发光了，他走进人群，看看他们在做什么，然后就向老师要了笔和纸安静地画画。用了右手用左手，用了黄色用绿色，随意地画。画好了，又用很长时间数彩笔和玩笔盒，非常专注。当他惊讶地发现成人在帮别的孩子挂画时，马上站立起来，做了一件与众不同的事：请求一个同伴的妈妈抱他，他自己来挂画。挂完了，满脸笑容地欣赏自己的画，那种笑容是世界上最美好的笑容。让人惊讶的是他又拿起笔，在画上添了几笔，一个多么精益求精的孩子。看着这个因裤子破损而露出小半个屁股的孩子，我禁不住问自己，他需要的是什么？我们应该给他什么？

灾区孩子专注的形象有很多很多，看到这些孩子，每每能让我们萌生出一种责任感，我们应该尽我们的全力，让那些失去了家园又渴求学习的孩子有一个较为理想的学习之所，让他们有继续学习的机会，让他们的童年不因地震而阴暗。

在灾区，经常会得知一些孩子在大地震中去了天国。每当听到这种消息，我的心一下子紧缩了，一阵阵的隐痛。7日上午，为了调查1 000个家庭，我们在当地向导的引导下，来到了一个安置点。这个安置点帐篷很多，但只找到四五个孩子。我和四川师大的鄢超云老师决定自己去找,但还是没有孩子。有幼儿园老师回来告诉我们,灾民说原来他们那里有个幼儿园,但孩子大都遇难了,接下来几个老师也是带来类似的信息。我和鄢老师这时悟过来了,马上叫大家停止调查。我们千万别让那些家长心里再难受了。我快速地躲上了车,不想让大家看到我的眼泪。但愿那些在轰然倒塌的房屋中离去的孩子已经成了天使。

二、让人感叹的家长

灾区的群众是淳朴的。在大难当头,家破人亡的时刻,他们选择了坚强。我们去了一些灾民聚居点,看到了生活在帐篷里的灾民,不管是大雨滂沱还是酷日当头,他们总是保持着忍耐。他们对生活有期盼,但在现实面前没有提出不切实际的要求。更让我们感动的是灾区群众对教育的期盼。

为了完成调查任务,我们寻求安县花荄幼儿园园长和老师的帮助。因此,我们顺利地找到了一个灾民定居点——安县花荄镇京安板房小区。定居点的干部很配合我们的工作,他让人通过高音喇叭广播,要求有3—6岁孩子的家长到指挥部来,结果四五十个家长很快来到现场。很快几十份问卷就完成了。我们在另一个定居点依法炮制,同样奏效。看到京安板房小区那么多的家长和孩子,我们觉得应该在那里办板房幼儿班,为即将推出的大量的板房小区做示范。由于这里的灾民是从茶坪深山里出来的,对这些真正一无所有的灾民提供教育服务具有特殊的意义。小区的书记同意给一间板房。第二天,我们又来到这个小区,小区领导就在喇叭里让村民来报名,场面跟前一天一样,短短的十分钟,就有42个孩子家长来报名。很多老人很激动,因为让孩子进幼儿园是他们现在最大的愿望,有些家长说他们的孩子好久没有看到书了。一个母亲抱了自己才一岁的孩子来报名,当得知三岁才能报名时,她显然是失落的。当我们的板房幼儿班正式开办时,很多两岁多的孩子还是进来了。后来不得不分成大组和小组来开展活动。小组里有好几个不满三岁的孩子。我们深切感受到了灾民的需要，也感受到了我们自己的责任。

在安县新县城花荄的一个广场，我们举办了一个流动幼儿班，有 20 来个孩子参加了活动。广场上的情形让人感动，很多父母和祖父母在四周围看，还有一些 3 岁以下的孩子积极挤进活动队伍。有一个奶奶路过广场，看到孩子们正在给奥运福娃的黑白轮廓图涂色，她站住看了一会，然后走向老师要了两张轮廓图，说家里也有两个孙辈，让他们画画。

调查进行过程中，我们发现很多孩子的祖辈不会写字，只能让调查者代写。调查中，很多父母的观点让我们惊讶。有一个粗壮的、明显以体力活为生的汉子，认为收费多少没有关系，只要让孩子学到东西，花多少钱都值得。持这种观念的家长还不少。谁说农民只要有人看管孩子就满意了？改变人生命运的唯一途径就是教育。古今都是如此，农民也清楚地看到了这点。因此，满足灾民受教育的需求是一个重要的民生事项。

三、使人记挂的老师

在灾区，我们听到了很多老师冒着危险勇救幼儿的动人故事。由此我们感到，长期以来我们的师范教育体系坚持的爱孩子教育是奏效的，爱孩子作为一种职业品性和人性要件已经融入广大幼儿园老师们的思想和行动之中。由此我们也感到，今天的师范教育需要进一步加强这方面的教育。

灾区尤其是重灾区的老师们承受了很大的痛苦。她们中有些人目睹了自己班上的孩子生命的终止，有些经历了亲人的离去。她们和所有的灾民一样，也是需要特别关怀的人群。当我们的调查小组深入农村，与一些老师们座谈时，老师们的话无法停住，她们说这是受灾以来第一次跟幼教界的人交流，有很多的话想说。我们的调查人员也清楚地意识到，让她们说出自己的想法和感受比调查本身更重要，这就是心理抚慰的一种方式。

灾区的幼儿园还有多少能继续使用，我没有找到一个准确的数字。但我通过走访了解到，一些重灾区能继续使用的幼儿园很少。在受损的甚至被完全毁灭的幼儿园中，大量的是民办幼儿园。没有了这些幼儿园，幼儿的入园率会大大降低。我们最关注的是这些没有政府经费投入的幼儿园如何恢复和能否恢复。我们更关心的是在幼儿园没有恢复之前没有任何生活保障的民办幼儿园老师会不会外出打工或就地改行。我们看到一些民办教师一直默默地做着义工，她们似乎难以割舍孩子。我们的任何培训，她们都会很用心参与。但地震以后，可能一段时间内幼儿园收费将受一定的影响，这都是不利于民办幼儿园生存的，也是可能造成民办幼儿园教师流失的。事实上，现在已经出现了一些教师流失的情况。这迫切需要政府采取措施帮助那些也在为政府分忧、为群众解难的民办幼儿园。我们高兴地了解到，绵竹市政府决定无偿为民办幼儿园提供板房材料，以解决民办幼儿园的场地问题。我们希望更多的政府能为民办幼儿园的生存和恢复提供实际的帮助。

“汶川地震应对政策专家行动组”幼儿教育项目在开展以现场活动观摩为主的教师培训的同时，正在通过各种方式与各级政府沟通，与海内外的基金会联系，努力为留住更多的幼儿教师，为让更多的幼儿重上幼儿园，为解决更多家庭的后顾之忧做出应有的贡献。

后　记

随同我赴灾区的四位老师，有的是园长，有的是园长助理及骨干教师，从她们身上，我也感受到了一种爱心、服务精神和积德意识。她们是在对灾区并不了解的基础上，勇敢报名，又经过市有关领导选拔出来的。随队的《早期教育》编辑程友伟也积极投入到各项活动之中，为老师们做好服务和配合工作。在灾区的工作强度可能是她们事先没有预料的。一般每天上午 6:30 起床，7:20 开车。工作地点距离住宿地点一般都有一两个小时的车程。有时她们两人合作，有时独自担任一个点的任务。有时上午和下午还承担不同的工作。晚上，等项目领导小组商议后，确定第二天的行程，老师们就开始准备。有时，她们得到任务已经是晚上快十一点了，准备完就是深夜了。这些老师们的主要任务是探索灾区恢复幼儿教育的多种途径和方式，又要通过示范培训当地的老师。因此，灵活应变，积极创新是对大家的基本要求，关注孩子的状况，让孩子愉快活动，减轻孩子的心灵阴影是她们面临的特殊任务。可以说，老师们各显其能，团结协作，顺利地完成了各项任务。我也从她们那里受到了很多启发。老师们也克服了各种困难，经历了多次余震，我相信灾区的孩子和老师一定会记得她们，她们自己也一定忘不了在灾区的日日夜夜。因为，对到过灾区的所有人来说，都会经历心灵的洗礼。

（引自《早期教育》2008 年 9 期）

汶川地震幼教援助十周年　专家携众志愿者重返灾区

《育儿周刊》采编团队　主笔:李　晗　许丽丽

2018年,是汶川地震十周年,这个特别的时刻引起无数人的深切怀念。在2008年灾后援建中,有这样一批特别的志愿者,他们是来自学前教育界知名专家、高等院校教师、幼儿园一线园长和老师,他们关注和牵挂着灾区孩子和老师。在2018中国学前教育研究会学术年会上,8个专题报告,9个分会场中,其中一个特别的分会场——汶川地震幼教援助十周年专场,惹人注目。

十年前,举国震惊的5.12汶川大地震发生后的6月2日,中国学前教育研究会在时任理事长冯晓霞教授的倡导和带领下,立即组织专家赴灾区考察,并在“汶川地震对应政策专家行动组”的支持下,迅速启动灾区“流动幼儿园项目”,组织发动北京、南京、上海、重庆、四川、青岛、苏州等地100多位幼教工作志愿者,先后奔赴德阳、绵阳、都江堰等几个极重灾区开展幼儿心理抚慰活动以及教育活动。三个月内,参与流动幼儿园活动的儿童近1.4万人次。志愿者将生动有趣的各种活动带给灾区的幼儿,加班做玩教具、准备游戏方案,开展“幼儿心理抚慰”和“震后幼儿园课程重建”为核心的专业培训。这群志愿者用爱心和专业素养为孩子们打造出一片片精神绿洲,他们用行动诠释出:爱不只是一种情感,更是一种责任。

在这个特殊的专场，由华东师范大学教授、国际学前教育组织OMEP中国委员会执行主席周兢，江苏省教育科学研究院张晖现场主持。她们说，这是一次朋友的相聚，一次共同经历的回顾，唯一遗憾的是，当年灾后援建总指挥人、北京师范大学冯晓霞教授因身体抱恙无法亲临现场，与大家相会。

播放视频时，大家默默观看，不少人眼含热泪，十年前灾后重建的场景，一幕幕重现。下面，一起来听听中国学前教育研究会理事长、南京师范大学虞永平教授和全国各省志愿者团队的发言吧！

虞永平教授表示，当年通过大家的努力，中国学前教育研究会发起的灾后援建行动才得以顺利进行，也真正给灾区带来了实实在在的帮助。十年过去，那段朝夕相处的日子依然记忆犹新，大家白天一起出去找地方吃饭，晚上坐在一起商讨工作，虽面临极大的挑战，但依然在工作中感受到老师们的专业能力、应变能力。相信对每个老师而言，既是服务灾区的一段经历，也是人生中非常重要的时刻，那一刻让我们理解如何应对灾难，如何去服务他人。幼教就是用爱心支撑着我们的一份事业，衷心感谢并祝愿大家在专业上不断进步。

北京团队

北京志愿者团队以北京师范大学实验幼儿园园长黄珊为代表，她回顾说，当时和北京师范大学几名骨干教师，一行五人跟随冯晓霞老师、虞永平老师、鄢超云老师一起来到德阳、绵阳等灾区，并在安县一所流动幼儿园待了近一个月。幼儿园里有67位小朋友，从2岁到16岁，是31年幼儿园老师生涯中难得遇到的一次经历和回忆。她说，汶川地震支教活动结束后，幼儿园跟四川幼教人结下了深厚的友谊，每一年持续做西部支教工作。每一年，黄珊园长都会来四川招聘老师，希望把更多孩子带出贫困地区，帮助他们开阔眼界，即使将来这些孩子再次回到家乡，也能收获更多的认识和成长。中央军委机关事务管理总局幼儿园刘海燕老师是第一批进入灾区的志愿者。现场，她动情分享了支教过程中几次落泪。第一次进入灾区，漫天消毒水味道，废墟上一个挨着一个小花圈，比电视上播放的镜头更加令人震惊，她落泪了；第二次冯晓霞老师对大家说不要去明星去过的地方，要真正为当地需要帮助的孩子做点事，在绵阳、德阳等地，看见孩子吃不饱，把午饭饼干给孩子，孩子想要又不敢要，恐惧又焦虑的样子，她落泪了；第三次大家商讨如何重建孩子心理健康，看见冯晓霞教授头发花白，前三天彻夜未眠，跟大家一起研究活动方案，她落泪了。

南京团队

南京志愿者团队以江苏省教育科学研究院的张晖老师和南京市第一幼儿园的周联园长为代表。周联园长说，十年前，满怀一腔热血来到灾区，支持灾区幼教建设，十年后，当初的救援行动给自己的教育生涯带来诸多启发。比如，救灾过程中，不仅是我们在帮助别人，也是别人在给予我们关爱和感动，也更加坚定自己在幼教奋斗的决心。至今她仍记得，在灾后援建过程中，正赶上自己的生日，原本没打算过生日的她，居然在那一天收到团队老师们用白色T恤画的一幅喜羊羊，大家和她一一合影留念，令她感动不已，至今她仍珍藏着这份特殊的生日礼物。张晖老师表示，从2008地震支援后，南京志愿者队伍不断扩大，此后，还继续参加联合国儿基会很多援助项目，包括贵州、广西等地，并在培训模式上得到很多创新和突破，希望继续把这种精神传递下去。志愿者团队中，有的说，十年前还是个小姑娘，如今已是两个孩子的母亲，有的作为记者，亲自见证幼教人像艺术家一样对待孩子。现场，南京团队代表们还为大家朗诵了一首别致的小诗。

苏州团队

苏州志愿者团队以幼儿师范高等专科学校张春霞老师为代表，她回顾，当时苏州团队在绵竹支教一个月，13 位志愿者里面，有一位是来自台湾信谊基金会学前教育研究发展中心的温碧珠研究员，在那段期间，大家每天晚上讨论工作，早上各自装好馒头和榨菜跟随司机师傅去到不同流动幼儿园，那时没有一个人有私心杂念，也没有一个人想家，那是一个伟大的时刻。

大家一起在寺庙旁，大树下，葡萄架旁办流动幼儿园、帐篷幼儿园、板房幼儿园。最令她难忘的是，团队经历了脑膜炎流行病，当时大家都非常紧张，由于某些原因，团队中只有她和一位年龄最小的老师无法打预防针，她动员这位小老师回去，小老师态度坚决："你也不能打预防针，你不回去，我就不回去。"直到潜伏期过去，她才平静下来。从帐篷幼儿园搬进板房幼儿园，冯晓霞教授给了她 20 万元钱，让她一定要做好 4 个乡镇 20 个班级的开学工作，她拿着钱赶往成都采购各种设备，好不容易说服一位供应商联系到一辆大货车，在归途中，她走了一条板房街道，无法给司机师傅买到一包方便面，原来那时水和方便面是买不到的。令人感动的是，一位当地老乡知道情况后，毫不犹豫从家里拿出两包储存方便面，却怎么也不肯收一分钱。汶川地震后，苏州团队一直做着汶川支援活动的延续，并于 2010 年到 2014 年与香港苗圃行动合作，在甘肃、云南持续五年支援活动，对老师进行进阶式培训，仅甘肃和云南接受培训达 3 000 人次，同时，在当地教育局安排下，团队分享支教生活学习情况，也对苏州幼儿园志愿者活动产生了非常大的影响。现场，志愿者们分享各自感受，对她们而言，这次经历不仅难忘，更带给年轻教师巨大的成长。

青岛团队

来自青岛志愿者团队的老师代表回顾说，当时六位支教老师都非常年轻，里面只有一位是结过婚的，对孩子和幼教的认识比较浅显，但灾区孩子的处境给大家带来很多感触。她回忆，当时一个三四岁小男孩，每天由奶奶带着来帐篷幼儿园，但他总是游离在帐篷外，不敢进来。后来奶奶告诉老师，小男孩在地震中曾被压在房子里面，之后一直对封闭空间产生极大恐惧。为了小男孩，志愿者们主动把帐篷搬移到宽敞明亮的地方。支教结束后，大家发现男孩已经能够坐在帐篷旁边讲故事了。而老师们回到日常工作后，每次想起这个男孩，都提醒自己，教育者不仅要关注孩子身体，更要关心孩子心理。

重庆团队

以西南大学刘云艳教授为代表的重庆志愿者团队回顾了在绵阳附近支教时的三个任务和启发：一是组织流动幼儿园和帐篷幼儿园的孩子开展活动，主要以游戏活动、体育活动、故事儿歌为主；二是对当地幼儿教师进行培训，培训的方向和经验也对今后重庆农村幼儿园产生直接影响，比如坚持“以需求为导向”“去复杂，求简明”；三是家访，并意识到政府、社区和家庭联动有助于幼教的发展。同时，其他志愿者也现场讲述了自己的故事，她们感动于在那个特殊时期，平时仰慕的知名专家学者们，那一刻却像极了重庆的“棒棒军”，给老师们提大包小包，一起搭帐篷、搬运各种教具。下雨过后，帐篷底下全是小蝎子、毛毛虫，她们每天一早就要起床，为孩子清理帐篷，她们说，那一刻忘记了所有恐惧和危险，把整个身心都放在孩子身上，只希望把更多的快乐和力量带给他们。

上海团队

上海志愿者团队由华东师范大学的周兢教授和黄瑾教授为代表，黄瑾教授表示，2008 年灾后援建是生命里一段刻骨铭心的感情。在参加为期两个月灾后援建中，有 12 位来自华东师范大学学前教育系专业教师，13 位上海市五所幼儿园专业教师，10 名华东师范大学学前教育专业硕士研究生分五批前往灾区。第一批志愿者由周兢教授带队前往灾区踩点，在都江堰、崇州等地辗转，最终了解到鸡冠山地区受灾严重，于是大家在这里建立鸡冠山板房幼儿园。志愿者们在这里做家庭育儿指导、师资培训、心理援助，在板房幼儿园开展阅读、运动、游戏、亲子活动、艺术活动。她回忆说，每天志愿者们的车辆一到幼儿园门口，孩子们就欢呼着迎接老师。一组数据可以看出志愿者们取得的成果：在 2008 年，华东师范大学爱心幼儿园共组织 15 场教师专题讲座和园本教研活动，培训崇州、都江堰和成都市幼儿园园长、骨干教师 1 760 人次左右，开展家长培训和亲子活动达 300 人次，累计受益儿童 6 000 人次。黄瑾教授说，这十年，不仅是最好的纪念，也是人生一段刻骨铭心的心灵课堂，正如华东师范大学党委书记童世骏所言：在汶川大地震这个由瓦砾和血泪筑成的课堂里，我们不仅学到了脆弱和坚强的辩证法、荒谬和理性的辩证法，而且学到了平凡和神圣的辩证法、日常生活和终极关怀的辩证法。我们因此不仅能更好地理解个人与社会的关系，更好地理解自然和文化的关系，而且能更好地理解物质生活和精神生活的关系，更好地在提高饮食起居的富裕程度的同时，追求心灵深处的神圣境界。她表示，汶川地震给教育者播下一颗爱的种子，让幼教人懂得关爱生命、联系社会、感悟时代的责任。“在灾区回访过程中，不断听到人们表示感谢，但其实应该感谢的是我们，让我们更加坚定要培养未来教育引领者，把培养学用结合、知行统一、理念先进、敢于担当作为育人目标。”华东师范大学 100 个专业公益项目便来自于汶川地震后志愿者经历，比如“欢乐大篷车”暑期社会实践项目。

四川团队

以四川师范大学鄢超云教授为代表的四川幼教人，也在灾后援建中起到了非常重要的作用。他们积极参与到中国学前教育研究会发起的志愿者灾后援建活动中，和其他志愿者团队一起工作，并结下了深厚的情谊。比如，在上海团队分享中，也邀请原成都市教科所幼教研究员刘致健老师和崇州市教育研究培训中心王燕老师发言。刘致健老师说，作为灾区的一员，每天跟着志愿者团队工作，感受着正常人的喜悦和快乐，也让地震中产生的心理阴影得到干预和治疗。同时，在专家指引下，也学习到孩子在遭受大灾难后，课程应该是游戏性的、娱乐性的、活动性的，这样才能真正被孩子接受，帮助到他们。

来自北川、什邡的老师以及成都市武侯区的教研员，分享各自的经历和感受，在灾后援建中，她们感受到幼教人团结一致的心，也更加坚定从事学前教育这份伟大的事业，并向从四面八方而来的志愿者们表示深深的感谢和敬意。来自四川绵竹的乔黄老师说，自己是一名非常普通的幼儿教师，但地震发生时，在砖不断往下掉，烟尘弥漫的情况下，来不及多想，只管把孩子一个个从班级抢救出来，让所有孩子都安全见到父母。同时，在灾后援建中，乔黄老师当年主动加入南京志愿者团队，为大家当向导，一起在流动幼儿园工作，并与南京的李薇玉园长结下深厚的友谊。十年来一直拿着微薄的工资，但一直坚守着做一名幼儿教师。

随后，哈佛大学教育学院的陈思老师带来《地震灾害情境下的儿童发展：来自汶川和智利的研究证据》的主题报告。她指出，自 90 年代起，已经有学者开始研究地震对儿童发展的影响，研究表明，即使是年龄非常小的儿童，遭遇地震灾害后也会受到情绪和心理两个方面的严重影响。比如，会出现严重的恐惧、异常行为、分离焦虑、感知觉麻木或过度兴奋等。陈思老师认为，儿童在震后受到影响程度大小最关键因素是家庭和学校，也就是成人的反应。如果成人自身面临巨大精神压力，很难为儿童提供好的物质和精神的照料，往往会加剧儿童负面的情绪、扩大儿童发展的退步。在 2010 年，智利发生 8.8 级特大地震，研究者发现，孩子们的听写、文本理解都出现急速下降的趋势，而在汶川地震发生后访谈研究中，总结和提炼属于特殊的中国文化情境下幼儿教师精神气质，调查中 96%的教师认为“师者父母心”，70%教师认为“仁爱之心，师者必具”。总之，从智利地震到汶川地震，研究表明，成人对孩子灾后心理健康的恢复起着关键作用，而一旦地震发生，成人最需要做的是以下几件事：第一，给孩子提供稳定的生活和学习环境；第二，积极和孩子沟通互动，提供安全感；第三，有责任心的教育者是对儿童最好的治愈。

崇州市教育研究培训中心王燕老师带来《从他山之石到可以攻玉——抗震救灾情系幼教的灾后十年》主题分享。现场，她表示当年崇州作为重灾区，学前教育得到华东师范大学学前教育及上海市学前教育专家的帮助。如今，崇州幼教发展焕然一新，不仅公办园的数量在增加，老师们也在专家指导下开展教研讨论，形成教研团队。

重返灾区

除了志愿者们精彩的分会场交流外，华东师范大学周兢教授和南京师范大学虞永平教授亲自带领志愿者们一起开启回访灾区之行，共同前往崇州、绵阳、德阳、绵竹。大巴车上，这批来自江苏、北京、山东、上海、重庆、四川等地的汶川地震志愿者们难掩紧张与兴奋，回忆着十年前在灾区和孩子们、老师们、家长们在一起的情景。如今十年过去了，大家最挂念的是，这里的一切都还好吗？

6 月 11 日下午，十年前汶川地震上海志愿者团队的老师们重返崇州，感受十年来崇州幼教的变化。志愿者老师们走进崇州市正东街幼儿园、崇州市绿色实验幼儿园、崇州市隆兴镇幼儿园以及崇州市怀远镇幼儿园。从震后艰苦的幼教环境，到如今专业而温暖的园区创设，大家为崇州幼教十年来的发展变化感动欣喜。当年日夜送志愿者老师往返的司机师傅，依然和大家在一起谈笑，当年 2 岁的幼童如今已经是读小学六年级的孩子。十年时光，令人百感交集，又充满无数感动和希望。对崇州幼教人而言，上海志愿者团队带来的不仅是温暖和关怀，还有理念上的改变，十年过去，志愿者们对崇州幼教的支持与帮助从没断过，老师们都心怀感激。正如华东师范大学周兢教授所说，2008 年的夏天，与孩子每天的朝夕相处，与崇州幼教人共同奋斗，留下了这份革命般的战斗友谊，是一辈子的幸运，我们要珍惜。

6 月 13 日，在南京师范大学虞永平教授的带领下，志愿者们为时两天的回访之行中，走进绵阳北川羌族自治县擂鼓镇幼儿园、绵竹广济镇幼儿园、德阳什邡禾丰中心幼儿园和德阳什邡安羽幼儿园，以及曾开设过流动幼儿园的绵竹三溪寺。当了解到幼儿园的发展现状，看到幼儿园里具有教育功能的环境、天真活泼的孩子们、追求专业践行《指南》的老师们，大家欢欣不已。

十年前，这些来自四面八方的志愿者们在搭建起来的简陋板房和帐篷里、空地上，组织孩子们的活动、培训幼儿教师、给大家做心理疏导。十年后，当年那个大家聚在一起搞教研的爬满葡萄藤的农家小院依然还在，寺庙里那株百年紫薇树变得更遒劲有力，一切都令人充满希望，大家仍像家人般温暖。虞永平教授说，当年看着很多志愿者家里出了事，也依然抹干眼泪笑对孩子，如今看到灾后援建的变化和取得的成绩，心里很踏实。在未来，依然会继续为大家的专业成长而服务，也祝福这里的幼儿园、老师们、孩子们！

携手并进　共渡难关

——“汶川地震应对政策专家行动组”成都幼儿教育援建工作纪实

成都市教育科学研究院　刘致健

“5·12”汶川大地震，突如其来的灾难使我市都江堰、崇州、彭州幼儿园严重受损。从那一刻起，全国幼教同行密切关注着四川，关注着灾区的儿童。

5月24日，国家救灾委员会、教育部、民政部救灾研究所及北京师范大学等高校发起成立了“汶川地震应对政策专家行动组”(以下简称“专家行动组”)。专家行动组和中国学前教育研究会在最快时间里，派出了北京师范大学冯晓霞教授、南京师范大学顾荣芳教授、冯教授的研究生王玲艳一行及时赶到成都，我和她们一起用六百元租了一辆出租车到德阳绵竹、汉旺、什邡、绵阳安县、红白镇、成都都江堰、崇州。我们先到灾区帐篷居民点做前期支教踩点调查，带去了孩子们需要的教玩具、食物。记得当车靠近绵竹县时，我们闻到越来越强烈的死尸味，我的心一下揪起来，好紧张、好痛。到红白镇时，看到人们还在紧张救治伤员，那场面就像战争年代，我看到专家们一脸严肃。我们出来时，车要经过多次消毒，专家们说要赶紧开展工作。

随后，专家行动组和中国学前教育研究会组织了北师大、华东师大、南京师大、西南师大、四川师大五高校的教授专家，有学者冯晓霞、虞永平、顾荣芳、余珍有、边霞、刘云艳、鄢超云等以及北京、上海、南京、山东、重庆等地的幼儿园园长、骨干教师，兵分三路及时赶到灾区（德阳、绵阳、成都崇州、都江堰）迅速开展前期调查。根据中国学前教研究会对几所高校的分工，由华东师大主要负责对口帮助成都重灾区开展工作。7 月 12 日至 8 月 30 日，由华东师大学前教育特殊教育学院副院长周兢教授、学前教育系主任华爱华、副院长黄瑾带队，分成五批团队分别到达成都崇州市、都江堰市地震重灾区开展工作。

一、从现状调查入手，提出相应政策建议

7 月 3 日至 15 日，专家行动组和中国学前教育研究会在四川灾区围绕灾后幼儿教育的有关问题进行了一系列调查。我和北师大博士张凤、都江堰教育局罗小玉科长、教研室幼教教研员黄燕、崇州市教研室幼教教研员王燕以及《现代育儿报》的部分同仁组成调查小组奔赴都江堰、崇州灾区，对 313 名家长进行了一对一的访谈，对 128 名幼儿园教师进行了问卷调查。我们奔走在废墟和帐篷之间，在都江堰的蒲阳镇山上，连桌子板凳都没有，人们还在震后的惊恐中，还不时受着余震的惊扰……可是，家长与幼儿园教师还密切配合我们做调查，反映出成都市灾区人民对学前教育的关注和信任。

“汶川地震灾区幼儿教育状况调查问卷”主要由北师大冯晓霞教授、川师大鄢超云教授制定。调查中，我们看到有的孩子还在“敞放”，早饭后出门玩、吃中晚饭时回家，这期间家长不知孩子在何方，有的年轻家长还是文盲，调查问卷只好采取一问一答的方式进行。虽是灾后调查，但也从一定程度反映出山区孩子们的生存状态，学前教育任重而道远。冯教授关于“汶川地震灾区幼儿教育状况调查”摘录如下：

（1）地震对学前儿童身心发展的伤害巨大，不容忽视。

（2）家长对幼儿教育的需求极为强烈，但能承担的教育费用很低。

（3）幼儿园受损严重，难以满足需要。

(4) 幼儿园教师状况堪忧(震后心理变化巨大,需要调适)。

提出的主要意见和建议:

(1) 儿童优先,儿童利益最大化是国际灾难救助的基本准则。汶川地震对幼小儿童身心影响是巨大的,幼儿园的恢复有利于幼儿集中供给营养,有利于专业人员通过游戏对幼儿进行心理抚慰,从而降低地震带来的伤害,必须纳入重建计划。

(2) 幼儿家长是重建家园的主力军,孩子的入园问题是广大家长的迫切需求,直接影响家长重建家园的积极性,恢复幼儿园有利于解除家长的后顾之忧,对重建家园工作具有重要意义。

(3) 针对当前幼教机构受损严重的问题,过渡期由国家设立幼儿保教救助特别经费,在受灾严重地区安置点设立幼儿园,并聘请幼教师资对幼儿进行保育和教育,包括为幼儿增加营养包,可委托教育、卫生部门进行监管。对愿意为受灾幼儿提供教育机会的民办幼儿园,采用政府购买服务方式进行。

(4) 将师范院校学前教育专家和学生的教育实习、社会实践活动与援助灾区幼儿园结合起来进行,解决专业教师不足的问题。

(5) 汶川地震凸显出我国幼儿教育体系存在的政府投入严重不足、公办园过少、民办园应对灾害能力差的弊端。一些地方政府在考虑重建幼教体系的新思路,如将义务教育向下延伸、尝试实行“幼儿教育券”政策等,国家应积极支持并关注这些有益的尝试,并在此基础上思考幼儿教育的国家政策。

二、走进灾区居民点,创办流动幼儿园

专家行动组和中国学前教育研究会在调查的基础上,决定在灾区建立多种形式的流动幼儿园。此项工作的开展并非易事,灾区灾后重建任务相当繁重,当时的板房还不能满足灾区居民居住的需要,单位要房更难,教育局上班也在葡萄架下,所以,要给流动幼儿园找房是极难的事。周兢教授带着我们

一群志愿者冒着大雨，一个地方一个地方选点，在调查了元通、大北街、正通街幼儿园灾后情况后，终于在崇州鸡冠山、文井江乡看到了希望。崇州市鸡冠山、文井江乡是此次地震重灾区，两个乡房屋损毁程度严重，地震后，两个乡迁至怀远镇成为板房定居点。两个居民点有四千多名灾民、两百多名缺少早期教育安排的2—6岁儿童，于是，我们及时与乡政府取得联系，这里的党组织工作井然有序，书记佩戴“共产党员”徽章，鸡冠山乡政府当即为流动幼儿园腾出仅有的两间空板房，这两间板房有一定的户外活动场地，还指定了一名大学生村干部协助流动幼儿园开展工作。文井江乡流动幼儿园与乡图书馆共用一地，各占半天时间，两个流动幼儿园就这样建立起来了。当时我们真是激动万分，马上安排组织落实：市教科所幼教教研员和崇州市幼教教研员参与流动幼儿园相关协调、组织、沟通工作，帮助解决日常工作中出现的问题；怀远幼儿园园长、教师，崇州实验幼儿园部分教师参与协助流动幼儿园的日常教育教学工作，学习上海教师的教育教学经验。

流动幼儿园建立后，开展了丰富多彩的活动。上海教师志愿者在流动幼儿园教育教学中表现出她们对灾区儿童的大爱、责任心和高素质的专业能力，她们面对的是完全不一样的教育教学，两间板房太小、孩子多、家长多，板房基本上就是用来装板凳、玩具和材料，没有课桌，教学活动主要在户外的泡沫地垫上开展，她们把先进的教育理念转化为对每个孩子的爱与尊重：每天热情地迎接每一位孩子和家长，在地垫上和孩子们游戏，尊重孩子对活动的选择与参与；根据灾后幼儿胆小、有不安全感的特点，教育中注重游戏性、娱乐性、活动性。除了每天有半天常规教育活动外，还有为婴幼儿开展适合他们年龄特点的活动，如有“木偶剧、亲子运动会、迎奥运运动会、师生联欢会”等。此外，还根据家长需要开展了“家庭教育咨询活动日”“亲子活动”“家长随班伴读”活动等。志愿者还给幼儿园送来了大量的教玩具，并带来精美的绘本，孩子们每天都玩得舍不得离开。

由于灾区卫生条件不好，幼儿生活习惯较差，教师志愿者非常注重孩子们良好卫生习惯的培养，在环境条件差的情况下，仍坚持培养孩子正确的洗手和良好的饮水习惯，给山区人民带来了文明的生活方式，帮助孩子们度过了最困难的日子。每天早上，当我们的车开进板房，看到欢呼雀跃的孩子时，心里感到好安慰。

三、针对灾区发展需要，开展多样师资培训

来蓉支援的专家教授都有不同的专业方向和专业优势，于是，成都市教育局学前教育处抓住资源，请他们根据重灾区和非重灾区的教师需要，在我市开展了一系列培训，由市教育局学前处、市教科所理论室、崇州市教育局、崇州市教研室、都江堰教育局、都江堰教研室承担组织工作。当时，幼儿园未开学，灾区很多教师还住在帐篷里，要与他们联系上是件很困难的事，我们想方设法通知到她们。当她们来到会场，大家彼此见面时，都说感觉就像见到亲人，这对稳定她们的心理发挥了积极作用。专家们在城区进行了二次培训，重灾区都江堰、崇州分别进行了五次培训，内容是“灾后学前教育重建的几点思考”“大灾后的学前心理健康教育”“教师专业成长与园本教研”“教师专业发展与教育”“早期儿童数概念与教育”“托幼一体化的师资和课程建设”等。参加培训的有 20 个区县的幼教干部或科长、幼教教研员、幼儿园教师共 1 150 人，真是一方有难，八方支持。

通过培训，教师们感受到强大的心理支持：华师大学前教育系心理学教师左志宏培训时，引导大家在游戏中放松，及时缓解了教师们灾后的紧张和焦虑。专家们围绕着灾后幼儿园课程建设的问题、灾后儿童心理特点与教育方法、如何满足农村学前儿童学习需要、如何提高教师专业素质、如何根据托幼一体化要求提供不同年龄段儿童有效教育等多方面内容，结合具体生动的案例分析及自己的知识经验，将上海学前教育最新信息毫无保留地传递

给了我们。

崇州市实验幼儿园此次灾情不重，房屋基本保持完好。该园是市一级园，有良好的管理和师资队伍。近年来，幼儿园对阅读教育进行了研究，为了进一步提高研究质量，她们与上海专家联系，得到及时的帮助。专家到幼儿园看活动、现场研讨，给予幼儿园高水平的专业支持和帮助。目前，该园已成为周兢教授承担的教育部课题《幼儿汉字习得过程研究》的实验基地。同年10月，崇州市幼儿园赴上海实地参观幼儿园和参加课题的研讨活动，受益匪浅。

9月，"汶川地震应对政策专家行动组"获中华人民共和国教育部颁发的"教育系统抗震救灾先进集体荣誉奖"。我觉得这个集体获此殊荣当之无愧，我为这个集体骄傲！

在中国学前教育研究会引领下山西省幼儿教育迅速发展

原山西省康乐幼儿园园长　赵　琴

时间过得真快，弹指一挥间，中国学前教育研究会迎来40周年华诞。这40年是改革开放的40年，随着社会快速发展，学前教育越来越得到各界重视，研究会也不断成长壮大。

中国学前教育研究会，是中国幼教工作者之家，它集中了全国学术界最有造诣的优秀学者，通过科学研究课题的引领、专家讲座指导及实践观摩研讨等多种形式，使我们在正确理念的指导下既做好本职工作，又充分发挥会员的辐射作用。回顾这40个年头，有些事仍历历在目。

一、先进的教育理念在我省农村幼教工作中落地生根

中国学前教育研究会是1979年7月成立的，孙岩同志连续三届任副理事长和理事长，当时我在研究会曾任三届理事会的山西籍理事，在山西省教育厅及山西省康乐幼儿园工作，任山西省幼儿教育研究会副理事长兼秘书长，为此我参加学会的会议较多。孙岩同志给我留下深刻的印象，她对同志一视同仁，平易近人，态度和蔼，可亲可敬，对工作一丝不苟。当时她任教育部幼教处处长，她工作的特点是将学会工作和国家幼教重点工作紧密结合。

为此，在中国学前教育研究会召开的每次会议上或组织的外出活动中，我除聆听孙岩同志的讲话和指导外，基本上每次都要单独向她征求对我省及研究会工作的意见或建议，并且受益匪浅。当时我国农村幼教基础薄弱、发展缓慢，幼儿入园率偏低，为此孙岩同志十分重视农村幼教事业的发展，提出要大力发展农村幼教工作，提升入园率。在这种思想的指导下，我省教育厅和幼教研究会把幼教工作重点放在广大农村，狠抓农村幼教试点，加强指导，于1980年秋季，在山西稷山县召开农村幼教现场会，教育部幼教处副处长魏振高与北京师范大学曹青华教授亲临会议现场，指导工作，使我省在一段时间内明确了幼教工作的方向，促进了我省农村幼儿园大幅度增长，提升了农村幼儿入园率。

农村幼儿入园率大大提升了，同时带来的问题是如何筑固不流失，这是当时我们很困惑的问题。孙岩同志对农村幼教工作比较熟悉，特别是对山西农村更加了解。她曾经在“文化大革命”期间在山西生活六年之久。当我提到这个问题时，孙岩同志指出，山西农村广大，山区众多，基本以农业为主，应因地制宜，学习陈鹤琴先生提出的大自然、大社会是我们的活教材的思想，大自然、大社会中有许多东西都可以来做活教材和教玩具。另外，提高教师素质，做好服务工作，让家长放心，看到希望。在孙岩同志的指导下，我们认真学习和落实陈鹤琴先生的教育思想，一方面深入农村指导工作，解决教师待遇及农村经费不足的问题；另一方面组织对农村幼儿教师的学习培训。

我省在临猗县、晋东南地区的高平等县，开展了在大社会、大自然中寻找幼儿需要的好玩具、活教材的多种活动。临猗县以县直幼儿园为主在全县展开了利用身边和自然中无毒无害废旧材料制作幼儿需要的一具多玩的教玩具，并于1983年在临猗县召开全省会议，进行推广。后在高平县（现高平市）

农村幼儿园开展了利用大自然作为活教材的研究。我们在南里村幼儿园做了具体研究。

二、幼教科研促进我省幼儿园教育改革与教师素质的提高

学会成立以来，在各地深入开展教科研工作，学会中每一位专家学者的先进教育理念潜移默化滋润着每个幼教人，为我们培养了一批教师科研队伍，促进了我省保教质量的明显提高。

令我印象最深，对我影响最大的是尊敬的史慧中会长，她虽然在 2004 年就离开人世，但她的精神永远留在我的心里。

1984 年，我到山西省康乐幼儿园担任园长、书记。1987 年，史慧中老师主持关于“适应我国国情提高幼儿素质”的研究，对全国十个省市、自治区的 4 岁、6 岁儿童进行调查，我省也在其中，当时我以山西省协调员的身份，参与了项目研究。在调查的基础上，开展前实验研究。1991 年在我省西羊市幼儿园的一个小班和我园的两个小班开始素质教育前实验研究。当时史慧中老师与费广宏老师就住在我园办公楼不足一间大的小房子里，没有任何卫生设施，吃饭就在幼儿老师的食堂交费就餐，十分艰苦。当时我为课题研究核心领导组成员，就这样，我与史慧中老师有了近距离的接触和交流。她的教育理念和认真、严谨、一丝不苟的工作作风时时处处影响着我们每个人。她热爱生活，热爱事业，热爱孩子。我清楚地记得，一次新生入园，有一个孩子晚上不入睡，老师不知如何是好，这时史慧中老师陪着孩子玩，直到孩子入睡后才离开，并告诉老师要尊重孩子之间的个体差异。在实验开始和实验中，她深入班级，尊重老师，关爱孩子，发现问题，及时主动与老师进行交流，提出改进建议。她十分尊重老师的自尊心，在与老师交流发现的问题时，一般不请园长参加。对于共性问题，她会召开班级或两园教师的座谈会进行指导。实

验开始后，她白天深入班级，下班后与老师交流。为了更新教师观念，她与助手费广宏老师，在条件很差的小房间，不知熬过多少个日日夜夜，尤其是她本身患有心脏病，后来经常是带着氧气袋来工作的。还有两次，因身体不适，她就请指导实验的同志和具体参加实验的老师去北京，她根据实验中存在的问题亲自指导，她的家就是办公室。就这样日复一日地不断发现问题，不断进行修订。在讲解班级设置、为什么及怎样开展区域游戏时，她不仅开展了多种多次的培训，还常常一边讲解一边和老师们一起动手操作。她这种工作精神和方法，让跟着她进行实验的幼教人员十分受益，大家无不为此感动。她潜移默化地培养出一大批骨干型幼教人才，她的理念及无私奉献的精神时刻影响着我们幼教人。

通过两年多时间的前实验，整个实践班级的变化十分惊人，一是班级改变了座位摆放的形式，设置了孩子自主游戏的活动区域，并开展了区域游戏活动；二是各班级有了适合幼儿发展水平全面系统的目标，并将目标的实施落实到幼儿一日生活的各环节进行，在具体实施中特别注意目标之间及各环节之间的有机整合；三是教育形式多样化：班级集体教学活动、小组活动、个别教育活动相结合。

1993年在前实验的基础上，大面积开展了“适应我国国情，提高幼儿素质”的实验研究。史慧中老师的担子和责任更重了。实验园分布较广，而且交通不便。除开展大面积培训外，她与费广宏老师及研究人员亲自到园指导。有时她确实很累，经常是晚上加班备课，第二天仍坚持进行培训或深入班级指导。即使在这种情况下，她在老师和孩子面前，仍是精神抖擞，从不厌倦。

敬爱的史慧中老师，留给了我们许许多多无价的精神财富和新的教育理念，她虽然已经离开我们，但她的精神影响了山西的一代幼教人。

研究会中像这样的专家学者仍有很多。我 70 多岁虽然不直接参加研究会有关会议，但会议上专家的报告内容我都会认真学习，有的我都做了笔记。学会组织的课题我多数参加过评审，亲眼看到这些年来幼儿园在办园水平、保教质量、科研课题的研究能力和研究的意识都有了显著的提高。多年来在研究会的引领下，我们仍坚守使命，不忘初心，在幼教工作中发挥着自己的余热。

祝愿中国学前教育研究会取得更大的发展!

2019 年 2 月 25 日

难忘幼教情　坚守幼教魂

山东省教育学会教育管理专委会　徐书芳

2018 年 8 月，山东省教育学会副秘书长、教科院方明老师，把“庆祝中国学前教育研究会成立 40 周年纪念文集征稿邀请函”转我，希望能够撰写回忆文章。接到此事后，思绪万千，作为一位从事幼教工作 30 余年的人，亲历中国幼儿教育事业发展的心路历程，几经起落，风雨兼程，一大批幼教人为此痴心不改，忠诚不变，在党和政府的领导下，不断研究社会发展中出现的新情况、新问题，只为守护孩子们的家园。

一、面对新挑战，研究新对策

从 90 年代初，青岛作为一个工业城市，在经济体制改革不断深入，市场经济体制的建立过程中，幼教工作面临严峻的挑战，企业在改制过程中，把涉及公益、福利、教育的幼儿园，作为“包袱”甩出来推向社会。仅 1991 年、1992 年两年间，24 处幼儿园关、停、并、撤，1 000 余名孩子无处入托，家长心急如焚，质疑不断。在那个时期，作为幼教人，我们非常焦虑、彷徨、迷茫，园所被关闭，老师队伍已开始流失，新时期幼儿教育出现的新问题是靠市场解决还是靠市长解决？政府教育主管部门的作为在哪里？在此期间，青岛市政府教育部门和有关部门不断研究市场经济下存在的困难和对策。当时，由市政府办公厅《工作研究》1991 年 24 期呈报市领导的关于《我市托幼事业的现状及进一步促进托幼事业发展的建议》，认为存在的问题“有的属于政策方面，有的属于认识方面的问题，还有一些需要有关部门和全社会关心和支持才能得到解决。幼儿是祖国的未来，他们的事情办得如何，不仅体现了一个社会的文明程度，而且体现了社会对未来的关心程度。因此，我们应当在力所能及的情况下，尽量把孩子的事情办好”。时任市委书记俞正声批示：“市长办公会应专门研究此问题，制定解决办法。”

从 1992 年到 1995 年，历时四年，青岛市委、市政府对这项改革高度重视，多次批示，我们会同政府相关部门，研究综合落地对策。1993 年 1 月市教委《部分单位自行撤销园所，入园难问题将再度引发》在市政府《每日信息》登出。市托幼工作领导小组组长、副市长程友新阅后批示：“请市教委会同有关部门落实你们的建议。学前教育属非义务教育，鼓励家长消费，入托费不应是指令价，应是指导价。房管部门的房屋不能改作他用。大家要支持托幼事业。”

为了解决托幼经费不足问题，1994 年，市教委向市政府提出《关于解决我市托幼园所经费严重不足问题的请示》，市物价局在印发《关于调整托幼收费标准的意见》会签件中，市长秦家浩批示：“调整托幼收费看来势在必行，几位市长都表示同意。”共有五位市长在此件上签署同意调整收费的意见，为当时的稳定发展及时“输血”。

对企业办幼儿园退休人员实行养老保险统筹，按企业办小学教师待遇对待幼儿教师等；对包括企业幼儿园在内的全市幼儿园实行分类定级，并规定类别同幼儿园收费标准挂钩，随教学质量上下浮动；对全市幼儿园园长及教师资格重新进行审定，对审定不合格的 124 名园长和 452 名教师做出辞退或另行安排，允许全市二、三类幼儿园以质论价，按成本收费，以确保幼儿园可以做到收支平衡并略有盈余。规定未办或不愿办幼儿园的企业通过职工子女入园必须交纳代办费形式，使其与办园企业及时承担办园的经济和社会责任。

从管理体制和机制入手，不断创新出台一些精准的对策，盘活了存量，提高了入园率。通过“承办制”，明晰相关职责。企业为幼儿园提供基本的办学条件，负责设备更新，保证幼儿园拥有充分的办学自主权；教职工的正式职工身份不变，享受医疗保险的待遇不变；帮助幼儿园消化富余人员。还要求幼儿园通过实行园长责任制、岗位责任制、教职工聘任制、绩效工资制，做到开门办园、自负盈亏，幼教质量和办园效益双丰收。对接收外单位孩子，从代办费入手，让单位办园打开了大门，解决外单位孩子入园问题，以保住大部分企事业单位办的幼儿园。机制一活，满盘皆活，当时，全市学前三年幼儿入园率达 89%，从而提前实现了《九十年代中国儿童发展规划纲要》和《中国教育改革和发展纲要》所规定的目标。1994 年，市政府召开城市幼儿园办园体制改革现场会，向全市推广企业幼儿园承办制的经验。1995 年，市委、市政府印发《青岛市城市教育综合改革方案》，要求学前教育多种形式并举，企业举办的幼儿园要逐步实行承办制。

青岛有效解决在当时把学前推向市场的问题，得到教育部的高度关注。1995 年 8 月，教育部专门邀请国家相关部委和部分省市，在青岛召开企业办园现场会，推广了四方机车车辆厂、青岛港务局、青岛第六棉纺织厂、青岛碱厂等国企在转换经营机制后，扶持幼儿园发展的经验。时任教育部基础司的傅国亮司长、中国学前教育研究会理事长孙岩在会上讲话。孙岩理事长饱含深情的发言令人动容。她说：“今天国家教委基础教育司在青岛召开九城市企业办幼儿园体制改革研讨会，这个研讨会是非常重要的，它的意义绝非只在九个城市起影响，它将会影响到全国幼儿园体制改革的深化，促进幼教事业的发展。基教司的同志要我来参加研讨会，我非常高兴，使我亲耳聆听同志们对幼教事业发展、提高的意见以及已取得的宝贵经验。我虽已是年过古稀之人，仍愿跟随同志们学习，尽可能地为幼教事业出点力，在此，我感谢你们为孩子们的健康成长所做的贡献。”

幼教界非常关注企业办园体制的改革，从 1991 年至 1994 年底，据报纸报道，全国已有上万所企业办幼儿园撤销或合并，其中原因很复杂。这种情况引起社会上尤其幼教界的极大注意和焦虑，也使我深深体会到幼教事业的兴旺发达，必须做到以下几点：

第一，党政领导重视，提高认识，把幼教事业放在国家整体改革之中。大家知道，幼教工作牵动千家万户，既要解决当前的实际问题，又要高瞻远瞩考虑到幼儿教育是关系国家民族未来发展的大问题。因此，党政领导的重视和正确领导就是关键。幼教工作绝不只是某一部门的工作，而是政府许多部门和社会各界在党的领导下，取得共识，经由各方面的合作、支持发展起来的。青岛市深化办园体制改革充分证明了这一点。

第二，教育行政部门对新时期幼教工作中的问题，要抓得及时、抓得有力。幼教工作是社会主义教育不可缺少的组成部分，“科教兴国，振兴中华”要从根基抓起，全国改革的大潮中，必然影响到教育的各个环节，幼教工作也不例外。面临经济体制向社会主义市场经济转换、不断完善的时机，幼教工作如何适应这一新的情况，成为宏观上的新课题。首先，出现新的问题，就是企业不断撤销所办的幼儿园。青岛市教委不失时机地通过现象透视出实质，紧紧抓住问题，抓住时机，进行深化改革。创造性的工作，获得了典范性的经验，有力地促进了幼教事业的前进，对今后的幼教工作有深远的意义。

第三，专人负责，掌握情况，做好参谋，促进幼教事业的发展。任何事业都需要专人去做，承上启下，注意事业发展的趋向、变化，发现问题、提出问题，就要解决问题。一旦发现问题，要深入调查了解，与各方面合作研究，从实际出发，拟定方针、政策、具体措施、办法等，做好参谋。

1995 年 9 月，由国家教委牵头，包括国家计委、民政部、建设部、经贸委、全国妇联、全国总工会以教基(1995)21 号下发了《关于企业办幼儿园的若干意见》。

在基本保住幼儿园存量不减少的同时，我们又发现作为增量部分的新建小区配套幼儿园，在交接环节中出现了问题，这引起了市委、市政府的高度重视，市委书记俞正声、市长秦家浩就此问题多次批示。记得 1993 年，现在的青岛实验幼儿园八大峡园区，就是地产商建好两年，以各种理由迟迟不交付，后期发现开发商转交相关机构，并改变其用途，当时居住区的孩子家长天天望眼欲穿，不断询问何时孩子能就近入园。同时，我们也看到这两所配套幼儿园如果不能按照规定拿出来办幼儿园，由开发商自行安排，之后其他开发的小区配套如有幼儿园将产生连锁效应。为了从源头上遏制该行为，3 月，市教委向市政府报《情况专报》，内容为“前海小区配套幼儿园被擅自出售”，分管城建的副市长阅后批示：“如系配套建设的幼儿园，应交教委安排，不应做它用，望执行。”但是，问题没有得到解决，工作的责任和使命，让我们没有就此放弃，直报市委书记俞正声，俞书记阅后，直接批示：“地产公司应认真贯彻分管市长批示，如批示正确，该公司应举一反三，看一看经营思想有无不妥之处。”1996 年，市委办公厅《督查专报》第 12 期印发《关于我市新建小区配套幼儿园未开办情况的调查报告》，市委书记俞正声批示：“此事群众反映较大，要逐一现场办公彻底解决，否则将形成又一个热点。”市长秦家浩批示：“新建小区配套幼儿园不得占用，限期整顿，尽快启动开办幼儿园，教委是托幼机构行业行政管理机构，经营权和审批权要分离。”

此后的几年，青岛新建小区配套幼儿园都是通过招标，办成公办园。后来，俞书记岗位发生变化，成为国家领导人，他在青岛执政期间的若干佳话，包括对学前教育的英明决策至今被人们赞誉。

在这个期间，我们还特别关注我国著名经济学家吴敬琏和厉以宁对教育的一些基本观点。其中，吴敬琏在《怀念张伯苓校长》一文中，对当时打着市场经济招牌出现的问题提出一针见血的观点，至今受用。他说："最近几年，政府提倡教育改革，打破了学校一律官办的老规矩，各地涌现了一批民办学校，与官办学校相竞争。这是一件大好事。但是，在民间兴学的潮流中提出的一些口号和出现的一些现象却使人不无担忧，使我特别觉得不舒服的是有些地方办起了一种名为'贵族学校'的中等、初等乃至学前教育机构。这种学校往往以富丽堂皇的建筑、豪华的设施、安逸的生活环境和较高的预期升学率相号召，吸引望子成龙的家长斥巨资送子弟入学。据我理解，南开中学的教育之所以取得这样大的成绩，是因为张伯苓把自己办学的目的明确规定为培养学子'爱国爱群之公德，服务社会之能力'。我对于当今十分走红的口号'实现教育产业化'是怀有疑问的。从经济学的观点看，这一提法多少有点古怪，因为按照现代经济学的分类，教育机构本来就和服务业乃至行政机构一样，属于第三产业，不需要再来一个'产业化'。看来人们之所以强调要实行'教育产业化'，无非是要把教育机构都办成营利性的事业。对于这种要把所有的教育活动一概变成营利性活动的主张，我认为是不妥当的。教育分为许多不同的门类，其中一部分提供一般的技能训练，是可以商品化、市场化，但还有相当一部分，例如基础教育，具有经济学所谓的'外部性'，就是说他提供的给行为者本身的效益远远小于提供给社会的效益，这类教育活动就不应当由市场导向。"

经济学家的犀利观点，为市场经济发展中的学前教育拨开迷雾，为了捍卫孩子们的生长空间，在市长与市场的不断博弈中，90 年代不断出台管理方面政策，《青岛市托幼管理条例》就是在这个期间经省人大批准发布的地方性法规，为依法办园提供了法治依据。回顾 90 年代青岛学前教育改革发展，作为亲历这一段历史的幼教干部，我们非常感谢心系孩子的青岛市委、市政府，感谢几任分管市长和教育部门的主要领导把孩子的事记在心上，落在实处。1998 年 3 月，在全国政协会上，北京师范大学庞丽娟教授在教育界委员联组会上发言，她针对学前教育调研发现的问题给中央建言，对社会政治、经济改革中幼教事业发展面临更加复杂的形势，提出四项建议。要求切实加强领导；给农村幼儿教师定位，让他们有名份、有待遇；遏制随意撤园风，政府要加强统筹，教育主管部门要切实发挥主管作用；推广青岛经验，改革管理体制和机制，确保孩子们有园上。时任国务院副总理李岚清针对庞丽娟发言说："你说对了，素质教育应该从幼儿抓起。"

在那个时代，幼教人的声音第一次直接传递给国家领导人，我们为庞老师和一大批幼教人的国家使命感和责任感所感动，感觉幼教发展更有希望了。从 1998 年政协会上幼教人的呼吁到现在整整 20 年，几代幼教人砥砺前行，让我们看到，今天是学前教育发展的最好时期。南怀瑾先生曾经说过这样一句话："人类黄金时代的标志，是孩子被视为这个社会上最重要的人。当越来越多的人真正把孩子当成最重要的人的时候，我们这个社会一定会更好。"

二、专业发展来自研究会的能量

中国学前教育研究会是我们幼教人的娘家，她不仅在专业上引领发展，更重要的是几代人传承下来的对幼教的责任感、使命感让人敬仰和尊重。我曾经作为学会的常务理事，和孙岩先生、史慧中先生、冯晓霞教授、庞丽娟教授、虞永平教授等理事长和常务理事都有过接触，从他们身上，我看到中国幼教专家们的责任与担当；看到他们朴实无华的学术研究风格所传递出的价值，让一线老师们能听得懂、看得明白；亲历他们以国际视野，给中国幼教打开一扇窗户，引领我们走出国门，加强交流，让我们不断思考如何借鉴、吸收、融合，为培养一个扎根于中国文化的地球公民所需要的专业。研究会就像蒲公英一样，播撒种子，不断传承指引幼教人向前走，赢得幼教人和社会的尊重。青岛学前教育质量的不断提升，就是在中国学前教育研究会甘霖沐浴下不断发展的。每每回忆起这些往事，就像发生在昨天，感恩、感谢对青岛给予支持指导的所有专家。

记得在青岛学前教育管理体制刚刚由妇联移交教育部门时，华东师大潘洁教授带着上海优秀园长金光林老师深入青岛企业幼儿园进行面对面指导，为老师们答疑解惑。

华东师大潘洁老师、北京教科院方明老师、原教育部幼教处陈巧兰处长在青岛铁路幼儿园考察

记得1994年，青岛实验幼儿园刚开园不久，为了能够在提升内涵上打好基础，时任理事长史慧中老师和方明老师来园指导，一蹲就是一周，两位专家白天扎在班里跟全日，研究材料、研究区域和环境创设，晚上组织老师搞教案分析，为实验幼儿园后来的发展奠定了基础。

记得孙岩理事长不顾年事已高，为了企业办园少走弯路，深入工厂幼儿园与厂长、园长促膝详谈。在青岛会上，这位为新中国幼教发展奉献毕生精力的德高望重的老人，最后一句发言“我感谢你们为孩子们的健康成长所做的贡献”，让我们懂得这位老人对所有孩子的牵挂，大家的眼泪夺眶而出。

记得从1999年开始，华东师大李季湄老师、朱家雄老师、华爱华老师先后为青岛的园长能够更好地学习研修，专门量体裁衣设计培训课程，亲自主持指导，为青岛学前教育发展积蓄培养管理人才。至今，有的园长在回顾自己学习的收获时，还是感恩在华师大的学习，说那次一个月的培训“干货多多很受益”。

李季湄教授指导市南区实验幼儿园教育活动

记得从1995年开始，OMEP中国委员会几次引荐我们参加国际会议，让青岛的幼教人参与OMEP世界学前教育会议，从日本到新加坡再到丹麦等国家，几届国际会议，我们与不同国家幼教人学习交流，寻找合作发展的交汇点，相互学习，既开阔了视野，也让世界了解了中国学前教育革改革开放以来的发展情况。

2000年6月，应中国学前教育研究会的邀请，年近70岁的世界学前教育组织(OMEP)主席、英国伦敦大学学前教育教授柯蒂斯女士抵达青岛，在中国OMEP主席、北师大庞丽娟教授和青岛市副市长马论业的陪同下考察幼儿园。当柯蒂斯主席看到实验幼儿园孩子们在户外玩沙子、玩水、荡秋千、滑滑梯、挑水桶、坐蹦蹦球，玩得那么开心时，啧啧称赞。她说，看到这个情景，使她一下子改变了十年前她来中国时的印象。她说，那时，中国幼儿园的活

庞丽娟老师带队参加在新加坡召开的 OMEP 国际会议

动形式全都是班级授课式的，老师在前面讲，小孩子在下面背着手安安静静地听。她当时很是纳闷：为什么老师讲的内容并不很生动，可孩子们居然还能安静地听……现在变化太大了，她很高兴地发现，孩子们是玩中有学，学中有玩，在活动和游戏中主动发展。在幼儿园，柯蒂斯主席拿起一个纸叠的小青蛙，小青蛙逼真的造型和能张能合的嘴巴，让她很感兴趣，她顽皮地“咕呱咕呱”学了几声蛙叫，把周围的人都给逗乐了。当孩子们将小青蛙和布老鼠赠送给这位慈祥、风趣的客人奶奶时，她高兴得一个劲地说着：“Thank you!”柯蒂斯主席询问道：“这里的环境和条件这么好，如果有更多的孩子要求来入园，你们如何选择？”她说在英国也存在这样的问题，好的幼儿园总是供不应求。马副市长告诉她，这不存在选择的问题，在接受教育方面，孩子们的权利是平等的，孩子们都是最好的，像这样的幼儿园，青岛有很多，就近入园，能满足所有适龄儿童的入园要求。柯蒂斯主席听了，满意地点了点头。离开幼儿园之前，柯蒂斯主席似有很多感慨，她提笔写下了这样几句话：很感谢你们让我们到你们的幼儿园来，看了这么美好的幼儿园，孩子们这么快乐，这么有礼貌，在你们很特别的指导下，生长得这么好，能有机会参观你们的幼儿园，我太高兴了。她还惋惜地表示在这里没有待够，如果能和孩子们再待上一天就好了。

2000 年，在北师大刘焱教授带领下，我们一行五人在英国相关部门的安排下，全面考察英国早期教育机构和教师培养机构，整整 10 天，几乎天天蹲在幼儿园看活动、参加教师培训沙龙。近距离了解、感受英国幼儿园开展的以游戏为基本活动所提供的材料和儿童探究学习的自主性，对我们触动很大。回国后，借鉴英国的先进理念，结合青岛实际，青岛实验幼儿园探究了区域活动如何开展、材料如何投放、孩子们如何自主有序主动学习，到现在已经整整 18 年，18 年的路上，学习没有停止，探究没有停止，阶段性成果分享没有停止，实验幼儿园作为孵化器为青岛地区培养一线教师做出了贡献。

北京师范大学冯晓霞教授来园指导“幼小衔接”工作

虞永平教授在市南园指导工作

许卓娅教授来园指导活动

中央教科所刘占兰老师来幼儿园

记不得多少次，冯晓霞教授、虞永平教授、李季湄教授、刘占兰教授、朱家雄教授等一次次在专业上引领青岛的园长和老师们发展，从一个个教育过程中的细节入手，以问题为导向，让我们感受到提高教育质量，没有捷径可走，只有俯下身来，静下心来，慢慢走，孩子们才有获得感。专家们多次来青岛从专业上引路，让一批批老师成长起来，成为地区专业领路人。

回眸过去是为了更好地发展，作为一位老幼教人，相信在最好的时代，中国学前教育研究会这个“娘家”，一定会带领大家努力奋斗，中国幼教明天会更好。相信再过 17 年，到 2035 年，在党的英明领导下，一定会实现国家发展学前教育的目标。

2018 年 12 月 23 日

在中国特色的幼教研究之路上奋进

原南京市实验幼儿园园长　陈国强

沐浴着中国改革开放的春风，江苏省幼儿教育研究会（正式名：江苏省教育学会幼儿教育专业委员会）乘着中国学前教育研究会于 1979 年在南京成立的良机成立了。江苏幼教人欢欣鼓舞：我们有了幼教研究活动的组织者、引领者。几十年来在省幼教研究会的带领下，在中国学前教育研究会的组织领导下，我们不断学习、研究，积极参与研究会工作，为中国特色的幼儿教育奉献、为孩子们服务、为幼儿家长排忧解难、体慰教师的辛苦与快乐……在庆祝中国学前教育研究会成立 40 周年之际，思绪万千。

一、严格按社团组织原则加强学会组织建设

江苏省幼儿教育研究会是社团组织，自成立之日起，就明确研究会是群众性学术团体，要当好行政的参谋与助手。因此加强研究会自身的组织建设尤为重要。

在研究会成立之初，江苏省教育厅宋厅长明确指出，为确保研究会的学术性，该会的理事长、秘书长均由南京师范大学老师担任。遵照省教育厅领导的指示，第一届理事长：陈岚，秘书长：黄人颂；第二至第三届理事长：卢乐

珍，秘书长：周兢；第四至第六届理事长：唐淑，秘书长：孔起英。

研究会按规定进行改选，理事会成员由全省师范院校学前专业教师、教科研人员、教育行政部门中的幼教干部、幼教杂志社主编、幼教特级教师、基层幼儿园、大理事单位（出版社、部队、教育公司等）等代表组成，这样既可以体现广泛的代表性，又可以使研究会的工作迅速贯彻落实。

江苏省幼教研究会从第一届到第六届，历届理事会在江苏省教育学会的亲切关怀和正确领导下，围绕省政府和省教育厅的中心工作，紧紧依靠各市幼教专业委员会、各大理事单位以及全体会员，严格遵守国家对社团管理的有关政策规定，充分履行职能，服务幼儿园，服务教师，服务幼儿教育研究，团结协作，努力开创幼教工作新局面。在开展群众性学术研究活动、推动全省幼儿教育教学改革、促进素质教育以及加强研究会自身建设方面不断取得新成绩，积累新经验。

作为全省幼教学术团体的核心，理事会全体成员发扬老一辈幼教工作者吃苦耐劳、爱岗尽职、团结奉献的精神，以研究会工作为己任，不断加强自身学习和作风建设，努力营造一种"和谐、务实"的良好会风；定时召开常务理事会议，交流经验，建立联系，协调工作，形成团结协作、乐于奉献的工作氛围；遵守财务制度、会议制度，定期做好工作计划和工作总结，在自己的业务范围内按章办事，依法办会，保持理事会具有旺盛的活力。在理事会核心作用的带动下，各市积极配合工作，主动要求承办学术年会及各类研讨会，研究会逐渐走向自我完善、自我约束、自我发展、自主办会的良性循环之路。

二、重现学术研究，推动幼教改革

1. 形成全省研究网络

理事会每四年换届一次，逐年吸纳优质幼教资源，扩展壮大研究会队伍。第六届理事会共有团体会员 40 个，大理事单位 22 个，个人会员（即中国学前教育研究会个人会员）1 750余人，遍及江苏各地的幼教园所及相关机构。在没有专职人员、没有下拨经费的情况下，全体理事义务服务，常务理事分工联系全省13个市及大理事单位，保持学会的正常运转，并以会养会，积极开展工作并逐步扩大研究队伍。

江苏省幼教研究会组织发展情况：2000年前个人会员数356名，大理事单位9个；2004年个人会员数998名，大理事单位18个；2007年个人会员数1 755名，大理事单位22个，形成全省网络组织。

2. 推广综合课程研究经验

随着国家颁布了《城市幼儿园工作条例》和《幼儿园指导纲要（试行草案）》，幼儿园教育工作者都在思考着：如何切实贯彻《条例》和《纲要》的精神，促进全体幼儿全面发展，进行幼儿课程改革？1983年南师大学前教育教授赵寄石和南京市实验幼儿园合作，在全国率先进行了幼儿园课程改革的研究，探索建立新型的幼儿园综合教育课程结构。经过三年的探索和验证取得了成效，1989年总结出版了《幼儿园综合课程主题活动》一书，此项研究被定为全国基础教育课程改革的四大模式之一，获国家首届教育科学优秀成果二等奖。省幼教研究会及时进行了课程改革的推介活动，从1989年起，多次举办综合教育课程的培训、学习活动，全国20多个省的幼教同行与会学习、研讨，在全国幼儿园课程改革中发挥了引领推广作用，得到了全国幼教同行的赞誉。

3. 以年会研究专题引领全省的幼教研究

研究会根据江苏省幼教改革和发展的需要，充分依托中国学前教育研究会、南京师范大学教育科学院学前教育系的专业优势，江苏省幼儿教育研究会每两年举行一次年会，确定一个研究主题，在全省范围内开展研讨活动。曾研讨的主题有“幼儿园游戏”“幼儿园教育活动”“九十年代好教师形象”“幼儿德育”“农村幼教”“市场经济与幼教改革”“幼儿素质教育”“幼儿园教育指导纲要的学习与贯彻”“幼儿的学习特点和规律”等。

年会的活动方式多样：有学术报告、论坛交流、现场观摩等等，逐步营造了幼教科学研究的氛围。

4. 切实组织好课题研究，提升幼教质量

多年来，研究会无论在专业研究的品质方面，还是专业活动的规模方面，都得到长足的发展。研究会的学术形象是理事会工作的生命线，学术形象的确立取决于学术研究、学术服务的质量和水平，理事会始终将课题研究作为工作的突出任务，特别重视加强对重大课题的确定和研究。

例如，“十五”课题有中国学前教育研究会研究课题 15 项，江苏省幼教研究会研究课题 34 项，“十一五”课题有中国学前教育研究会研究课题 22 项，江苏省幼教研究会研究课题 65 项，我们十分重视课题的全程管理：课题立项、课题开题、过程指导、中期汇报交流、结题、评审等环环相扣，保证课题研究质量。江苏省幼教研究会获得了总会课题研究组织奖。

以课题研究促幼教改革，以科研骨干带动整体教师队伍，教中有研、以研促教蔚然成风，有效地提高了全省幼教改革水平和教师的专业能力。研究会围绕课题管理与指导进行了各项工作，并取得相应的管理效果。其中部分课题成果显著，如南京市白下区教师进修学校和游府西街幼儿园的课题“促进幼儿园教师专业成长的自我反省研究”，课题组撰写了《幼儿园教师自我反省案例汇编》及《幼儿园教师自我反省指导手册》，研究幼儿教师反省路径、反省框架和幼儿教育实践反省框架，有效地培养了教师的群体反思实践能力，提高了幼儿园教育质量和管理效果，并将研究成果向全区辐射，成为全区教研活动的重要内容，带动更多的教师和幼儿园参加研究队伍。

又如，江苏省军区机关幼儿园的课题“在户外环境中促进儿童自主发展的研究”、徐州八一幼儿园的课题“传统民间游戏的教育价值”等均在省内外产生了良好而广泛的影响。南京幼儿高等师范学校的课题“幼师德育途径与方法的研究”的部分内容已在学校的德育教育课程与德育实践活动中得到充分实践与运用。

三、积极配合总会工作

1. 参与和组织“双庆”活动

1999 年，正值新中国成立 50 周年、中国学前教育研究会成立 20 周年，研究会组织 30 多位幼教理论和实践工作者参加了中国学前教育研究会主办的、在上海举行的“双庆”活动，踊跃撰写论文，共有 15 篇论文入选《迈向 21 世纪的中国学前教育研究优秀论文集》。

同年年底，江苏省幼教研究会在南京市举行了江苏省的“双庆”活动，充分展示和交流了江苏省幼教研究会成立 20 年来的幼教成果，台湾同行也参与了省幼教研究会的“双庆”活动。

2. 组织好纪念中国幼教百年活动

2003 年，我国幼教机构诞生 100 周年，江苏省幼教研究会积极配合中国学前教育研究会，组织各种纪念活动，20 多篇论文被选入由江苏教育出版社出版的纪念中国幼儿教育百年学术论文《为了每个幼儿的健康成长》。在南京、苏州等地拍摄十多个幼儿园现场活动，被选入《中国幼教百年》专题片及书籍，客观反映了江苏省幼教百年来有代表性的单位和人物，展示了江苏省幼教发展的新经验、新成果。

3. 借总会在无锡开会之际举办讲习班

2001 年，在贯彻《幼儿园教育指导纲要(试行)》的热潮中，中国学前教育研究会常务理事会、学术委员会在无锡市召开，江苏省幼教研究会借此机会在无锡市举办了“新世纪第一春学前教育”讲习班，600 多名幼儿教师聆听了全国一流专家、学者关于“课程的预成与生成”“渴望学习”“儿童游戏”等大型学术报告会，报告会的精神是：新世纪、新纲要、新思路，推进幼教改革进程，高起点、高标准、高品位，提高托幼保教质量。

四、完成升格使命

从全国幼儿教育研究会于 1992 年升格为国家一级学会起，江苏省几辈幼儿教育工作者都热切期望江苏省教育学会幼教专业委员会能够升格为省一级学会。第六届理事会更是把升格工作作为学会的重点工作之一，特别是 2004 年正式向省教育厅递交申请升格报告以来，我们更注意团结全省广大幼教理论工作者和实践工作者，以对党和人民的高度负责精神，扎实工作，努力用自己的劳动和创造、聪明和智慧为江苏幼教的改革发展提供优质的服务，形成了力量雄厚的幼教优质资源。

幼教专业委员会活动丰富、健康而活跃，多次被评为中国学前教育研究会、江苏省教育学会先进专业委员会，多人被评为江苏省学会工作先进个人，打下了完备的组织与制度建设基础，为成立江苏省学前教育学会创设了良好的环境和条件。

2007 年 7 月，省教育厅王斌泰厅长召见了第六届理事会的主要领导成员，传达了教育厅党组同意江苏省幼教研究会由二级学会升格为省一级学会的意见，我们备受鼓舞，终于实现了学会升格的愿望。第六届理事长、秘书长们立即积极投入到江苏省学前教育学会的筹备工作之中。我们深信，乘着学会升格的契机和东风，在省教育行政部门领导下，定能进一步实现各方资源整合，发挥江苏幼教整体优势和潜力，共同开创江苏幼教更加灿烂辉煌的明天。

热烈庆祝中国学前教育研究会成立 40 周年！

衷心感谢中国学前教育研究会对江苏省幼教工作者的指导和关心！

2018 年 10 月

幼苗千姿细细养　育得百态春满园

——忆中国学前教育研究会成立40年

原南京市太平巷幼儿园园长　施立平

1979年是新中国成立的30周年，我也从事了幼儿教育工作近20年，当时就觉得积累了20年的工作经验和生活阅历应该有一个地方可以交流和分享。同时1978年国家开始改革开放，全国上下出现了与过去几十年完全不同的活力和面貌。改革开放后的国家需要培养什么样的孩子，我们过去的幼教经验中哪些是可取的，哪些是错误的，哪些是我们没有见过甚至没有想过的，对我们幼教工作者来说都是陌生的，适应新时代的幼教理念和课程设计都是空白的。这个时候，我们的全国幼儿教育研究会就应运而生了，同时成立的还有我们的江苏幼儿教育研究会。全国幼儿教育研究会幼教鼻祖陈鹤琴先生担任了名誉理事长，我在上海幼儿师范学校就读时的校长左淑东（时任上海市教育局局长）任理事长。当时参加大会的还有教育局的领导，中央教科所的研究员，北京师范大学、南京师范学院等高等师范院校的教授，还有一线幼儿园的园长和老师。为什么这么多的幼教工作者当时都云集到南京来畅谈幼教发展的状况和困惑？一是因为南京是中国近代幼教的始发地；二是改革开放之前我们的国家走了一段弯路，我们前两代的孩子在幼儿阶段的教育缺失了很多，我们不能让后面的孩子再缺少启蒙阶段的引导；三是孩子在幼儿阶段生活习惯的培养和兴趣爱好的开发，对孩子未来人格的养成和学习工作能力的形成有着巨大的影响。我作为 20 世纪 60 年代的幼教本科毕业生，深深感觉到幼教工作对一个国家和民族的重要性，我们当时那一批的毕业生经过 20 年的工作，清楚地意识到新中国的幼儿教育需要符合现代化国家的人才需求，需要能走出旧时代保姆式、私塾式的育儿模式，需要能塑造出新时代的中国儿童风貌。但这一切到底是什么样的，却是要靠大家共同不懈的探索和研究才能逐步成型的。

也就是说对于当时的全国幼教工作者来说，出去看一看、听一听太必要了、太迫切了，改革开放就意味着多元和不同，我们需要来自全国的不同的幼教理念和方法的交流和碰撞。记得研究会成立时，我们就参观了陈鹤琴先生创办的鼓楼幼儿园、南师大的实践基地代代红幼儿园（现南京实验幼儿园）、太平巷幼儿园。在太平巷幼儿园我们观看了由南师大王志明教授指导的自然科学活动“认识风”，南师大汪爱丽教授指导的儿童打击乐，这几所幼儿园的活动为南京幼教研究开了一个好头。研究会作为一个全国性、非营利性的群众性学术团体，将原来在各自工作领域单独工作的高等师范院校、教育科研单位、幼儿师范学校、学前儿童集体教育机构、教育行政部门、报刊杂志社、学前教育的单位和个人有效地连接在一起，形成了从一线幼教班级到专业研究机构的有效沟通和交流合作。

研究会成立后的几十年里，经过了更名、壮大与逐步完善，一直持续开展着幼教研究工作。我是当时研究会里为数不多的幼儿园园长，作为一线的幼教老师，既觉得光荣又很清楚这担子的分量。我当时是南京市太平巷幼儿园的园长，担任了研究会第三、第四届的常务理事，《学前教育研究》杂志的编委，得到了研究会很多领导、专家、同仁的帮助，大家共同努力在幼儿园课程设置、游戏、一日生活、家园共育等方面都取得了很多成绩。改革开放以来，社会的节奏变快、生活的要求变高，随之而来的对幼儿园的需求不断提高，不但在幼儿园的数量需求上大幅增加，而且对幼儿园的办学质量要求也更高。在这一系列的变化过程中,单纯依靠国家财政和少数科研人员投入到幼教研究工作中是远远不够的。尤其是全国还长期存在发展不平衡的状况,城市与农村之间,发达地区与贫困地区之间,工矿企业与事业单位内部之间,这些不同地区的各类幼教机构的硬件条件和教学水平差异还是非常之大的。研究会对此做了大量调研工作,组织了不同幼教机构从业人员交流参观和学习座谈,有效地促进了各个地区幼教工作的更新和发展。经过40年的发展,中国幼儿教育研究会逐步演变为现在的中国学前教育研究会,我们在很多幼儿教育领域的课题形成了成果。类似对于幼儿阶段的孩子应该是在生活能力、道德品质方面先得到培养和触发,还是在才艺技能方面着力打磨;灌输知识还是培养能力;教与学、保与教、教师的培养等诸多的课题和问题,都在探讨和实践中得到了科学化的论证。单一幼儿园的观察和思考的局限性,通过研究会的交流和比对得到了很好的突破和反思。这样让幼教工作者更加清晰地看到,不同时代、不同个性、不同社会发展阶段所带来的孩子都不同,避免了坐井观天,避免了闭门造车,避免了墨守成规。这就是幼教研究会存在的价值所在。

在参加幼教百年大会之后,我虽再未参加中国学前教育研究会的大型活动,但我仍然十分重视幼教研究工作。在公办幼儿园退休后,又参与到专项创建、研究民办幼儿园的工作当中。对当时刚刚兴起的民办幼儿园的建设、管理进行了调研,对民办幼儿园的发展成就和利弊进行分析,编写幼儿园园长手册,尝试建立幼儿园园本课程。那个时候,中国和世界一同迎来了21世纪,我们的国家面貌已发生了巨大的变化,双语教学、外教引进、素质教育等都开始成为新的时代特征进入到我们幼儿教育的领域。民办幼儿园的全套运作体系和公办幼儿园完全不同,教育理念也出现了各种选择的差异,如何在保持幼儿园正常运转的前提下,坚持教、养结合,如何平衡园方管理和家长期望之间的矛盾,都是新的幼教工作者和新的家长所共同面对的课题。在这个过程中我得到了孙岩、史慧中、唐淑、祝士媛、孙爱月、方明、马以念等诸多幼教前辈的帮助,他们都是学前教育研究会历任的理事长、副理事长、秘书长,他们的帮助为我一生投入到幼教事业的研究注入了无穷的力量。

回想我从事幼教工作的几十年,当年一代代幼儿园的孩子都已经成为全社会的主力,国家改革开放40年来取得的飞速发展的成果都有着这些孩子们的参与,当年大家担忧的"80后"独生子女一代,现在都成了中年骨干,现在"90后"的孩子和跨世纪的"00后"的孩子都已经步入了建设国家和社会的工作人群的行列。所以我们对一代一代的孩子的培养不但需要传承传统,还需要不断地分析时代的变化,不论是我们这些老一代的幼教工作者,还是成长起来的新生代幼教工作者,都要共同积极参与中国的幼教研究工作,共同努力为国家的未来打好基础。我愿意铭记中国学前教育研究会给我从事幼教工作的影响,我更愿意为中国幼教事业继续贡献我毕生的经验和热情。祝中国学前教育研究会越办越好!祝祖国的花朵们健康快乐成长!

2018年10月

专业引领促腾飞

——回忆厦门学前教育界与中国学前教育研究会的“第一次”

厦门市教育科学研究院　蔡蔚文

中国学前教育研究会已经建立40周年了，厦门市教育学会学前教育专业委员会与中国学前教育研究会已经“接触”30年了。厦门学前教育的发展历史，离不开中国学前教育的专业引领，这些引领中，让我记忆深刻的是那一些“第一次”。

一、第一次知道“中国学前教育研究会”

好像是1990年，我刚工作转正没多久，李季湄老师给我寄来了中国学前教育研究会武汉大会的通知，新成立不到两年的厦门市教师进修学校幼教负责人林秀娟老师参加了会议，回来她跟我说，在会上，她聆听了潘洁等专家关于中国幼教发展方向的报告，会后，她还主动找到了潘老师的房间，向她请教了许多未解的问题。这次会议开阔了她关于学前教育的视野，也认同了我在厦门幼儿园开展区域活动研究的想法。这次会后，厦门迈开了幼教改革的步伐。

二、厦门终于成为中国学前教育研究会的团体会员了

大约是1993年，我随厦门市学前教育泰斗、厦门市教育学会学前教育专

委会的创始人漆竞余老会长到大连参加中国学前教育研究会工作会，争取厦门加入研究会团体会员的资格。

当时，中国学前教育研究会尚未吸收个人会员，只是各省或直辖市以团体会员的形式参与中国学前教育研究会的活动。厦门市没有资格参加中国学前教育研究会，漆竞余老师从她的同学，天津幼教泰斗张小清老师那里获得了中国学前教育研究会大连会议的消息（她们俩都是陈鹤琴先生的学生），我们在厦门打了申请入会的报告，带到了大连，请张小清老师帮忙向总会提交申请。因为不是中国学前教育研究会的会员，我们没有资格参加会议，当张小清老师告诉我们总会领导要讨论厦门入会事宜的那个上午，我和漆老紧张地守在会场门口等待消息，中途会议休息，张老师特地告诉了我们会议的进程，说她已经提交了我们的申请，也跟研究会的一些领导个别进行了交流，厦门入会应该是没问题的。等到会议结束，张老师告诉我们，经过研究，厦门及同为经济特区的深圳、汕头、珠海作为计划单列市，可以加入中国学前教育研究会，今后，直接可以有参与中国学前教育研究会会议的名额。听到这个消息，漆老高兴地说："太好了，厦门终于成为中国学前教育研究会的团体会员了！"

从此后，厦门每年都可以派出代表，参加中国学前教育研究会及其专委会举办的各类培训、研讨活动，这对提升厦门幼教工作者的专业视野，起了很大的作用。

三、第一次承办中国学前教育研究会大型会议

2009 年 9 月初，王化敏老师给我打了个电话，告诉我管理专委会研究决定 2010 年 6 月召开的第二届园长大会，地点放在厦门。经与厦门市幼教研究会的领导协商，上报厦门市教育科学研究院、厦门市教育局领导批准后，厦门市教育学会学前教育专业委员会参与承办了这次盛会。这是厦门市学前

教育界第一次承办对外的千人大会，我们的压力很大，但我们也因为能承办这样的盛会而高兴，因为我们可以有更多的园长与来自全国各地的园长共同研讨幼儿园管理的问题，这对提升厦门幼儿园管理水平非常有帮助！

会议前，王化敏、章红等老师等多次到厦门，与我们一起讨论会务、察看场地、安排人员，一起筹备会议，把尽可能出现的问题考虑进去。章红老师还多次就大会会务工作与我做了细致的沟通和交流。2019 年 9 月 19 日、9 月 23 日、12 月 9 日、2010 年 5 月 29 日，章红老师还专门来信，对会议的住宿、会场标准及地点、会场布置、会议用车、伙食标准、与会人员报到及住宿安排、用车安排等，做了充分的指导。

因受经费所限，会议主会场租用了厦门一中的千人会场，分会场则放在厦门市的 8 所幼儿园，来自全国各地的园长则分驻入周边的 7 家宾馆。这样，尽管会前做了充分筹备与预案，但到实际时，仍出现了一些小插曲。

6 月的厦门仍是雨季，13 日上午，中雨，代表们从 7 家宾馆出发，分赴厦门的 8 所幼儿园参加分会场研讨。因为考虑到来自同一地区的不同园长的专业研究方向的需求，每一家宾馆都有 10—20 位代表到 8 所幼儿园分会场，这样，每一辆大巴车又需到两家以上的宾馆接老师，有一辆车，因为司机及带车老师的疏忽，忘记中途接第二站的代表了，代表们在宾馆门口等了很久，好在章红老师及时预估了事情，他从自己住的宾馆冒雨步行到第二站的宾馆，发现了问题，及时与我沟通，临时调派了厦门市教科院的两辆中巴送这些老师到分会场，解决了问题。

这次会务工作，既锻炼了我，也锻炼了厦门的幼儿园及老师们；这次会务工作，让我感受到了中国学前教育研究会管理专委会老一辈委员们的尽业、尽责及尽心，他们是我学习的榜样！

2019 年 4 月 26 日

以初心引领山西省学前教育科学发展

山西省幼儿教育中心　山西省学前教育学会　李志宇

中国学前教育研究会就要过40岁的生日了。40岁对于一个人来说正值不惑之年，拥有了更多的人生智慧，也拥有了更多岁月的积淀。而40岁对于一个组织来讲，虽经历了时代的更迭、人员的更新，在历史的长河中却依然应当是一个充满活力的青年。中国学前教育研究会这个充满活力的青年，在40年的短暂历程中，始终秉承初心，承担着中国学前教育发展的历史责任和使命，在中国学前教育领域以科学理念、专业理论持续引领全中国学前教育科学发展为己任，致力并影响国际儿童事业发展，为中国乃至世界的儿童发展做出了应有的贡献。山西省学前教育在中国学前教育研究会的引领下，也一路走来，攀登了学前教育发展的一座座山峰，与中国学前教育研究会共同经历了沧桑变化，获得了春华秋实。在中国学前教育研究会成立40周年之际，山西省学前教育学会谨以此篇回顾感悟表达对中国学前教育研究会衷心的感谢。

20世纪90年代中期，在机构改革中幼教处纷纷被撤销的背景下，1996年1月山西省幼儿教育中心经山西省编制委员会办公室批准成立，主要承担山西省幼儿教育教科研、培训园长及教师等职责任务。成立伊始，就得到中国学前教育研究会的密切关注和指导，山西学前教育获得的长足发展与中国学前教育研究会的引领密不可分。

一、科学指导奠定了我省学前教育教科研工作发展的根基

山西省幼儿教育中心成立之初的1996年，山西省学前教育教科研工作还处于非常薄弱的时期，特别是科研工作，幼儿园基本上没有开展过幼教课题研究，个别幼儿园只是作为院校课题的实验园，名为课题研究，实为实验基地，幼儿园并不清楚规范的教科研程序，只单纯为院校课题实验提供素材。为了改变这一现状，我们积极参加中国学前教育研究会的学术交流活动和培训，并得到了中国学前教育研究会社会教育专业委员会李洪曾教授的鼎力支持，每个学期一次，连续在山西举办了三期幼儿园科研专题培训，包括课题的选题、申请报告撰写、课题结题报告中各个组成部分的具体含义和关系，以及SPSS软件运用等。期间，一些幼儿园边培训边申报中国学前教育研究会社会及家庭教育专业委员会的课题，通过专业理论、科研方法及技术工具的学习与亲身经历小课题的研究，我省幼儿园园长、骨干教师提高了对幼儿园教科研工作的认识和教科研能力，历史性地打开了山西省幼儿园进行课题研究的视野。山西学前教育由此奠定并初步储藏了一大批教科研骨干力量，这是我省学前教育领域的一笔不可估量的财富。经过专家团队的悉心、反复指导，山西省一批幼儿园随后申报了中国学前教育研究会的课题，真正地开始了规范的课题研究工作，山西省学前教育的教科研工作才由此逐步步入正轨，这是山西学前教育教科研工作的开端。

经过近20年专家的指导和帮助，山西的学前教育教科研工作终于在实践中找到了适合自身发展的土壤和根基。2015年，中国学前教育研究会集中对我省立项的“十二五”课题及滚动课题进行实地调研、指导、培训，并分赴我省晋城、运城、阳泉、晋中等地的课题幼儿园现场考察指导，充分肯定了我省

课题研究成果。在本年度召开的中国学前教育研究会第五次会员代表大会暨学术交流与表彰大会上，我省报送的12项课题全部获奖，其中一等奖4项，二等奖2项，三等奖5项，优秀奖1项。我省高平市新新幼儿园承担的课题研究“幼儿园美术教育生活化的探索”获中国学前教育学会课题一等奖，该园还作为年会的发言代表与全国代表分享了课题研究的经验和成果，这些成绩的取得令我们幼教人热泪盈眶！我们由衷地感到，中国学前教育研究会对山西学前教育教科研的支持和发展功不可没！在中国学前教育研究会的陪伴下，“十一五”期间山西学前教育也设立了自己的省级课题研究项目——山西省教育科学规划幼教专项课题研究项目，涌现出一批具有理论价值和实践价值的课题研究成果，确立了以科研兴园，促进园长、教师专业发展和提高保教质量的思想，这为我省的学前教育科学研究工作添上了浓墨重彩的一笔。

二、理念传播促进了全省学前教育的内涵发展和质量提升

幼教人都知道，《幼儿园工作规程》(从试行到施行)、《幼儿园教育指导纲要(试行)》、《3—6岁儿童学习与发展指南》等引领全国学前教育发展方向的重要文件，都是凝结着中国学前教育研究会专家的心血而颁布的专业型纲领文件。每次文件的颁布，都伴随着中国学前教育研究会专家们对文件的科学解读，解读是专业精神的传播，更是责任，是确保文件精神正确贯彻落实的基本条件。每当重要的文件发布，山西省幼儿教育中心、山西省学前教育学会与兄弟省市一样都会举行省级培训，第一时间对文件进行学习、领会。不计其数的学习培训，我们无数次地得到了中国学前教育研究会专家学者的悉心指导。山西的广大幼教工作者能够近距离聆听中国目前最专业的教授和研究员们富有高度和深度、既有理论又接地气的讲座，无疑是享受到一场场高质量的精神盛宴，实在是太幸福了！2013年3月，山西省幼儿教育中心受省教育厅的委托举办了“山西省《3—6岁儿童学习与发展指南》培训”，荣幸地邀

请了华爱华教授前来进行社会领域、艺术领域的解读培训，华教授在讲课时神采飞扬、深入浅出、有理有据，会场座无虚席。最让我们感动和敬佩的是，讲座结束之后，我们才知道华教授因骨折身上打着绷带，因为已经答应了我们的培训邀请，所以坚守承诺坚持完成了培训，此举使获知信息的每一个山西幼教人肃然起敬。也正是在这次讲座中，华教授向我们介绍了“安吉游戏”，为我们打开了认识儿童游戏活动的另一扇门。正是在这样一批具有高超专业水平、高尚职业精神的国家级专家的引领下，山西省学前教育发展才有了发展的不懈动力和更加明确的发展目标。

三、不忘初心促进了我省学前教育学会不断发展壮大

40 年来，中国学前教育研究会不忘初心，不辱使命，不断发展壮大，而研究会自身的发展也大力推动着各地方会及中国学前教育事业整体的发展。山西省学前教育学会也紧跟中国学前教育研究会，一直致力于学前教育的学术研究，不断推动全省学前教育内涵发展。中国学前教育研究会一年一度的学术年会、各专委会学术活动、论文评选，特别是学前教育宣传月等活动，山西省学前教育学会都积极组织幼教工作者参加，及时掌握最新的学术信息，努力引领山西省学前教育的专业发展方向，山西幼教人学习的身影出现在学前教育学术研究会议上的次数越来越多，也铭刻在了全国学前教育研究学术会议的名册上。得益于中国学前教育研究会搭建的专业平台，山西省幼儿园的课题研究成果有机会在全国会上进行交流，让全国学前教育领域也能够听到山西幼教人的声音。

中国学前教育研究会始终把发展地方学前教育事业作为中国学前教育发展的希望，持续对山西学前教育进行热情帮助和专业支持。2012 年 4 月，在山西省幼儿教育中心的努力下，山西省学前教育学会成为省一级学会，虞永平教授专程前来祝贺并进行了《让课程回归经验》的学术讲座；2017 年 12

月，山西省学前教育学会召开了换届暨学术交流会，中国学前教育研究会委派副会长侯莉敏教授专程前来祝贺并进行了《指向质量的幼儿园课程建设》学术讲座；山西省的多位专家成为中国学前教育研究会常务理事、理事及其专业委员会委员，有力推动了山西省学前教育的发展。目前，山西省学前教育学会已经发展成为有 8 个专委会、74 个团体会员、1 783 名个人会员的具有学术影响力的群团组织，拥有着勃勃生机，凝聚着山西幼教人的热情与活力，并持续不断地为推动山西学前教育的发展而尽心竭力。

山西省学前教育的发展与中国学前教育研究会息息相关、密不可分。值此《中共中央 国务院关于学前教育深化改革规范发展的若干意见》颁布之时，我们相信，引领着中国学前教育专业发展的、年轻的、充满活力的中国学前教育研究会在中国学前教育这片生机盎然的土地上更是大有可为，必将指引着中国学前教育发展的方向，描绘着中国学前教育发展的蓝图，引领着中国学前教育走向更美好的未来！

2018 年 12 月

走向世界的中国学前教育研究会

东北师范大学　姚　伟

40 年，在历史的长河中是短暂的，但是在中国幼教人的心中，中国学前教育研究会的 40 年是助力国家学前教育发展的 40 年，是幼教人共同奋斗的 40 年，也是幼教人不断专业化和不断走向国际化的 40 年。

作为东北师范大学恢复学前教育专业招生的第一批本科学生，在自己求学生涯中、在高校的教学和科研过程中，通过中国学前教育研究会的平台，我与幼教前辈结识，感受和学习他们的学识、奉献与人格魅力，自己也越来越多地参与中国学前教育研究会的活动和工作。

中国学前教育研究会组织的各种学术活动，汇集了全国各个地区众多的幼教人，为学前教育研究成果的交流和展示提供了平台。东北师范大学承办了多次学前教育研究会的学术研讨会。全国幼儿科学教育研讨会曾于 20 世纪 90 年代在东北师大召开，这也是东北师大学前教育专业第一次承办大型的全国会议。会议汇集了全国 200 多名幼教同行，吉林省的幼儿园也向全国幼教同行展示了自己的研究和教育成果。记得当时，我的科研课题是《幼儿园科学探究性活动研究》，长春市多所幼儿园参与课题研究，高校教师与一线幼儿园教师共同探索如何为幼儿提供科学探究的环境。长春市的多所幼儿园建立了“幼儿科学发现室”,有专人负责,提供多样的科学探究材料,组织探究性的科学活动,提供给幼儿自主探究科学秘密的机会。通过学术研讨会,全国的幼教同行进行深入的交流,也由于参与研究会组织的全国性学术会议,各个幼儿园有了更多与专家对话的机会,与全国的幼教同行建立更加紧密的联系,持续地参与全国学前教育研究会的各个学术组织的活动与研究。

中国学前教育研究会也是中国幼教人不断走向国际舞台的助推器。中国学前教育研究会设有世界学前教育组织(OMEP)中国委员会,负责国际合作和交流事务。每年世界学前教育组织在世界不同的国家召开工作会议和学术研讨会。通过参加世界学前教育组织的学术研讨会,中国幼教人了解了更多国际上学前教育研究的新信息和新成果。站在世界学前教育发展研究的前沿,我们对学前教育的功能与特点等教育基本理论与实践问题有更深入的认识,从而以更广阔的国际视野去认识中国学前教育的改革与发展。

中国学前教育研究会在世界学前教育组织中发挥越来越重要的作用。在 2013 年世界学前教育组织第 65 届工作会议上,中国香港地区世界学前教育组织的主席孔美琪当选新一届世界学前教育组织轮值主席。这是世界学前教育组织自 1948 年成立以来,首位由中国人担任世界学前教育组织主席职位。

近年来,中国学前教育的发展越来越受到国际幼教同行的关注。在第 69 届世界学前教育组织国际学术研讨会上,中国学前教育研究会理事长、南京师范大学虞永平教授做了主旨报告。虞永平理事长发言的题目是《关键 7 年:可持续发展的中国学前教育》。他分析了中国作为人口大国,庞大的人口基数,使政府在推进经济发展、保障民生以及促进社会公共事业等方面,面临着众多的挑战和艰难的抉择。中国学前教育是世界上最庞大的学前教育体系,政府制定和实施了一系列学前教育的重要政策,有力地推动了学前教育的发展。虞永平理事长的主旨演讲使世界各国的参会者全面地了解我国学前教育的相关政策和措施，尤其是我国在唤起公众学前教育意识、维护儿童利益、多形式增加学前教育资源、加强学前教育财政投入、提高学前教育质量等方面的经验与做法，引起世界各国同行的热烈反响。

在世界学前教育组织的国际研讨会上，“中国的声音”越来越响亮。“中国的声音”不仅记录着中国学前教育的历史与发展，也展示着中国学前教育发展的未来与希望。2018 年在捷克举行的世界学前教育组织第 70 届学术研讨会上，中国幼教人的发言引起了世界的关注，尤其是年轻的中国幼教人，他们的研究更符合国际规范，研究的主题不仅有中国的信息，也在探讨具有普遍性的问题，他们的研究的结果引起世界各国幼教同行的共鸣。

从一名大学学前教育专业的学生，到今天在高校任教，培养一批又一批幼教莘莘学子，本人亲身经历了中国学前教育研究会的不断发展与壮大的过程。“凝聚幼教人，坚守幼教魂”，相信中国学前教育研究会会再迎来辉煌的 40 年！

追忆学前韶华梦　放远鹏程幼教歌

——深圳市学前教育专业委员会发展回眸

深圳市学前教育专业委员会

岁月如歌，缓缓流淌；春华秋实，冬日夏云。在漫长的时间隧道的流转中，中国学前教育研究会喜迎40周年华诞，深圳市教育学会学前教育专业委员会(简称深圳专委会)也走过了16载春秋。都说时间是一首绵延的歌，它沉淀了韶华划过的痕迹，也珍藏了太多数不尽且历久弥新的奋斗历程，于时光漫漫漂移，住进了记忆的小房子里。回想起来，在与同时期发展的许多城市的赛跑行程中，深圳学前教育仅用了16年，却追赶甚至超越了多数地区几十年的奋斗成绩，可真是名副其实的“深圳速度”。而这硕果哪里又能少得了那些日夜兼程、风雨无阻的赶超激情与不懈的努力。俗话说“一个人可以走得更快，但一群人却可以走得更远”。当然，深圳学前专委会的发展能够有今天这样一番格局也必将和中国学前教育研究会发展与指引有着千丝万缕的联系。16年历程，一路走来，感慨万千，满满的触动和感怀，以笔抒发一二，略表对这段教育行程的敬意。

一、翻开历史叙篇，感怀岁月笙歌

记忆的阀门悄然拉开，依旧记得那时的深圳还是个年轻的城市。在改革开放的浪潮中,迅速由一个小渔村蜕变成一个世界瞩目的现代化大都市。特别是紧跟着90年代邓小平同志南行讲话,深圳越发加快了前行的步伐。也因此,借着发展的东风,学前教育事业也呈现出一派欣欣向荣的景象。当时的学前教育在高起点上前行奋进,来自全国各地的深圳市幼儿园园长和教师们带着他们自身积淀的先进经验,同时汲取国外先进的教育理念、教育方式,在立足发展的前提下,创新性地运用这些教育教学理念,紧随时代发展的脚步,学前教育由此迅速攀升。

谈起深圳学前教育的发展历程,还得从2002年说起。那年,深圳成立了市一级的教育学会,学会下设了若干专业委员会,而学前教育专业委员会便是其中之一。期间经过半年多的紧张筹备,在市教育局对教育学会的鼎力支持和指导下,深圳市学前教育专业委员会于2003年11月14日正式成立。记得当时,刚从深圳实验学校幼儿部卸任的王琪琪园长,在成立大会上被推选为第一届理事长,市机关三幼退休园长张琍蕾担任秘书长,还有吴慧鸣、满晶、忻子惠等等,一群热爱孩子的幼教人走到了一起,为了深圳幼教的发展,撸起了袖子。大家都是80年代和90年代初到深圳,目睹了深圳的发展和变化,也见证着深圳所创造出的一缕缕奇迹。专委会成立之初,条件非常艰苦,夸张点说,简直一无所有:无工作场地、无工作经费、无专职人员。但是我们大家依然爱这份职业,爱这个给予了我们热情的舞台。

舞台绚丽,演绎不同的精彩。专委会利用自身的专业影响,号召爱心企业、个人捐资开展各种活动。专委会联合深圳市教育基金会,由社会团体资助,设立“鹏城幼教蒲公英奖”评选活动,选出“十佳园长”“十佳教师”“十佳教育工作者”以激励教育一线的工作者们,每两年进行一次。通过评选,发现、培养、资助更多的学前教育优秀人才,以此推动深圳学前教育事业的健康蓬勃发展。此外,专委会与深圳读书月组委会、深圳书城合作,在中心书城开展“‘沙沙讲故事’我讲书中的故事——故事大王评选”活动。活动每年举行两次，有儿童组和亲子组，至今已连续举办了14届。这样的活动对于孩子们而言，既是平台，也是自我绽放的好时机。孩子是祖国的花朵和希望，为孩子搭建这样一个自我展示的平台，也是促成孩子们筑梦圆梦的开始。这项活动于2012年荣获“深圳市未成年人道德教育活动十佳人气奖第一名”。深圳市教育局自2011年起作为主办单位参与，并于2016年、2017年、2018年将“沙沙讲故事”纳入深圳市教育局学前教育家园共育公益指导项目，给予经费支持。而致力于学前教育的专委会的同仁们也展开了充满智慧和创造性的工作。“庆六一亲子游园活动”“深圳市学前教育园丁风采摄影展”“爱祖国，庆六一”美术作品展暨现场作画与游园活动、“爱子有方”启智绘画大赛活动、“迎大运、庆六一”主题活动……这一系列活动，种类繁多，形式多样，内容也很精彩。我们的花朵们在这样丰富而精彩的活动中收获着快乐，也获得了成长的喜悦。陪伴着孩子们绽放的教育工作人员倾注的是热情，见证的是欢乐，收获却是奉献的喜悦。

二、凝视奋发程迹，体悟浓浓深情

常言道，世上无难事，只怕有心人。世人也常说，世间最美的不过人间真情。而深圳学前专委会在奋行的坦途中所结出的花朵，也是众多教育人士用热情浇灌所得。深圳学前专委会在漫漫前行的旅途中，积极地参与中国学前教育研究会的各项工作，努力引领深圳的幼儿园在参与中学习、实践，共进步、谋发展，成功举办了一系列品牌活动，展现了幼教领域的深圳风采。全国音乐教育研讨会、课程研讨会、新西兰教育研讨会、全国园长大会、全国理事长、秘书长会议……但凡深圳学前专委会承办的活动，都得到了专家与到会者的一致好评。最让我们记忆深刻的是当时举办的“第五届全国幼儿音乐教育观摩研讨会”，来自全国20多个省市，近千名代表参加了研讨会。为了圆满完成任务，更好地展示深圳市幼教的风采和教学成果，从迎会到结束，整个过程都凝聚着工作者们的心血。会前，工作人员进行了大量宣传、组织及部署工作，然而食宿在那时是个大问题。为了保证远道而来的参会园长能吃好、住好、参观好、学习好，深圳学前专委会理事长王琪琪、秘书长张琍蕾、副秘书长忻子惠“三位老太”不辞辛苦，找会场、找宾馆、找车，可谓是尽其所能，想众人所想，利众人所愿，为参观者争取更多的学习时间，以便观摩深圳的发展和幼儿园的办学特色。与会千人被安排得妥妥当当，所有参会人员都带着对深圳的美好印象离会。优质的服务获得了广泛的好评，大家无不称赞：“深圳举办的音乐教育研讨会，至今仍是最好的一次。”话虽简短，但足以表露出参会人员对这次教育研讨会的认可度，也展现了工作人员对这次会议所倾注的热情和心血。

如果说深圳市“第五届全国幼儿音乐教育观摩研讨会”是深圳收获自己成就的一次精彩的亮相，那么深圳学前专委会的“讲师团”，可以说是深圳奉献自我的一次漂亮的尝试。2007 年，专委会从深圳的一线优秀幼儿教师中遴选了首批 12 名培训师，并聘请专家进行了专业培训指导，由此成立了深圳市讲师团。到了 2013 年，讲师团成员已发展省级培训师 38 人，市级培训师 41 人。迅速成长起来的培训师霎时成为深圳市乃至广东省学前教育专业委员会开展培训工作的先遣队和排头兵，他们培训的足迹不仅走遍了深圳的各个区，而且同时走进了广东省的偏远地区及山区。他们用饱满的热情浇灌这处教育荒原，把所学的先进的教育理念、教育教学经验与方法传递至欠发达地区，协助该类地区园长与教师们发展，通过示范引领、手把手指导，有效地促进了教师的成长。支教期间，讲师们一天坐五六小时的车，遇山洪、赶夜路、走山道……即便是身心俱疲，也不曾有过抱怨和退缩。同年，已有 24 批培训师 70 多人次，到广东省的 20 多个市县支教，服务对象达两万多人。这些点点滴滴的岁月篇章，珍藏了教师们浓浓的奋斗热情。他们用画笔叙写属于他们的青春岁月之歌，而这弥漫于细碎光阴里的刻骨铭心也激励着年轻教师们越发进取，迎接更为美好的深圳教育。

三、汲取前行力量，品味热血新潮

说到这里，我们想到了狄更斯的那句至理名言："这是一个最好的时代，这是一个最坏的时代。"为什么会这么说呢？我们处在新世纪发展期，时代赋予了我们最美好的发展契机，而机遇与挑战往往是并存的，也就是说，在发展的道路上，困难和阻隔是我们无法逃避的人生话题。也正是有了这样的矛盾冲击，也正是有了应对这样矛盾的力量，黑暗便不再是黑暗，苦难也不再艰难，而光明却涌动着别样的光亮。在深圳教育发展的路途中，我们发现，我们开拓，我们尝试着别样的发展历程。创品牌项目，创"讲师团"，创公益活动等，所有的尝试都只为遇见更为美好的明天。那么今天，那些曾经敢于行走的路途上所结出的果实，我们看到了。深圳市学前教育专业委员会从成立到发展、成长、成熟，从幼儿教育的改革变动到稳定成熟，从工作人员由一个个小年轻到教育骨干，从学前教育在国内发芽生长到享誉国外……这些前行历程的种种，我们都看到了，很激动，也很振奋人心，因为我们一直在奔跑，一直在前进，一直为我们的教育热血沸腾。

历史总是那么让人难以忘怀，但最不能忘怀的是那些为之奋斗的时刻。我们都知道，学前教育是关乎儿童未来发展的教育，儿童是祖国的未来和希望。我们应该感谢那些为儿童们所创立的一系列成长活动，因为它们为孩子们开启了一扇扇启程的大门。2014 年启动的由深圳市教育发展基金会和深圳学前教育专委会共同发起的深圳市幼儿园公益项目——"儿童梦想中心"（体能活动、建筑游戏、亲子阅读、创意美术），当时有 60 家幼儿园受助。教育基金会给每个中心资助 5 万元，用于基础建设，由专委会组织专业人员进行指导运作。如今，有很多中心借此契机，形成了自己的办园特色。

回首专委会工作记录，有着很多不忍心丢弃的细节，那些过去的岁月依旧清晰，那些尘封影像的温暖依旧令人感动。没有人奢望丰厚的报酬与耀眼的光环，他们在繁忙的本职工作中挤出宝贵的时间，奉献自己的资源，贡献自己的智慧，只是为了一个简单的信念，一个坚持的梦想——让深圳幼儿教育有一个自己的家！如今，当年梦想的坚持终于有了花一般的结果。深圳幼教的影响力，也由行业出发，影响着这个社会，由特区出发，延伸至整个广东省、珠三角，乃至全国，让更多人看到了深圳幼教的发展和深圳幼教人的专业、敬业精神，也让更多的孩子和家长享受了深圳幼教发展带来的收益。

四、春风放胆梳柳，甘霖滋润发展

“春风放胆来梳柳，夜雨瞒人去润花。”我想，作为为学前教育事业播洒热血的这些教育者们，在披荆斩棘的前行旅途里，为学前教育洒下了温润的甘霖，也守卫着这棵幼苗逐渐成长、壮大。如今，深圳市学前专委会在新一任理事长满晶的带领下，不断优化原有品牌，推陈出新，深圳市学前专委会讲师团规模继续扩大，到 2018 年已经拥有 130 多名优秀讲师，队伍也由原来的教师层面扩展到园长、保育员、保健医团队，他们支教的足迹已经由原来的广东省内扩大到甘肃、宁夏、新疆、内蒙古、四川、云南、安徽等地乃至东南亚地区。2018 年暑假，支教团走出了国门，到了马来西亚，马来西亚的斗湖、山打根、拿笃三地报业媒体对深圳专委会的支教活动进行了跟踪式报道，充分体现了沙巴华幼教育委员会对本次支教活动的高度重视，引发了社会各界的密切关注，为推动中马文化、学前教育的交流谱写了新篇章！深圳讲师所到之处，无不受到热烈欢迎和高度评价。奉献之余，讲师团的老师们自身也得到了磨炼与成长。

此外，专委会联合睿智奥尔夫音乐共同启动“触摸音乐本质 回归自然教育”的音乐教育研究计划，设立了音乐教育课程研究园，对幼儿园音乐教育活动进行专题研究、辐射。为了让幼儿教育事业充满活力，让教师们有更多的激情投入到幼儿教育事业中，深圳市教科院、深圳报社总社联合举办“深圳市幼儿教师教学活动大赛”“学前教育论文及‘我的育儿笔记’征文大赛”，以及“如何写论文”的培训等活动，与深圳教育报刊总社联合举办“首届深圳故事老师大赛”。组织幼儿园开展课题研究由“十一五”的5个课题，发展到“十三五”的50多个课题，逐层推进的培训，使得课题研究不断深入，教师的专业不断发展……在这些活动中，教师们各展风采，满怀信心，超越自我，展现出新时代教师的风姿，也体现着专委会为提高幼儿教师的个人业务素质与教育教学质量所付出的心血。带着这份最初的感动与感激，众多奋战在教学一线的教师们也纷纷传递出内心火热的育人情怀。专委会以敬业的精神、丰富的内涵，把深圳幼教人紧紧地凝聚在一起。如今，团体会员已发展到230多家，个人会员1 000余人，理事单位20多个，专委会已成为深圳幼教专业的引领者、幼教精神的鼓舞者、幼教同行的支持者。

所有过往，皆为序章；所有将来，皆是可盼。走过16个年头的深圳学前教育专委会，必将以坚定而稳健的发展步伐，与深圳幼教人一起，迈向深圳幼教灿烂辉煌的明天！

一位令人尊敬的“幼教老太太”

——怀念孙岩同志

长沙师范学院　皮军功

孙岩同志离开我们已有十多年了。在全国幼教界组织庆祝新中国成立70周年暨中国学前教育研究会成立40周年相关纪念活动之际，在我而言，第一个值得执笔起文、给予怀念的，当属孙岩同志。

孙岩同志1940年毕业于延安马列学院，1978年担任教育部普教司幼教特教处处长，组建了中国学前教育研究会并较长时间担任理事长，创办了中国学前教育研究会会刊《学前教育研究》杂志并较长时间担任主编，获得过“樟树奖”“中国内藤国际育儿奖”等大奖。但我怀念孙岩同志，并不是因为她的这些显赫，而是因为在我主持《学前教育研究》编辑部工作期间与孙岩同志多次接触中她给我留下的既伟大又实在的具体形象。

孙岩同志是一个把幼教事业当作重要的国家事业的人。她把妇女和儿童的解放与发展、幼教事业在整个教育事业中的作用与地位看得十分重要，她把幼教事业看作是关乎国家发展前途的重要事业。她年轻时主动要求进入幼教，她所干的推动幼教发展的重大事项，都是基于这种国家情怀。把爱孩子、爱幼教系于热爱国家，当是一种伟大的情怀；也只有把爱孩子、爱幼教系于热爱国家，我们才能把幼教事业真正地开展好、发展好。

孙岩同志是一个善于抓行政工作的人。行政工作是管理工作，是治理工作。在大的层面搞管理和治理，关键有很多，其中最为基本的有两条：一是要抓好面上的指导。全国很大，涉及的对象很多很多，如果没有一个标准来指导或者这个标准只是个理念而不具体，那事业就会一盘散沙；同时，全国很大，区域之间发展很不均衡，所出台的指导就应该更多是纲要和指南性质的，要允许各地在落实纲要和指南的基础上再去创建特色。二是要多做调查研究。行政需要建立在学术和实践的基础上，没有学术和实践参与的多个来回的深入调研和先行先试，拿出来的指导文件就难免“摸脑袋”。在 20 世纪 70 年代末和 80 年代初那个拨乱反正的特殊时期，孙岩同志组织力量研究出台《幼儿园教育纲要（试行草案）》，正是把握住了行政工作的这两个基本关键点。

孙岩同志是一个十分讲求团结和协调的人。她认为，团结就是力量，协调就是发展。在多次的编委会期间她都强调，行政是推动事业的，学术是研究事业的，实践是搞好事业的，这三方面力量各有优势、各有特点，杂志要团结好各方面的力量，要鼓励三方面都来发言，让每一方都能看到和体会到其他方面的做法和认识，这样大家的力量就能集中起来，落实到促进事业的发展上来。她的这些话可谓语重心长，当然，这些话也正体现了她的国家情怀、事业情怀和豁达的人格。

孙岩同志是一个十分慈祥可亲的人。她叫我们当时（中专时期）的王风野校长“小王”，叫我“小小皮”。在谈及学校和杂志相关情况和工作时，她都是询问和商量的口吻，只有个人看法和认识，没有指示和命令，但让人觉得既宏观智慧又具体可操作。我每次去北京汇报杂志工作，她都要关心地问及我的吃住是否方便，并每次都请我到她家吃一顿饭。交谈中望着她的脸，我看到的是和蔼的笑容、慈祥的眼神。她的脸上布满交错的皱纹，那是她经历的人和事；而我感受到，她的心则是无比的宽敞和延展。

或许我还该谈谈孙岩同志对全国学前教育事业发展、对《学前教育研究》杂志发展所做出的其他重大贡献，或许也还该谈谈孙岩同志对长沙师范的发展所给予的指导和关心，但我觉得，在这篇短文里，梳理出孙岩同志既伟大又实在的形象，即是表达了我对孙岩同志的怀念。这个形象，是一个“善”的形象、“亲”的形象。我要说的是，正是因为孙岩同志是一个把幼教事业当作重要的国家事业的人，是一个善于抓行政工作的人，是一个十分讲求团结和协调的人，是一个十分慈祥可亲的人，所以，孙岩同志值得我怀念，值得我们全国幼教界的所有人怀念。

在心里我一直称孙岩同志“幼教老太太”。2002年中国幼教百年纪念活动时，我对孙岩同志的专访题为《一位令人尊敬的“幼教老太太”——访孙岩同志》(发表在《学前教育研究》)；现在庆祝新中国成立70周年暨中国学前教育研究会成立40周年，我的这篇怀念孙岩同志的文章的正题也同样命名为《一位令人尊敬的“幼教老太太”》，包括其中有的内容也取自那篇专访。这是一种重复，但属于必要的重复。

其实，怀念一个人，就是对其言行和留给我们的形象给予念叨、重复，不断念叨、不断重复。正如歌词所言：经常想起您。

全球视野下的学前教育使命

——世界学前教育组织(OMEP)第65届工作会议综述

华东师范大学学前教育与特殊教育学院　钱　雨　张　婕

世界学前教育组织(OMEP)第65届工作会议于2013年7月9日至10日在中国上海召开。OMEP主席英格里德·塞缪尔森(Ingrid Pramling Samuelsson)教授、负责OMEP五大洲地区事务的5位副主席、OMEP中国委员会主席庞丽娟教授、OMEP中国委员会副主席周欣教授以及来自32个国家及地区的70余名OMEP委员和代表参加了此次会议。会议主要议题如下。

一、热烈欢迎:与世界同行分享中国经验

在工作会议上,庞丽娟代表中国学前教育界、会议相关承办方,向远道而来的OMEP主席、副主席及各国代表表示了热烈欢迎。庞丽娟介绍了中国近三年学前教育事业发展的情况。2010年,中国政府颁布了《国家中长期教育改革和发展规划纲要(2010—2020年)》,明确提出"到2020年,普及学前一年教育,基本普及学前两年教育",而且特别提出要"重点发展农村学前教育"。之后,国务院印发了《关于当前发展学前教育的若干意见》(国发[2010]41号),明确提出"坚持公益性和普惠性,努力构建覆盖城乡、布局合理的学前教育公共服务体系"的学前教育基本发展方向。从此,中国学前教育事业发

展进入了新的重要的历史时期。“十二五”期间,中央财政会安排500亿元,重点支持中西部地区和东部贫困地区发展农村学前教育。2012年,中国政府还发布了《幼儿园教师专业标准(试行)》《3—6岁儿童学习与发展指南》等政策文件,开展了一系列贯彻落实工作,有效促进了中国学前教育事业的发展。近三年,中国普惠性学前教育资源迅速增加。截至2012年底,全国共新建、改扩建幼儿园近4万所,在园幼儿三年的增长量超过了1999—2009年十年间增长量的3倍,学前三年毛入园率达到64.5%,比2009年提高了13.6个百分点。农村学前教育发展更快,截至2012年底,全国农村幼儿园在园幼儿比2009年增长了约43%,越来越多的农村幼儿走进幼儿园,接受学前教育。

二、工作汇报:2012年全球工作报告

OMEP主席英格里德·塞缪尔森首先衷心感谢OMEP中国委员会为在上海举办OMEP第65届工作会议及国际学术研讨会所作的努力。随后,她对2012年OMEP的工作进行了总结与汇报。之后,负责各大洲事务的OMEP副主席都做了相应的工作报告。例如,阿宾波拉·阿里(Abimbola Are)在非洲的工作报告中说,OMEP非洲委员会在利比里亚成功召开了首届OMEP非洲地区会议。玛丽亚·阿帕吉达·萨尔梅兹(Maria Aparecida Salmaze)则在拉丁美洲的工作报告中指出,尼加拉瓜等国的学前教育质量依然比较低,入园率有待提高。

OMEP驻联合国教科文组织的代表在工作报告中指出,联合国教科文组织致力于促进一系列国际项目的开展,也积极促进政府间的合作。由于受经济危机影响,联合国教科文组织的预算一直在不断减少,但其对学前教育的重视程度始终没变,仍致力于推进学前教育发展,以维护人权平等,消除贫困。联合国儿童基金会的代表则在工作报告中提出,希望有更多有志青年加入学前教育队伍。

米拉达·拉布西科瓦(Milada Rabusicova)等人对OMEP可持续发展教育全球项目(OMEP World Project on Education for Sustainable Development,简称ESD)第三期进展情况作了汇报。ESD项目的总目标是提高OMEP所有成员国对可持续发展教育的认识。ESD项目中的一个子项目是OMEP早期可持续发展环境量表项目(OMEP Environmental Rating Scale for Sustainable Development in Early Childhood,简称ERS-SDEC)。约翰·西拉杰-布拉奇福德(John Siraj-Blatchford)介绍了这一项目的研究进展。ERS-SDEC是以著名的幼儿园环境量表ECERS为基础形成的,适用于2岁半至7岁的儿童。研究者在若干国家各选择5所幼儿园进行了实验,不过有些国家的教师并不很理解这一量表,比如在一些社会福利较好的国家,很多教师很难理解社会不公、经济差异等问题。约翰·西拉杰-布拉奇福德认为,ESD项目的进展与OMEP的发展是密不可分的,可持续发展是全球的愿景,需要国家之间通力合作,儿童也有权利参与其中。

朱迪思·瓦格纳(Judith Wagner)介绍了洗手项目(WASH)的进展情况。她在介绍中指出,清洁对儿童来说很重要,不管是在家里还是在学校里。在一些成员国,如波兰,项目组成员把洗手作为一项日常活动引入幼儿园,告诉幼儿如何正确洗手。实践证明,洗手项目有助于降低落后地区幼儿因为卫生清洁问题而导致患病乃至夭折的数量。当然,洗手项目的实施并不容易,因为有些地区存在严重的缺水问题。

英格里德·塞缪尔森还主持了关于《学前教育国际期刊》(International Journal of Early Childhood Education)编辑工作的讨论。英格里德指出,OMEP要进一步提高《学前教育国际期刊》的文章质量,希望OMEP成员为学术交流做出自己的贡献。有代表指出,希望这本期刊能与学前教育实践紧密联系,增加工作语言的种类,以推广OMEP的精神与理念,进一步增进国际交流与合作。

三、使命传承:选举、后续会议筹备与新宣言诞生

阿根廷的梅赛德斯·梅约·拉萨尔(Mercedes Mayol Lassalle)教授当选为新一届拉丁美洲地区副主席。香港大学的刘丽薇(Nirmala Rao)教授被推举为新一届财务主管。现任 OMEP 财务主管、香港特区的孔美琪(Maggie Koong)博士当选为新一届 OMEP 主席。这是自 OMEP 成立以来首位亚太地区委员当选为 OMEP 主席,也是首位担任 OMEP 主席的中国人。孔美琪表示,她将继续致力于推进可持续发展教育项目及水、环境、卫生等项目的发展,促进国际合作,坚持为"一个联合的、可持续发展的今天"以及"未来孩子更好的明天"而努力。

OMEP2014 年工作会议和学术研讨会定于 2014 年 7 月 1 日至 5 日在爱尔兰召开,主题为"儿童的文化世界"。2015 年工作会议和学术研讨会则定于 2015 年 7 月在美国召开。

为了让更多人认识到学前教育工作的重要性并且能一代代努力传承下去,联合国儿童基金会和 OMEP 主席倡议 OMEP 各国委员会共同发布一份世界宣言,向世界宣传 OMEP 的立场和主张,争取各界人士对学前教育更多的支持。参加会议的各国委员会主席均对这项提议表示支持。在会议代表的倡导下,由朱迪思·格瓦纳领衔,委员会起草并宣读了《世界学前教育组织(OMEP)2013 年宣言》。该宣言强调童年早期的重要意义,提出促进世界可持续发展以及充分依据《联合国儿童权利公约》保障儿童权利的全球愿景,明确 OMEP 在消除贫困、推进女童教育与性别平等、提高教育质量、倡导终身可持续发展、保障水与环境卫生等方面的地位与目标。OMEP 承诺将继续加强与联合国儿童基金会、救助儿童会、国际儿童基金会、联合国教科文组织、世界卫生组织、世界银行等机构与组织的合作。相信在这份宣言的指引下,OMEP 会发挥更重要的作用,促进世界学前教育事业的健康发展。

中国学前教育研究会对广西学前教育的指导和影响

原广西幼儿师范学校校长　李小邕

受访人：俞妮亚（原广西教育厅基础教育处副处长，以下简称俞）

梁兆基（原广西幼儿师范学校校长，以下简称梁）

采访人：李小邕（以下简称李）

李：中国学前教育研究会成立40年了，我们作为幼教人，对中国学前教育研究会表示衷心的祝贺。中国学前教育研究会作为我国学前教育的最高学术团体，根据教育部的学前教育工作部署，引领和指导全国各地的学前教育，对我国的学前教育的发展起着十分重要的作用。我们广西的学前教育也得到中国学前教育研究会的指导，可以说广西的学前教育发展到今天的水平，与中国学前教育研究会的引领和支持分不开。

今天，我受中国学前教育研究会秘书处的委托，请两位来谈谈中国学前教育研究会对广西的指导和影响。你们俩曾经先后主持过广西幼儿教育研究会的工作，俞处长还曾经是广西教育厅分管幼教的专干，负责过广西的学前教育全面工作，工作期间着力加强与中国学前教育研究会的联系，使广西的学前教育有了很大的提高和发展。你们对中国学前教育研究会在广西的工作有很深入的了解。下面请你们谈谈你们的认识。

梁:最早我们广西能够成立幼教研究会,是因为1980年我写过一篇论文,后来获奖了就让我去开会,我在广西教育学会年会上看见有语文研究会、数学研究会什么的,咦,怎么没有我们幼教呢?当时我跟教育学院的陈院长住一房,我跟她说,我们幼儿教育没有研究会,我们也可以成立啊。她说可以啊,你们写个报告,报广西教育学会批准。所以我们是正儿八经成立的,写了报告批准的。当时我在学校还只是个教导主任,要人要物都不太方便,有点难办。当时广西军区幼儿园比较积极,愿意承担日常工作,所以广西幼研会就常设在广西军区幼儿园。我们幼研会能够做得好主要是面向社会,主要是依靠各地幼儿园的支持。

俞:这个是第一届的情况,后来换届以后就是陈仕金(时任教育厅副厅长)做我们的会长,我是第二届开始进入广西幼儿教育研究会的。

我负责幼教工作的那十几年,中国学前教育研究会对我们支持很大,我每次去研究会,祝士媛、梁志燊等都给我很具体的指导。那时候我比较年轻,怎么开展教研活动啊,怎么开展科研活动啊,我们哪里懂?我一点都不懂,所以我很注重与中国学前教育研究会的联系。

梁:我们第一届开会还没有请外面的专家学者。当时我经常跑军区幼儿园,军幼非常支持,她们也有很强的关系,我们需要礼堂开会,问军幼有办法吗,嗨,我们家长厉害的,你需要什么我们有家长可以帮忙。当时各地市县的人来开会,要住宿啊,那时候的住宿很紧张的,连买车票都很难,军幼帮我们搞定了,我们开会礼堂都不用钱。

李:那中国学前教育研究会是什么时候到广西指导幼儿教育工作的?

梁:应该是1984年,这是第二届了。

俞:反正我进入广西幼研会以后就是第二届,当时广西幼教属于三类地区,是最差的那一类地区,在三类地区还是排尾的。在那么一个基础上,广西的幼教工作教研也好,科研也好,什么都没有开展。

梁:我们那时候开展的都是很原始的,就是简单经验总结之类的。

俞:就是类似经验总结那种的,在那种情况下,中国学前教育研究会的专家们对我们的影响是很大的。

李:那个时候我还只是一个普通老师,也有点感觉,因为我那时兼搞电教,跟着你们跟着专家到处下乡跑,去过上林县、平果县等地。

俞:是啊,上林县就是我们的点啊。

梁:我们广西有一件事我要讲,很多人不懂。我们广西幼研会开会,第二届时,我们请来中国学前教育研究会的专家,北京的专家学者来了五个,祝士媛、梁志燊……当时林默涵的夫人也来了。好厉害啊,场面很宏大。当时一切的工作靠广西军区幼儿园,买机票、住宿、礼堂等。还出了一个事,会议开得很好,她们来做报告啊,很受欢迎。到结束那天,林默涵夫人突然心脏病发作,没有军区幼儿园啊我真是没办法了,她突然半夜胸痛,很严重。当时,军幼吕影指导员说不用怕,马上打电话到军区要来军医,带着心电仪从军区303医院到宾馆,马上接到医院住院。当时祝士媛也非常头疼。她们已经买好机票要走了,出了这个事怎么办?军幼吕影指导员讲你们不用担心,留下一个人照顾,我们幼儿园会天天派人照顾的,军幼就派专人在医院照顾,天天做饺子、馄饨送到医院。后来祝士媛回到北京也派她的女儿过来了,住了两周的医院才回北京。这个事祝士媛赞不绝口啊,哇,如果出事那就不得了,很紧张……从此之后,祝士媛和我们非常好。

俞:第三届是1991年在柳州,我是1990年到教育厅的,到了教育厅工作后,我就说这些事情要做起来,还要与行政结合起来,后来换届时我就请陈仕金(时任教育厅副厅长)做理事长,这样幼研会的工作就跟行政结合起来了,开展工作就好办了,我是从行政这条线主抓研究会工作的。换届后办事机构还是放在军区幼儿园。还有一批各地市老的幼教专干挺支持的,当时我也还年轻,她们都挺支持我的。

梁：专家们来了以后，不只是给我们做报告，还帮助安排我们去北京参观考察，包括百色的幼儿园都能够到北京参观。当时是很不容易的呀。祝士媛带我们去看最好的幼儿园，有一所幼儿园拒绝我们，为什么呢？我们当时个个瘦瘦黄黄的，牙齿也不整齐，当时有什么二号病，就怀疑我们，后来祝士媛就去做园长的工作，才接待我们，几十个人的参观团，很开阔眼界。北师大安排，祝士媛是秘书长啊，做的时间很长。九几年能够有那么大型的参观团到北京是很少的，包括百色河池边远山区的幼儿园都能参加，那时候买票和住宿都是很困难的，饮食住宿，祝士媛都帮我们安排得很好。

俞：后来专家们见我到教育厅工作后，都说以后你带队就好了，又年轻又漂亮，精神面貌好，接待容易。她们亲自来指导，具体的指导，还带来一些项目，还安排我们走出去，到先进地区去看看。

李：这是前期，中期呢？《纲要》颁布以后，中国学前教育研究会的专家们就经常来了，全国搞一些纲要实验园，我们广西区直三幼是其中一所，就是胡明园长那里，当时冯晓霞、李季湄来过很多次，还有侯莉敏也来指导过，纲要实验园做了差不多十年的时间，对区直三幼、对广西的幼教促进很大。

前期研究会的办事机构在军幼，到后来2000年我已经是副校长了，可以说上一点话了，就把研究会日常工作挪到广西幼儿师范学校了。

俞：后来我们评示范园，对示范园要求每年一个课题，都是以研究会的名义开会布置，每年研讨一个专题，当时我们做这些事情梁志燊、冯晓霞给我们很多具体的支持，还有一些项目，联合国儿基会的项目也是她们指导实施的。

李：项目的工作我也知道，当时我曾经下乡支教一年，我在学校的工作这一年有人顶上了。下乡回来以后呢，我就比较闲，就自己找工作做，主要工作就放在了幼研会上，我从2002年后就做幼研会的工作，做联合国儿基会的项目，当时是教育厅的覃伟合等在主持，我具体去实施，主要是在隆林、隆安、田东、平果等县。当时你（俞尼亚）已经到督导室了，但是还是十分关心幼教。

俞：我负责幼教时当时就有很多儿基会的项目，梁志燊、祝士媛都是到县下面去指导的，上林、金秀、平果、隆安等县。

李：平果县、隆安县的项目工作我也参与了。还有记得 2007 年周欣来过，做的是《指南》的前测工作，一个多月的时间，教育厅指定我校协助，我派学校的杨彦老师（现在是学前教育系主任）陪同和安排日常工作，一个多月天天下乡，比较辛苦，但是也学到了很多。

俞：所以他们来我们是得益的，整个广西的幼儿教育在质量上有了飞跃。在中国学前教育研究会的指导下，广西从三类地区逐步进入到二类地区，进步很大。

李：甚至还有点点名气，自治区机关第三幼儿园是全国《纲要》实验园，在中国学前教育研究会专家的指导下，做得很有成效，在全国还是有点名气的。冯晓霞、李季湄的指导，还有侯莉敏的手把手具体指导，有一段时间侯莉敏几乎每半月从桂林来一次区直三幼指导。

梁：我感到我们广西幼研会能够活跃是因为得到几方面的支持，中国学前教育研究会的支持，教育厅、南宁市教育局和各地幼教专干的支持。

俞：我认为是行政结合得比较紧密，从教育厅到各地市教育局的专干幼师大力配合，我到教育厅工作后，把教育厅副厅长拉进来了，有副厅长做我们幼研会的理事长，规格就高得很了。

梁：第一届我们还没有懂得跟中国学前教育研究会联系支持，第二届开始就有了中国学前教育研究会的支持了，第一届没有请人。第二届请北京的专家来，我们跟中国学前教育研究会的联系是从请专家开始的，请专家来南宁。1984 年，一来就来了五六个，以后祝士媛不停地来，有八次到十次，梁志燊也不停地来，她们是我的老师。还有就是帮助我们联系北京的幼儿园参观考察，还有通过参加中国学前教育研究会组织的全国的幼教活动，使我们广西的幼教队伍成长很快。1996 年在重庆开会，我只带了十多个人去参会，结果到了才知道广西去了一百多人，我说怎么你们都来了？她们说我们跟祝老师联系，祝老师说你们来吧。随着幼教队伍水平的提高，我们研究会开会也有了很大的变化，原来都是在南宁，后来北海市第一个争取在她们那里开会，后来就去她们那里开，还有柳州也开过。由于去各地市开，参观她们的幼儿园，又带动了当地幼儿园的提升，带动了当地幼教事业的改革，各地都争着要到当地开会。

李：也就是说，中国学前教育研究会从1984年开始，从我们请专家开始就对广西幼教进行指导了。如果没有她们的指导，广西的幼教工作不会做得那么好。

梁：还有科研工作，过去停留在总结，由于专家来讲课，大家就知道了科研的做法，项目的做法，懂得怎么样开展科研活动。早期我们幼儿园的教养方式比较单一，小学的模式比较重，大量的还是上课，在教室上课，后来经过专家学者来指导，外出参观，后来我们教育观念理念发生了很大的转变。

俞：她们还帮助我们总结了一些经验，那么顶级的专家到我们贫困山区做项目，实际上也探索了我们的发展之路，山区、贫困地区怎么发展学前教育？当时就探索以活动形式、游戏形式等等来开展幼儿教育，怎么利用当地的资源，怎么把资源变成课程，还有非正规的教学点的学前教育，实际上也是从那个时候开展起来的，都是她们带进来的理念和做法。由于工作做得好我还到广东江门市参加国际研讨会。

梁：这些专家来了就一定要进幼儿园，实地到幼儿园指导和帮助，使我们教养的观念从比较单一的课堂上课为主变成体德智全面发展，还有特别注意环境的布置。

李：还有结合当地农村山区的特点开展幼儿教育，和当地的民族特色相结合。还深入厂矿幼儿园，工厂是在南宁棉纺厂幼儿园，搞环境创设，搞自制教玩具，大家去参观后纷纷学习。南棉幼儿园到现在一直还保持这个传统。

我去年又到南棉幼儿园，看见她们一直保持，做得很好，我很赞赏。

梁：八几年她们就在专家的指导下开始搞了，还有农学院幼儿园专家也去过。很赞赏幼儿园的早操，不仅仅是徒手操，完全是在游戏中进行的，有角色有主题。

俞：我到行政以后，跟中国学前教育研究会联系就更紧密了。当时广西学前教育很薄弱，如果没有中国学前教育研究会的帮助和指导，广西的学前教育走不了那么快。有这么一批专家支持我们，领导重视加上专家指导，进步很快。我们还在各地市成立了地市级幼教研究会，凝聚了当时各地主要幼儿园的园长、教研员、专干。

当时没有钱，经费很紧张，在专家的指导下，我们自制教玩具，就是从那时候开展起来的。专家不断地来，阶段性地支持，每一个阶段当我们遇到瓶颈时，都能得到她们的支持。比如在田东县、平果县开展的利用当地的自然条件开展教玩具制作比赛，那时候这些工作就开展了。现在我们看到很多在用的东西，我们观念的转变，其实那时候专家就已经指导我们做了。专家们给我们打开了一扇窗口，使我们知道全国的学前教育发展到一种什么状况，使我们知道差距在哪里，如何缩短差距，这是最关键的，每个阶段都有中国学前教育研究会的专家在领着我们跑，一直带着我们往前跑。特别要感激的就是中国学前教育研究会那几个老专家，不是一次到广西，而且一来都深入到乡村，我和梁志燊一直走到下面的村屯，这些对广西的影响是巨大的。

由于专家们到广西进行高水平的指导，使我认识到幼教工作必须有高校的结合，我们研究会后来也跟高校和行政结合起来了，专家们就是我们的典范，所以后来我们一直跟高校结合得很好，其实就是受她们的影响。

李：跟广西师大、广西幼专，结合得很好，现在师大的侯莉敏教授就是我们的理事长。

俞：专家来多了，比如梁志燊，连我的家属都认得她们了，接待她们，在家里吃饭。我先生跟她们都很熟了。我到北京，可以去梁志燊家里吃饭，跟她先生也都认得。因为当时没有什么接待费的，自己就接待了。那时候真的是为了把事情做好。

李：后来《纲要》颁布后，冯晓霞、李季湄来得很多，因为区三幼是纲要实验园。我当时代表幼师学校参加整个实验过程，比较了解，确实对三幼的影响很大，现在一大批的园长都是从三幼出来的。纲要实验园的活动彻底改变了三幼的教学理念和活动，十年时间不间断，并且培养了一批骨干教师，大部分都成长为其他幼儿园园长了。

俞：去年有一次李季湄来，我陪同她，她还跟我说过，外省羡慕我们的就是跟高校的结合，跟广西师大、广西幼师，我们是结合得很好的，我们一直都一起做，我是从行政的角度，跟你李校长，除了师生关系还有研究会的关系，走得很近。大家都把这当成一种事业。老一辈她们对我们的影响很大的，不计较，什么都没有，就是要做事业，我们身上有的好品德就是老一辈专家们传承给我们的，一种对学前教育事业的热爱和执着。所以现在幼儿园要我们指导什么，我们从来不讲任何条件和要求，为什么能够做到这样，中国学前教育研究会的专家的言传身教，表率作用。

俞：刚刚改革开放的时候，各省的学前教育处于一个上升期，中国学前教育研究会给我们打开了一扇窗口，把我们组织在一起，把各省的幼教专干都组织在一起，你看像王化敏原来是贵州的幼教专干，后来到了中央教科所，研究会的秘书长，把我们各省的专干凝聚在一起，幼教跟行政的一种结合，大家就像一个大家庭，共同地努力做好这个事业。以前的传播速度没有那么快，但是每年的年会、研讨会等把大家召集起来，大家住在一起互相交流，大量的信息都是通过会议获得的，开一次会获得的信息量回来可以整整地用几个月甚至半年，会议的信息量就大到这种程度。外省的经验呀、人家怎么做怎么走在前面呀，然后回来后就一样一样地去实施、去落实。在那样的条件下，做好广西的学前教育工作，我觉得中国学前教育研究会是功不可没的。

梁：由于这样，我们幼儿园的园长、老师，各地市的专干呀，她们大量地走出去。去过上海好多次，当时上海最有名的特级老师赵赫，我们广西都听过他的课。去上海回来以后写论文有很大的变化，原来我们都是总结式的，从上海回来后就懂得怎么用数据，怎么跟踪，怎么做项目，都是去上海学习以后才会做的。我们还和出版社结合，广西人民出版社、接力出版社，我们很多的幼儿园园长老师参加编写教材，俞妮亚你是主编，教材呀参考读物呀，都出版了。原来什么都没有。那时候我们幼师有几个老师也都参与了。这个搞得时间很长，连续五六年。

李：我总结一下，第一是根据广西幼儿教育的发展，我们成立了广西幼研会，但是由于当时广西比较落后闭塞，我们对如何开展幼儿教育工作办法不多，我们的工作需要得到指导。从第二届开始，我们取得了中国学前教育研究会的支持，帮助我们请来了北京、上海的幼教专家，到广西讲学、做报告、介绍国内外幼教的新动向、新信息，给我们打开了一扇窗口，开阔了我们的视野，使我们看到了学前教育的新天地。这些专家到广西，不仅仅是讲课，还深入厂矿农村山区幼儿园幼教班，不单是城市的幼儿园，还去到了边远山区百色，具体了解广西的幼儿教育现状，并具体指导广西的幼儿教育。如果没有他们来，没有传播新的教育观念，我们广西的学前教育就不会有这么大的进步，就很难跟上全国的步伐。第二就是帮助我们走出去，到北京、上海、南京、武汉等先进地区的幼儿园参观考察，都是中国学前教育研究会帮助安排的，使得我们的眼界大大开阔了，这个很重要。第三就是促进我们教研活动的提升，使广西学前教育科研水平、论文水平不断提高，中国学前教育研究会的帮助对广西学前教育水平的提高起到了重要的作用，使我们从比较闭塞的状态走出来了，这些工作很早就开展起来了，而不是等《规程》《纲要》发布后才动起来的，《纲要》颁布时我们对《纲要》就有初步的认识了。第四是言传身教，传承给我们带来了好的品德，对学前教育的热爱和执着，不计较得失，把幼教当成一项事业来做。

在中国学前教育研究会成立40周年之际，我们由衷地感谢她们对我们的支持和引领，感谢她们对广西学前教育的帮助和指导。

2019年1月30日录音，2月20日整理成文字

注：广西幼儿教育研究会是前期的名称，一直是广西教育学会的二级学会，后来社团规范以后全称为“广西教育学会幼儿教育专业委员会”，俗称“广西幼研会”。

助力边疆幼教　促进质量提升

新疆维吾尔自治区教育科学研究院　毕　嵘

1979年11月3日，中国教育学会幼儿教育研究会（已更名为中国学前教育研究会）正式成立，伴随着我国教育改革的春风，新疆教育学会幼儿教育专业委员会（以下简称新疆幼教专委会）于1980年12月成立。在中国学前教育研究会的正确领导下，作为新疆幼儿教育领域的群众性学术团体，新疆幼教专委会成立之初确定了专委会的宗旨：研究和解决幼儿教育的理论和实际问题，深化幼儿教育改革，在学术上贯彻“百花齐放、百家争鸣”的方针，团结幼教科研力量，提高研究能力，为创建具有中国特色的社会主义幼儿教育科学体系贡献力量。

新疆幼教专委会成立至今已近39年了，回首39年的风雨兼程，改革创新从未止步，波澜壮阔的39年，幼儿教育硕果累累。从新疆幼教专委会成立初期的新疆学前三年毛入园率的20%多，到现今学前三年毛入园率达到95.95%（2017年），无不体现中央、自治区各级党委、政府对学前教育的重视，以及新疆幼教专委会在学术领域发挥的引领作用。

新疆学前教育取得的成就更是离不开中国学前教育研究会的大力扶持与援助。自新疆幼教专委会成立之际，为了转变教师的教育思想、更新教育观念，不断地采取“请进来、走出去”的办法让更多的教师获得新的知识，捕捉新的信息。中国学前教育研究会梁志鑫、孙岩、祝士媛、虞永平、冯晓霞、唐淑、王化敏、廖丽英、刘占兰、许卓娅等多位专家先后来新疆为边疆的幼儿教师传经送宝，从幼儿园的规范管理、提高保教质量、提高教师专业化水平到国家相关幼教文件的政策解读等，通过专题培训、交流互动、答疑解惑等方式，引导教师要遵循幼儿身心发展规律，坚持以游戏为基本活动，因地制宜设置开放、多样的活动区域和游戏空间，促进幼儿德、智、体、美全面发展，提高新疆各族幼儿教师的专业水平。

自 2008 年新疆启动了南疆学前“双语”幼儿园项目的建设工程，从中央到地方各级党委、政府把推进少数民族“双语”教育作为加强民生建设、维护社会稳定、促进社会和谐的重要抓手，高度重视、高位推动，长远谋划、真抓实干，使双语教育呈现出蓬勃发展的良好态势。截至 2017 年 9 月，通过新建改扩建农村公办幼儿园4 408所，全区普惠性幼儿园覆盖率达到 90%，全区农村 4—6 岁适龄儿童“应入尽入”，农村学前三年毛入园率达 100%，全区全口径学前三年毛入园率达 95.95%。随着幼儿园数量的剧增，教师队伍也快速增长，为了了解南疆学前教育的现状，帮助老、少、边、穷地区尽快提高学前教育的整体质量，虞永平、冯晓霞、王化敏、廖丽英、徐军等中国学前教育研究会专家多次来新疆赴南疆喀什、和田、克州等边远地区调研，同时开展送教及扶贫等活动。中国学前教育研究会还与儿基会等部门合作，在新疆通过开展爱生幼儿园等项目，扶持一批贫困地区幼儿园，通过专项资金投入，对幼儿园硬件建设、内部管理、教师的教育教学方式等都给予规范指导和帮助；并以点带面，通过爱生幼儿园等项目带动整个南疆地区学期教育的发展。通过一系列的帮扶活动，新疆幼儿教师的水平，尤其是南疆少数民族幼儿教师的专业水平得到了极大提高。

为了帮助新疆尽快赶上发达地区学前教育的步伐，中国学前教育研究会还通过科研课题的引领，促进新疆学前教育的发展。在研究会专家的精心指导下，我区申报的中国学前教育研究会“幼儿园角色游戏中教师指导行为研究 ”“利用本土资源，开发幼儿园主题园本课程的实践研究”等课题顺利结题。课题的顺利结题，不仅推动了新疆幼教质量的提高，更调动了广大幼儿教师参与课题研究的积极性，达到了以教研促科研，以科研兴教研的目的。

在深入学习贯彻落实党的十九大精神，以习近平新时代中国特色社会主义思想为指导的基础上，认真贯彻落实习近平总书记《在深度贫困地区脱贫攻坚座谈会上的重要讲话》精神和《中共中央办公厅、国务院办公厅关于支持深度贫困地区脱贫攻坚的实施意见》要求，在中国学前教育研究会的坚强领导下，新疆各族幼儿教师将团结奋进、努力进取，坚持立德树人，在全面推进国家通用语言教学中做出更大的成绩，促进新疆各族幼儿健康成长。

2019 年 4 月 21 日

一切为儿童

——教育部—联合国儿童基金会农村幼儿园教师培训浙江·剑川项目工作掠影

浙江省学前教育研究会赴云南剑川培训组

执笔：浙师大杭州幼儿师范学院　朱丽丽

2012年8月，受中国学前教育研究会委托，我们浙江省学前教育研究会一行8人赴云南省剑川县进行农村幼儿园教师培训工作。在那里，我们度过

了十分有意义和难忘的日日夜夜。

儿基会和中国学前教育研究会对此项工作十分重视，多次召开会议研究部署。为此，我省学前教育研究会也特别重视这项工作，南京培训会议以后，我们马上分析培训任务、内容及其特点，确定由学会副会长以及秘书长亲自带队，精心选拔了由浙师大杭州幼儿师范学院专业教师、浙江省幼儿园特级教师以及在幼儿教育某一领域具有专长的优秀教师组成培训队伍，然后，大家马上投入到对培训工作的准备之中。

培训前期，培训团队与剑川县教育局同志多次沟通，了解当地幼儿教育发展的实际情况以及他们对培训工作的意见和建议。经了解，知道剑川县适龄幼儿 5 568 人，入园人数 4 501 人，入园率达 81%。剑川全县 8 个乡镇，有幼儿园 121 所，其中公办幼儿园 1 所，其余均为民办幼儿园。根据 2010 年全国学前教育工作会议精神，剑川县制订了学前教育三年行动计划，力争在“十二五”期间每个乡镇创办一所公办幼儿园。

近年来，剑川县着力完善县教育行政部门主管、有关部门分工负责的学前教育管理体制，开始关注幼儿教师的继续教育，将幼儿教师纳入小学教师继续教育规划。全县共有幼儿教师 226 人，公办在编幼儿教师 31 人，均有教师资格证书。民办幼儿教师中，超过 92% 的教师无教师资格证书。全县幼儿教师均为女性，98% 的教师为白族。

剑川县幼儿教育当时是全县教育体系中最薄弱的环节，主要问题是：① 财政投入严重不足，公办园发展基本处于停滞状态，民办园分布、发展不均衡，经济落后的乡镇，幼儿入园困难。② 受经费制约，大多数幼儿园办园条件差，缺少必要的设施设备，缺少教玩具，缺少教育教学资料。③ 幼儿园教育小学化、随意化倾向明显。④ 教师素质较低，大部分教师无教师资格证。教师队伍存在“年龄大、学历低、代课教师多、进修机会少”等现象。民办幼儿园教师待遇差，没有养老、医疗保险等。教师队伍不稳定，流动性很大，尚未形成较好的教师专业发展支持系统，各幼儿园教师基本处于单打独斗的封闭状态。

针对以上情况，培训团队全体人员先后组织了四次研讨、备课、试讲活动，对培训内容和形式进行反复推敲和调整。到达剑川后，我们马上在当地教育行政干部的陪同下，开展实地调研（对全县10所幼儿园进行了现场调研）。

实地走访和调研，让我们对培训方案再次做了调整。最后我们对培训做出了这样的定位：从大处着眼，把本次培训活动作为促进剑川县幼儿教育发展的一个切入点；从小处着手，以问题及其解决作为培训的内容导向，通过培训，帮助学员掌握一些利用本土资源创设幼儿园活动环境、制作幼儿园教玩具、开展幼儿游戏活动和学习活动的知识与技能，从中理解幼儿园教育的特点，理解《幼儿园教育指导纲要（试行）》的基本精神，切实改变幼儿园教育中的小学化倾向。

本次参训教师166人，占剑川全县幼儿教师总数的73%。培训时间是8月5日至8月10日共五天，除一天为集中听讲座外，其余时间我们把学员分成三组，同时开展培训活动。培训的最后半天为学员的学习成果展示会。整个培训活动收到了非常好的效果，受到了全体学员和当地教育行政部门的高度赞扬。

本次培训，我们的感悟和体会是：

（1）营造相互"尊重""信任"的学习气氛是开展培训工作的基础。

赴剑川开展培训活动，我们的定位是"交流""支持"。任何地方的幼儿教育都需要交流；任何地方的幼儿教育都需要得到外力的支持。我们不是单向的"发达地区支援贫困落后地区"，我们不是单向的"施教者"，我们没有任何理由可以自以为是，高高在上。能真正改变剑川幼儿教育的还是他们——剑川幼儿教育的各级管理人员和全体幼儿园老师，培训的效果也取决于他们。

因此，当我们和剑川教育局第一次沟通，他们说“欢迎你们来我们落后地区支教”时，我们马上诚恳地表明，我们是来“交流”的。事实也是这样，当我们到达剑川开展了一天的调研活动后，我们的“交流”感受越发强烈。剑川领导发展幼儿教育的迫切心情，剑川老师在困难条件下对幼儿教育的热爱和坚守，太值得我们学习了。当我们看到小小的但整洁的、具有浓郁民族特色的幼儿园，我们由衷地发出赞叹，我们彼此的心也在慢慢靠近。剑川县教育局领导对我们的关心、鼓励，以及对培训工作做出的精心安排，剑川老师在培训过程中表现出来的对专业学习的渴求，一点一滴都令人感动。我们认真调研，认真备课，反复调整计划。很快，我们就融合在了一起，营造出了一种相互尊重和信任的学习气氛。

剑川的老师尽管学历较低、专业水平亟待提高，但他们好学，敢于尝试。我们认为培训成功的关键是培训内容合乎实际需要，让学员获得成功，增强自信。所以我们坚持“内容听得懂，成绩看得见，本领用得上”的培训原则，在讲解过程中始终关注学员的反应，注重与学员的互动，随时吸收消化学员的反馈意见并调整培训内容、速度和节奏。我们强调要让学员看到自己学习的进步和收获，增强自信，从而对学习产生兴趣，这种意识贯彻在培训始终。我们专门安排了一个教室供学员展示自制教玩具和美工作品，让学员看到自己的学习成果，也供大家交流学习。这一做法大大拓展了学员学习的时间和空间。当培训结束展示培训成果时，学员们看到了自己制作的琳琅满目、富有创意的美工作品，生动活泼、富有童趣的表演作品，他们的自信、自豪感油然而生。

和妈妈一起来参加培训的小学员

剑川，可不乏艺术

(2) 坚持以问题及问题解决为培训内容的导向。

一开始,我们感到,要培训的内容很多,怎么筛选?《纲要》的许多基本理念都是十分重要的,应在培训时逐条梳理;儿童的年龄特点是开展科学的幼儿教育的基础,应在培训时一一讲解;各领域的教育目标、教育原则和教育方法需要分析理解;培训者精湛的教学艺术也可以向学员们进行展示……但是,当我们调研了当地幼儿园教育的实际并了解了学员的基础后,我们组织培训团队进行了讨论:目前剑川的幼儿园教育迫切需要解决的问题是什么?用什么途径可以解决剑川幼儿园教育迫切需要解决的问题?什么是学员们能够认识到又可能去做的呢?面对这样一些问题,我们的培训内容逐渐清晰了,切入点由此找准了:如"幼儿园教育小学化"问题,幼儿园教育中"没有教玩具"的问题,环境创设中"眼中无儿童"的问题,语言教育中"教认字、教拼音"的问题,绘画教学追求"儿童画得像不像"的问题,律动教学"死板模仿,千篇一律"的问题,科学教育"无内容"的问题……就这样,我们决定从调研发现的问题切入,让问题的解决过程成为对《纲要》教育理念理解和实践的过程。

培训团队成员在讨论调整培训计划

于是，我们再一次调整了培训的内容：让学员意识到存在的问题，与学员一起分析问题的危害性，尝试学习怎么解决问题，进而理解为什么要这样做。这就是我们最后确定的培训内容和思路。事实证明，这样的培训，学员觉得针对实际，容易理解，问题能得到切实解决。在培训过程中，他们甚至不愿离开教室一步，生怕漏掉了重要的学习内容。

儿基会项目官员马琅博士和我们一起讨论培训的内容

(3) 运用直观形象、参与互动的培训方式是取得培训实效的保证。

根据学员的专业水平和思维特点，我们在培训中尽量采用生动形象、讲讲练练、动静交替、学员参与的培训方式。本次培训，我们准备了大量的视频资料，如全国幼儿教育先进县浙江安吉农村幼儿园利用竹子自制教玩具的视频，幼儿园利用纸盒、绳子、罐子等材料开展一物多玩活动的视频，幼儿利用多种材料作画的视频。这些生动形象的材料打开了学员的视野，开拓了学员的思路，学员们纷纷表示，回去以后马上学着做，以此改变幼儿园的活动环境和活动条件，让孩子们在幼儿园更快乐。

学员反映，"听过了，忘记了；看到了，记住了；做过了，学会了"。整个培训过程，我们尽量创造条件，让学员“参与”“尝试”。专题讲座的课间，我们安排学员做手指游戏，学员们学得不亦乐乎。分组培训时，培训者基本遵循讲解、分组操作、展示、培训者和学员一起归纳提炼这样一个过程。如“一物多玩”专题，培训流程是：第一环节，让学员观看用可乐瓶开展各种游戏活动的视频，小小的可乐瓶居然能让孩子们玩出这么多的有趣游戏，这让学员们大开眼界，也打开了学员们的思路；第二环节，培训者把学员分成四组，分别提供绳子、盒子、报纸、棍子四种材料，让每组用拿到的一种材料设计不同的玩法并记录下来；第三环节，培训者让每组学员派代表介绍和演示她们设计的玩法，分组设计和展示过程使学员了解到，这些材料可以玩出这么多种玩法，也充分发挥了学员互相启发、互相学习的作用；第四环节，培训者再用视频向学员展示其他幼儿园设计的一物多玩游戏，这又拓展了学员寻找游戏材料和进行游戏设计的思路；第五环节，培训者和学员一起归纳培训要点：适合孩子玩的物品一般要满足哪些要求，怎样引导幼儿创造性地开展一物多玩，玩得开心，玩出智慧。整个过程学员与培训者、学员与学员积极互动，充分体现了“主动”“迁移”“创造”等核心学习理念。

张昭济老师：就地取材，麦秆就是最好的素材

汤肖丽老师:手指童谣真好玩

沈颖洁老师:大家一起来舞蹈

短短的一周培训很快结束了,到了我们和学员告别的时刻,学员对我们依依不舍,她们用美妙的白族山歌旋律自填歌词表达她们的心情:

你们走了很远的路，来到阿鹏的故乡；
我们是剑川的娃娃头，你们告诉我们怎么教娃娃；
我们就像不锋利的老刀，是你们把我们磨得锋利又闪亮。
你们走了，我们多么舍不得，心都空悠悠啦……
你来到了这里，
我也来到了这里，
就像我们约好了一样，
其实是我们的心想到了一块。
以后不管到了哪里你都会说起我，
从今后不管到了哪里我也都会想着你，
那么就让我们一起一直走下去！走下去！

美妙的白族歌谣，一首接一首

我们也对剑川幼儿教育、剑川的小朋友、剑川的幼儿园教师难以割舍，牵挂在心。回杭后，我们发动组织了为剑川孩子捐献衣物、玩具的活动。“六一”儿童节，我们听到了剑川小朋友收到礼物的欢笑声，我们心花怒放！我们还思考着如何对剑川的幼儿园教师给予后续学习的支持。随后，我们接待了剑川幼儿园教师来杭的参观访问。第二年，由学会秘书长带队，浙江团队二进剑川。我们欣喜地看到，我们的培训显现了成果，剑川幼儿园老师的观念有了变化，教育能力得到了提高，剑川幼儿教育也正悄悄地发生着改变！

值此中国学前教育研究会成立40周年之际，我们为参与研究会有意义的工作而欣慰，我们为自己是中国学前教育研究会的一员而倍感自豪！

2018年12月

风雨砥砺　岁月如歌

——写在中国学前教育研究会成立40周年之际

浙江师范大学杭州幼儿师范学院《幼儿教育》编辑部　张　虹

屈指算来，在中国学前教育研究会走过的40年光辉历程中，我作为《幼儿教育》杂志主编追随她有23个年头。期间，得到了研究会历任理事长、副理事长、秘书长，OMEP中国委员会历任主席、副主席、秘书长，各专委会历任主任、副主任、秘书长以及国内（包括港澳台）各位积极参与研究会各级各类学术活动的专家学者的大力提携和热情帮助。坦率说，我是一个半路出家的幼教工作者，之所以能较快地进入幼教领域，并较快地获得国内外幼教界同仁的认可，是与我从一开始就努力追随中国学前教育研究会这一国内幼教界最具号召力（没有之一）的群众性学术组织、广泛求教团结在中国学前教育研究会周边的众多专家学者分不开的。在中国学前教育研究会成立40周年之际，回顾自己大半辈子追随她的历程，既感风雨砥砺，更感岁月如歌。

一、两次令人难忘的研究会秘书长工作会议

1999年1月，中国学前教育研究会秘书长工作会议在浙江温州召开。各省区市分会秘书长、各专委会秘书长参加了会议。时任研究会理事长的是中央教科所幼教研究室主任史慧中研究员，秘书长是北师大的庞丽娟教授。我

参与了会议的前期筹备工作。会议得到了温州市教育局的大力支持，该局基教处的副处长徐爱晖和温州幼教界的同仁们为会议提供了极其周备的服务和极为丰富的幼儿园参观考察活动。令人难以忘怀的一个细节是，秘书长庞丽娟老师在会议期间是一边到医院打点滴，一边全程参与会议所有日程的。我在和庞老师接触的过程中，深深为她的敬业所感动。不仅如此，当我和她委婉说起，有些工作就交给其他人做吧，有些行程就免参加吧，她很真诚地对我说，理事长史老师岁数已较大，患有心脏病，她绝对不能操劳过度，我们还算年轻，要尽量为理事长分担些工作。小病小恙的，顶顶就过去了。身为北师大的知名教授，对一份并无任何报酬的研究会秘书长的兼职工作能如此认真尽职，并能如此体贴关怀前辈长者，真的令我感动不已。我也从此暗暗告诫自己，做人做事要多向庞老师学习，多为他人着想，不计较个人得失。

2003 年 3 月，中国学前教育研究会在杭州召开秘书长工作会议。时任研究会理事长的是北师大的冯晓霞教授，秘书长是中央教科所幼教室的负责人王化敏。会议重点讨论和布置了当年 10 月将在北京举办的盛大的“中国幼教百年”庆祝活动相关工作。我参与了会议前期的筹备和具体的会务工作。令我非常难忘的是，会议期间，我提出，由《幼儿教育》杂志为牵头单位，联合国内几家知名幼教类专业杂志，配合做好中国学前教育研究会专为此次活动开展的“我与幼儿教育”专题征文活动。我的自告奋勇，得到了研究会各位领导和各省区市分会、各专委会秘书长的积极鼓励和大力支持。工作会议一结束，我就主动配合分管此次征文活动的时任研究会副理事长、华东师大的朱家雄教授和时任研究会社会与家庭教育专委会主任、上海市教科院的李洪曾研究员，扎实开展起以中国学前教育研究会联合《幼儿教育》《学前教育研究》《早期教育》《学前教育》《山东教育(幼教刊)》《上海托幼》六家杂志名义共同发起的面向全国(包括港澳台地区)幼教工作者的征文工作。截至当年 8 月底，六家杂志共收到 660 余篇应征稿件。我本人还专程赴北京，到北师大学前教育专业的创始人、我国第一个招收学前教育专业硕士研究生、时年已 86 岁高龄的卢乐山教授府上采访她，以卢先生口述的方式整理了《一世情缘，一生牵挂》这篇特别的应征稿件。“中国幼教百年”庆祝活动之前，我带领《幼儿教育》杂志全体编辑，将研究会组织评审后推荐出来的 135 篇应征稿件，以《幼儿教育》杂志 2003 年增刊的方式正式编辑出版，并以附录方式收录了所有应征稿件的题目。

二、全面参与世界学前教育组织(OMEP)中国委员会的工作

在 1999 年中国学前教育研究会第五届理事会上，我被推举为 OMEP 中国委员会委员。那以后，我可以说较全面地参与了 OMEP 中国委员会的工作。

(1) 参与筹备和举办了一个较大规模的国际会议。

2005 年 9 月 8 日至 21 日，由 OMEP 中国委员会主办，OMEP 香港委员会协办，浙江师范大学杭州幼儿师范学院、浙江省教育学会学前教育分会、杭州市下城区人民政府和《幼儿教育》编辑部联合承办的“2005 年国际华人幼儿教育研讨会”在杭州隆重召开。本次会议是在时任 OMEP 中国委员会主席的庞丽娟教授、副主席马以念教授(西北师大)、秘书长刘占兰研究员(原中央教科所，现中国教育科学研究院)以及浙江省教育学会学前教育分会顾问丁碧英(原浙江幼儿师范学校校长)的全程直接指导下成功举办的。我有幸全程参与了前期的会议筹备和全部的会务工作。这次会议令人难以忘怀的情景很多。例如，庞老师一如既往地在会议筹备和召开的全过程中对所有工作细节一丝不苟地认真把控；刘老师会议期间夜以继日地在现场全面负责具体会务工作，及时解决各种问题；在会前很短的时间里由 OMEP 中国委员会主席、副主席、秘书长以及时任中国学前教育研究会理事长的冯晓霞教授(北京师范大学)、OMEP 香港委员会前主席刘丽薇(Nirmala Rao)教授(香港大

学)、OMEP 香港委员会主席林蓝美容博士(香港教育学院)确定了会议主题、分主题以及主报告、分主题召集人等具体会务工作;在很短的时间里征集到国内外近 300 篇高质量的参会论文,其中包括 OMEP 瑞典委员会主席英格里尔・普拉姆林(Ingril Pramling)、全美幼教协会(NAEYC)前主席利莲・凯兹(Lilan Katz)等国际著名学前教育家的参会论文;在会前将 OMEP 中国委员会选出的 80 余篇参会论文正式交由浙江教育出版社出版了一本 660 余页 45 万余字的《文化传承与幼儿教育》学术专著,并将其余所有参会论文结集成册,便于参会人员交流。后统计发现,全国当时的高校和科研院所学前教育专业博士生导师除了一位在国外讲学,其余悉数参加了本次会议。来自美国、瑞典、新西兰、智利、韩国、新加坡、马来西亚以及我国港澳台地区和内地的近 500 位代表参加了本次学术研讨会。这里,还有一件事令人难忘。会议事实上早在 2004 年就开始筹备。记得是 2004 年的秋天,庞丽娟老师特别通知马以念老师、丁碧英老师和我到北京参加第一次筹备会议。筹备会议结束后的第二天刚好是周六,庞老师特意安排我们几个去北京香山看红叶。她不但自己亲自陪同,还让她的学生、OMEP 中国委员会的副秘书长、时任北京师范大学出版集团副总编的叶子博士一起参与照顾大家。世易时移,往事就在眼前,但聪慧过人、年轻有为、笑容满面的叶子已于前些年随风飘逝,呜呼!

(2) 在《幼儿教育》杂志上开设"OMEP 中国委员会专版"栏目。

自 2001 年 1 月以来,在 OMEP 中国委员会的直接指导下,《幼儿教育》杂志开设了"OMEP 中国委员会专版"这个每年至少刊发四期的常设栏目,2015 年改栏目名为"放眼世界(OMEP 中国委员会专版)"。那以后,中国学前教育界透过杂志,更广泛、全面、深入地了解了 OMEP 这一组织。那以后,OMEP 每年在世界各国召开的工作会议及其学术年会,都会有我国参会的 OMEP 中国委员会委员撰写详尽的专业报道刊发在本栏目。那以后,我国很多高校学前教育专业的知名学者到国外参访或访学,都会将自己的参访或访学成果整理出来投寄给本栏目，以飨读者。这里，还有一件事情值得一说。2008 年 8 月，OMEP 在加拿大召开工作会议和国际学术年会，担任 OMEP 中国委员会副主席近 10 年的马以念教授被全票推举为 OMEP 荣誉会员。马老师为推动我国西部地区幼儿教育事业发展和我国幼教的国际交流，尤其是与 OMEP 香港委员会合作，为我国西部地区培训幼儿园教师以及面向香港地区幼儿园教师开展国情教育方面做了大量有效的工作。为此，《幼儿教育》杂志专题采访了马老师，在 2008 年的第 11 期杂志上刊发了《让西部儿童拥有更加幸福快乐的童年——OMEP 中国委员会副主席马以念教授访谈》的采访稿。

(3) 配合 OMEP 中国委员会开展相关工作，数次深入我国西部地区开展有关学术研讨和交流以及支教活动。

2005 年、2007 年《幼儿教育》杂志先后派出编辑记者参与了分别由西南大学、甘肃省学前教育研究会承办的“OMEP 中国西部幼儿教育研讨会”。最令人难忘的是，2006 年 10 月，由华东师大朱家雄教授和我作为领队的“OMEP 中国委员会上海杭州支教团新疆支教活动”在新疆所受到的热烈欢迎。承担此次支教活动具体事务工作的乌鲁木齐市教育局教研室的王淑兰老师告诉我们，原本只能容纳 280 人的会场，挤满了来自全疆 173 所幼儿园的 420 多位园长和老师。来自喀什、阿克苏、喀纳斯、阿勒泰等边远地区的教师，有的是坐了几天几夜的汽车赶来参加活动的。活动当天开始的时候，我们还看到乘着夜班火车提着行李箱直接来到活动现场的从伊犁赶来的老师。出于安全考虑，王老师他们本想限制参加活动的人数，后来也想限制进入会场的人数的，但实在阻挡不住大家强烈要求参加活动的热情，临时在会场加凳子，并在活动前反复交代大家，务必遵守秩序。事实上，尽管会场走廊上都坐满了人，主席台前的地上也坐满了人，会场外面还有人站在窗外聆听专家报告，但整个活动现场秩序井然，毫无喧哗之声。此情此景永远印刻在了我的脑海之中。我深深地感到，中国的幼儿园教师可谓是教师群体中最渴望学习也最愿意学习的最可爱的群体！

(4) 先后两次独家采访两任 OMEP 主席。

2000 年 6 月，我在杭州专题采访了时任世界学前教育组织(OMEP)主席、英国伦敦大学的奥德丽 · M.柯蒂斯(Audrey M.Curtis)教授，就 OMEP 是一个什么样的组织、她的学前教育观、她对世界学前教育现状及其发展趋势的看法、对中国幼教事业发展的印象、对中国幼教工作者的期望等问题对她做了深度访谈。虽说中国学前教育研究会早在 1986 年就已由国家教育部批准以团体会员的名义加入了 OMEP，之前的几届研究会领导和有关专家也积极参与 OMEP 组织的各类活动，并不遗余力地向国内学前教育工作者宣传 OMEP，但由于种种客观条件的限制，我国广大的学前教育工作者对这个世界性的学前教育专业组织仍然知之甚少。随着中国的改革开放，越来越多的专家学者和一线实际工作者走出国门，与世界学前教育界对话。也因为如此，2000 年 10 月，新的一届 OMEP 中国委员会组成之后，在讨论今后一个阶段的工作时，委员们提议，在我们《幼儿教育》杂志上开辟“OMEP 中国委员会专栏”，以及时反映 OMEP 及其 68 个成员国和地区的活动情况，及时向国内幼教工作者宣传国际先进的幼教理论和研究成果，达到开阔眼界，学习借鉴的目的，从而促进我国幼教与国际更好地接轨，获得更好的发展。可以说，那以后，我也开始有意识地策划采访来中国访问的世界学前教育界的著名学者。例如，2000 年 10 月，我在杭州采访了受德国汉斯 · 赛德尔基金会委派来上海和浙江开展相关学前教育培训和交流项目工作的德国国家学前教育研究所所长、著名国际学前教育家 W.E.菲纳克思教授，了解欧洲特别是德国的学前教育发展趋势。2001 年 6 月，我在杭州采访了来华东师范大学开展学术交流活动后专程来杭州访问的时任日本学前教育研究会会长的日本佛教大学的宍户健夫教授。2002 年我在上海采访了来华东师范大学开展学术交流活动的美国麻省大学的乔治·福尔曼教授。乔治·福尔曼教授是《儿童的一百种语言》的主要作者，两位教授都对当时中国学前教育界热衷学习借鉴的意大利瑞吉欧幼儿教育体系有较深入的研究。对两位教授的深度采访，为我国幼教工作者更全面准确地理解和借鉴瑞吉欧幼儿教育体系提供了有效的支持。可以说，自从采访柯蒂斯教授以后，特别是在杂志上开设了“OMEP中国委员会专栏”之后，我对努力了解和全面反映世界学前教育发展现状和趋势产生了较高的兴趣和较强的责任感，在后来的编辑工作中，《幼儿教育》杂志的确编发了较多国际学前教育界著名学者的稿件，我也持续采访过来自美国、德国、韩国、日本等国的著名学前教育学者。这里，还有一件事最值得记上一笔。2013年7月，由OMEP中国委员会和华东师范大学共同承办的OMEP第65届工作会议和国际学术研讨会在上海召开。来自全球五大洲57个国家和地区的代表参加了会议。在本届工作会议上，曾经担任两届OMEP香港委员会主席的香港维多利亚教育机构总校长孔美琪博士被推选为OMEP第66届主席。我和孔校长有10余年较密切的交往，曾几次赴港参加她组织或参与组织的OMEP香港委员会的学术研讨活动以及OMEP香港委员会承办的OMEP年度工作会议和国际学术研讨会活动。所以，当会议期间得知她被推选为OMEP主席的消息之后，我当即在现场拟定采访提纲约她专访，并在我们《幼儿教育》杂志9月号上刊发了《造梦，追梦，实现世界大同的美好幼教梦》的专访稿。要知道，OMEP自1948年成立60余年以来，她是首个中国人担任这一组织的主席。这也充分证明了改革开放以后，中国各个领域包括幼儿教育领域日益融入国际社会。而孔校长不仅在香港幼教界，也在内地幼教界和国际幼教界做了大量出色的工作。记得那年我们在杭州承办OMEP中国委员会主办的“2005年国际华人幼儿教育学术研讨会”时，孔校长就非常认真地组织了一个60余人的香港代表团前来参会。那段时间，我常常接到她从香港打来的电话，协助她做好有关会务工作。据我所知，这些年来，孔校长经常主动联合 OMEP 中国委员会，带领香港幼教工作者团队深入西部地区参访和送教，并几次接待或组织策划西部幼教工作者赴港参访和培训活动。OMEP 每年的重大活动则可以看到孔校长忙前忙后活跃的身影。所以，孔校长被推举为 OMEP 主席，可以证明，改革开放以及香港回归以来，国际幼教界已充分看到中国幼教（包括港澳台地区的幼教）已取得极大的发展，已日益融入国际幼教界这个大家庭。所以，孔校长被推举为 OMEP 主席，的确可以说是一件会载入世界学前教育发展史的大事，我有幸作为历史见证人记录下了这重彩浓墨的一笔。

三、积极参与中国学前教育研究会组织的有关重大活动

2008 年，5·12 汶川大地震发生过后的不久，灾区的幼教重建工作就如火如荼地开展起来。在中国学前教育研究会、汶川地震应对政策专家行动组的联合倡议和组织下，"流动幼儿园项目"迅速启动。北京、上海、南京等地均组建了工作团队奔赴灾区参与"流动幼儿园项目"建设工作。我们《幼儿教育》编辑部也派了两位记者随第一批由华东师大周兢教授带领的上海工作团队同行。一方面，参与本项目的建设工作，援助灾区的幼教重建；另一方面，用记者的眼光记录下这期间所发生的一切。在短短的 10 天时间里，记者充分体验到了灾区幼教重建的艰辛，也充分感受到了工作团队的敬业。他们用细腻的笔触记录下了灾区孩子、家长、教师和工作团队志愿者的点点滴滴，记录下了这其中充溢着的爱心奉献和责任担当。在他们的笔下，周兢老师的负责、果敢、专业，华爱华老师的坚持带病工作，左志宏老师的专业心理援助以及团队所有成员的智慧机智、无怨无悔可谓栩栩如生、感人肺腑，充满人间正能量。值得记录下的还有，后续的几批工作团队从专业的视角，对灾区幼教重建所做的种种专业努力，我们《幼儿教育》杂志都做了较全面的反映。灾区幼教重建的援建工作暂告一段落之后，我们《幼儿教育》编辑部还应华东师大

学前教育系的邀请，赴上海一起做了一次较全面的回顾总结。大家纷纷表示，参与灾区幼教重建的援建工作，不仅是一个难得的心灵洗涤旅程，也是一个难得的专业能力提升过程。

“教育部—联合国儿童基金会农村幼儿园教师培训项目”由教育部和联合国儿童基金会联合设立，由中国学前教育研究会具体实施，主要用于培训边远地区农村幼儿园教师。2012 年 5 月和 10 月，浙江省学前教育研究会接受中国学前教育研究会的任务安排，组建培训团队先后两次赴云南剑川开展项目培训工作。我参加了第二次赴云南剑川的项目培训工作。云南剑川全县近 200 位幼儿园教师接受了本项目的培训。为此次培训工作的顺利进行，作为领队的浙江省学前教育研究会副会长兼秘书长、浙师大杭州幼儿师范学院的原副院长朱丽丽老师付出了大量心血。从联系剑川县教育局落实项目培训计划，到第一次抵达剑川之后强调培训团队要先充分做好调研工作，再到根据调查和分析所掌握的具体情况调整培训方案，充分体现了一位有着丰富的幼儿园教师职前教育和职后培训经验的专业工作者所具有的强烈的事业心和责任感以及较高的专业判断能力。为此，培训团队将培训重点放在引导当地的幼儿园老师根据本地可资利用的教育资源，根据本地儿童的学习兴趣，因地制宜地开展教育活动。培训团队期待通过这样的共同努力，逐步改变当地教师的某些过时的教育理念，逐步引导他们根据《3—6 岁儿童学习与发展指南》精神为儿童的发展提供有效支持。参与本次培训工作的浙师大杭州幼儿师范学院原院长张昭济老师充分发挥自己的专业智慧，从当地农家找来麦秆、松果，引导当地老师自制教玩具，团队中的其他成员也纷纷将当地教育资源引入自己的培训工作中。比如，将当地白族的木雕、墙绘艺术和当地的动植物资源利用起来，帮助受训教师借此学习和掌握相关的教育组织技能以及教育教学策略。本培训项目结束后的访谈调查表明，培训团队的工作是很有成效的，得到了云南剑川县教育行政部门和参加培训的全体老师的热烈欢迎与积极肯定。中国学前教育研究会在本培训项目后期的资料整理出版过程中，收录了大量浙江省学前教育研究会组建的培训团队所积累的培训资料。联合国儿童基金会的有关官员也高度肯定了浙江团队所做出的专业贡献。

四、一起为中国学前教育立法鼓与呼

自 2000 年以来一直担任中国学前教育研究会副理事长，连续担任两届 OMEP 中国委员会主席，先后任全国政协委员、常务委员，全国人大常委、教科文卫委员会委员的北京师范大学庞丽娟教授，这些年来一直在为我国的学前教育立法鼓与呼。特别是担任全国人大常委以来，更是为学前教育立法殚精竭虑。我们《幼儿教育》杂志也先后刊发过几篇专访庞老师有关学前教育立法问题的采访记，或由庞老师带领她的研究团队所做的有关世界各国学前教育立法的研究文章。记得 2006 年前后，我几次见到庞老师时，她并没多讲自己为学前教育立法做了多少事，而是反复和我谈起，全国人大教科文卫委员会副主任，原国防大学校长、党委书记邢世忠上将十分关注学前教育立法的事。他不仅主动带领全国人大教科文卫委员会有关人员到全国各省区市去实际调查我国学前教育事业的发展情况，还亲自敦促国家有关职能部门尽快将学前教育立法列入重要议事日程。庞老师由此建议我们作为专业媒体，择时专题采访一次邢世忠上将。为此，2007 年 2 月，我们《幼儿教育》杂志作为发起单位，联合江苏的《早期教育》杂志，上海的《上海托幼》杂志，并通过庞老师的精心安排，赴北京就学前教育立法问题专题采访了邢世忠上将，并同期采访了教育部基础教育司杨进副司长，当然也再次采访了庞老师本人。整个采访工作进行得非常顺利。特别是邢世忠上将，高度重视我们这几家主流专业媒体的这次采访工作，事先做了认真的书面准备，还特别请庞老师以及全国人大教科文卫委员会教育室主任卢干奇、处长方光伟，时任教育部基教司幼教处处长的姜瑾一起接受采访。在采访过程中，邢世忠上将反复谦逊地强调，有说得不专业的地方，请各位一起接受采访的专家批评指正。采访结束走出全国人大办公大楼的时候，我们几个参与采访的记者共同的感受是，身居高位的邢世忠上将对我国的幼教事业发展可谓了如指掌，又有很强烈的推动学前教育立法的责任感，我们都深受鼓舞和感动。我们也共同认为，有邢世忠上将和庞丽娟教授等在全国人大这个国家最高立法机构强有力的推动，我国学前教育的立法一定会加快节奏、加快步伐。写到这里，我又想起了前几年姜瑾副司长特意联系我，嘱我就本次采访写个回忆性的文章，说是邢世忠上将正在写他的回忆录，他清楚地记着这次接受长三角三家专业媒体采访的事，要姜瑾副司长找我写点回忆性的文字，收在他的回忆录，我遵嘱很快交稿了。这时，我又下意识地上网，想搜索了解一下邢世忠上将的近况。不料，竟看到了一个个报道：可敬的邢世忠上将已于昨天（2019 年 3 月 11 日）因病逝世，享年 82 岁。斯人已去，痛哉痛哉！但可告慰他老人家的是，的确，经过他和很多全国人大代表以及各方面专家的多年努力，当然应该也是中国幼教更快、更健康发展的内在必然需要，学前教育的立法已在国家教育部和全国人大的重要议事日程上，相信很快就要出台了！

五、配合中国学前教育研究会有关专委会开展学术研讨活动

2011 年 10 月，我们《幼儿教育》编辑部配合中国学前教育研究会学前儿童健康教育专委会在杭州召开了第八届全国学前儿童健康教育学术研讨会，来自全国各省区市近 1 000 名幼儿教育专家、幼儿园管理者和一线教师参加了本次研讨会。研讨会召开之前，我们《幼儿教育》编辑部承担了本次研讨会开展的会议论文征集工作。评选结果出来后，我们以《幼儿教育》增刊的形式，编发了 5 个专题 43 篇 141 页的优秀论文，并编发了 103 篇论文的摘要和 422 篇论文的题目，以此作为研讨会的重要会议资料之一。本次研讨会是本

专委会召开的历次会议中规模最大的一次，无论是会前的策划配合，还是会中的服务配合，我们的工作都得到了专委会主任、副主任们，以及参会者甚高的评价。尤其是会务工作，被誉为几近完美。2014 年 5 月，我们《幼儿教育》编辑部又配合中国学前教育研究会学前儿童社会教育专委会在杭州召开了 2014 年全国学前儿童社会与家庭教育学术研讨会。来自全国各省区市 600 余位幼儿教育专家、幼儿园管理者和一线教师参加了本次研讨会。同样的，在研讨会召开之前，我们《幼儿教育》编辑部承担了本次研讨会开展的会议论文征集工作。评选结果出来后，我们也以《幼儿教育》增刊的形式，编发了 5 个专题 61 篇 208 页的优秀论文，并编发了 89 篇论文的摘要和 270 篇论文的题目。我们的这种会前会中配合服务工作，为研讨会的更有效召开和参会代表的更有效交流提供了较大的便利及支持，所以，无论是专委会领导还是参会代表，都对我们的工作给予了积极的评价。

时光如梭。转眼间，和中国改革开放同步发展而来的中国学前教育研究会已成立 40 周年。肇始于 1978 年 1 月由浙江幼儿师范学校（现浙江师范大学杭州幼儿师范学院）创办的改革开放以后国内第一家出现的幼教类专业刊物《幼教通讯》（内部刊物），而后发展为 1981 年正式创刊的今天业已被国内幼教界高度关注和肯定的《幼儿教育》杂志，也伴随着中国学前教育研究会走过了 40 年的光辉历程。我则有幸以《幼儿教育》杂志主编这个特别的身份参与了这两者大半的发展历程，可谓较长时间和较全面见证了它们风雨兼程、砥砺前行的筚路蓝缕。“过去了的一切都成了美好的回忆”，未来的道路更长。相信无论是中国学前教育研究会还是《幼儿教育》杂志，都会不忘初心，牢记使命，一张宏图绘到底，为中国的幼教事业不断做出不朽的功绩！

岁月如歌，谨以此记下这星星点点的雪泥鸿爪，祝福未来的一切更加美好！

2019 年 3 月

岁月流淌　往事杂忆

《早期教育》编辑部　程晓明

《早期教育》(当时叫《幼儿教育》)是 1983 年 7 月创刊的,我就在这个月从南京师范学院(1984 年改名南京师范大学)学前教育专业毕业,分配到编辑部工作。当时,全国幼儿教育专业杂志一共只有三家:北京的《学前教育》、浙江的《幼儿教育》以及江苏的《幼儿教育》。我们和浙江的《幼儿教育》重名,这个名字是我省教育厅分管领导起的。编辑部同志曾提出异议,这位领导说,重名没有关系,可以竞争嘛! 于是就用了《幼儿教育》这个名字。1986 年国家把刊名纳入商标管理,因为浙江的《幼儿教育》办刊时间比我们早,要求我们改刊名,于是 1987 年 1 月起改用"早期教育"刊名。

创刊号所刊登的文章今天看来太浅了,都是常识性和普及性的,如《好父母才能教出好孩子》《怎样当好幼儿教师》《什么是幼儿身体锻炼》等等,但反映了当时全国幼儿教育领域的状况。那时百废待兴,有关幼儿教育的出版物奇缺。我刊只用了两年多的时间,没有做任何广告,发行量就从几千份到 20 多万份,可见幼儿园对精神食粮需求的旺盛。我们没有专职发行员,全部通过邮局发行。在杂志创办初期,我们免费赠送了万余本给全国各地的幼儿园和教育局。每当印刷厂把新出版的杂志送到编辑部,主任就带领我们连续几个晚上加班，把杂志装进事先写好的信封里，第二天送到邮局。那几天虽然很忙很累，但看到读者越来越多，我们也很快乐。

那时没有电脑，更没有网络，所有来稿都是手写然后邮寄到编辑部。我们每天收到全国各地的稿件近百篇，每天拆开信封，把稿件分类是一件苦差事。被选用的稿件都需要编辑修改并用方格稿纸誊抄一遍，此外还要回复读者来信。所有的编辑流程都手工完成。电脑排版是 90 年代后期才出现的，在那之前杂志都是铅字排版。由于每个铅字的尺寸是固定的，每一页容纳的字数也基本固定，调整的余地很小。杂志排版之前我们要把每一篇文章工工整整地誊抄在方格稿纸上，以便计算字数，避免文章排不下溢出页面。每个月我们要去印刷厂看工人一个字一个字地捡铅字。铅字排版的差错率比较高，经常出现铅字摆颠倒或形状相近的字混淆的情况，校对工作十分费眼神。那时每周只休息一天，整天忙得不亦乐乎。后来电脑排版普及，版面可以整体缩放，字数的控制不必很准，我们的工作量大大减轻了。

我国幼儿教育的改革开放晚于经济领域。“文革”结束到 80 年代初，是幼儿园恢复举办、幼儿园教育教学秩序回归正常时期。从 80 年代中期开始，随着联合国儿童基金会援助我国幼儿教育项目的实施，以及国外交流活动的推进，新的教育理念，新的教育模式引入中国，给中国幼儿教育领域带来了百花齐放的春天。1983 年由南师大赵寄石老师主持的综合教育改革研究，打破了新中国成立以来苏联的分科教学模式一统天下的局面，这是我国幼儿教育改革开放的标志性事件。综合教育改革最初的文章基本都发表在我们杂志。1984 年我约南师大的康宁老师写了《幼儿教育要面向未来》一文，当年 8 月发表。此文在全国幼教界产生很大反响，被《中国妇女》杂志英文版全文译载。

从 20 世纪 80 年代到 90 年代中期，是我们杂志的黄金时期，那个时候编辑部没有发行压力，老师也没有发表论文的压力，无论大学教授或者幼儿园教师，写文章的目的都比较单纯，只是为了互相交流，没有功利动机。通过在我们杂志发表文章，成长起一大批后来闻名全国的专家、园长、老师。全省乃至全国最初几批幼儿园特级教师，都是我刊的老作者。很多专家、老师出道的第一篇文章就刊登在《早期教育》上。我是“文革”之后南师学前教育专业首届毕业生，老师们对我的工作格外支持，她们在全国学前教育界有很大的影响力，帮我约了许多优秀稿件，还介绍我认识了全国各地的专家、领导。90年代初期中国人民大学的复印报刊资料《幼儿教育》(俗称白皮书)，近一半文章选自我们杂志。那段时间大家心态比较平和，文章都是有感而发，没有人为了评职称走关系要求发表文章。

北大中文核心期刊的评比是1992年开始的，首版就有本刊。以后每一版都收入本刊，一直到2008年为止(从该年起，学前教育类杂志只保留了《学前教育研究》，其他杂志都因为一号多版出局)。入选核心期刊也好，以及后来收录进中国知网和其他数据库也好，我们当时都不在意，好像是与我们毫无关系的事情。实际上也确实在很长一段时间对我们办刊毫无影响。但是进入新世纪之后，由于教师的评价方式发生了变化，评职称、申报课题的一个重要标准是发表论文，甚至要求在核心期刊发论文。于是我们明显感到作者的功利动机急剧上升。原来那种很单纯的心态消失了，写文章就是为了发表；而且为了达到规定的篇幅，文章越写越长，原先非常受读者喜爱的短文都不见了。

1990年中期开始，我们杂志开始面向市场，编辑部承担了发行工作，发行量是上级领导对我们考核的重要指标之一。1994年，教育厅领导要求我们杂志不能只面向老师，还要关注面广量大的幼儿家长。因而，我们杂志的栏目做了很大调整，幼儿园教育的栏目和家庭教育的栏目各占一半版面，同时减少理论性，突出实用性。此举虽然提高了发行量，但降低了教师对本刊的评价。这个结果让我们很纠结。为了解决这个矛盾，2000年开始，我们把杂志分为“教师版”和“家教版”两个版本(2005年又创办了“美术版”，2011年创办了“教科研版”)。后来浙江《幼儿教育》和北京《学前教育》也做了分版。

杂志作为社会媒介，其作用的体现不仅仅是刊发文章，还在于参与社会事务。20 世纪 80 年代到 21 世纪初期，全国大型的幼教会议大约一年一次，从教育部的幼儿教育工作会议，到中国学前教育研究会的年会，基本上每一次会议都会通知我们杂志，我差不多逢会必到，也因而结识了全国幼教界各时代、各层级的领导和专家，为我们杂志组织了很多好的稿件，当然我们也积极为教育部和中国学前教育研究会的中心工作进行宣传。记得有几次全国幼教工作会议期间，教育部幼教处的负责同志还专门召集我们几家媒体单位，对学前教育的宣传工作提出具体指导意见。1993 年左右，幼教处的领导要求我们宣传全国十所《幼儿园工作规程(试行)》试点园，我们编辑部分成几个小组，走访了这十所园，为每一所试点园写了报道文章。2003 年，教育部和全国人大都开始关注学前教育立法工作，我们杂志和《幼儿教育》《学前教育》三家组成了联合采访团，采访了教育部基础教育司和全国人大教科文委员会的负责人，并在三家杂志上做了连续报道。

我刊与中国学前教育研究会一直有着密切的联系。因为工作关系，研究会所组织的大部分活动我都参加了。记得大约是 1985 年，在一次会议期间，当时的中国学前教育研究会的领导对我说，研究会想办一本学术期刊，问我们杂志有没有意愿。作为一位刚工作不久年轻编辑，我是没有决定权的。我回去之后向领导做了汇报，但后来没有下文。自 90 年代中期以来，我担任了好几届研究会的常务理事，并先后参与了两个专委会的工作，先是在社会教育专业委员会，后来又转到管理研究专业委员会。管理专业委员会在潘洁老师和王化敏老师前后两任主任的领导下，组织了很多活动，尤其是 2006 年开始的每三年一届的全国园长大会，规模都超过千人，我带领编辑部全体同志承担着大会的宣传、报名、论文征集、评选和出版等很多会务工作。2003 年中国幼儿教育百年纪念大会是中国幼教界的盛典，大会筹备工作十分繁重，我们编辑部予以大力协助，我还派出一位编辑驻会帮忙。2008 年汶川大地震后，我们编辑部派出一位编辑随研究会赴四川地震灾区支教 10 天，得到灾区教育部门的赞扬，也被中国期刊协会评为抗震救灾宣传报道先进期刊。

幼儿教育专业杂志从改革开放初期的三本发展到今天几十本，各种出版物每年上千种，近十年来，新媒体也风起云涌，为幼教工作者开阔眼界、交流信息提供了前所未有的条件，助推中国幼教事业的大发展。作为期刊人，又是幼教人，我目睹和参与了中国学前教育改革开放的全过程，感到非常荣幸。

难忘的经历

原北京市幼儿师范学校校长　熊　敏

我从参加第一次全国幼儿教育研究会，到 1985 年当选为中国学前教育研究会副秘书长，1990 年当选为常务理事兼副秘书长，在老一辈幼教工作者的指导下，工作到 1995 年，亲历了研究会的发展，是我一生中非常难忘的经历。

一、第一次全国幼儿教育研究会的召开

“文革”期间，我国幼儿教育遭受了空前的浩劫，幼儿园基本上处于被毁灭的边缘。1978 年拨乱反正之后，全国各地的幼教工作者，借着改革的风潮，怀着极大的工作热情，积极地投入到本职工作当中，编写教材、组织培训、学习科研方法。

就在这种背景下，研究会第一次学术年会在南京召开了。我非常有幸参加了这次大会。

我们北京代表团一行人中，有教育局副局长陈剑戈、六一幼儿园园长姚淑萍、音乐特级教师林静华、市幼教研究室主任季魁华、北师大李晋媛老师和周南老师。北京幼儿师范学校的李燕贻校长和北师大祝士媛、梁志燊老师提前到达南京负责大会的筹备工作。

我记得当我们从初冬的北京坐火车达到南京站时，来迎接我们的李燕贻校长身着单衣。南京温暖的天气令我们心情愉悦起来。

我们住在建邺区北下关的一个招待所里，五个人住一间客房，没有单独的洗漱间，晚上就打热水在屋里洗一洗。陈剑戈大姐非常喜欢热闹，坐火车的时候，她就经常从软卧车厢跑到我们硬卧车厢一起聊天。我当时感冒很难受，大家对我问寒问暖、帮我打饭，照顾有加。

我们白天参加大会，不放过任何一次机会，认真听取各省市幼教工作者和专家的大会发言。晚上也不闲着，挤到各代表团的宿舍里，自发开展小型的交流会。没有凳子，就挤到床上坐；房间小，大家紧挨着，交流、探讨、记录，一派如火如荼的学习景象。

至今印象最深的，是上海特级教师赵赫老师对幼儿进行品德教育的经验，尤其是对自己独生女的教育方法。赵老师为了让女儿学会分享，每次给女儿买糖，都是买一包，除了自己吃，还要分给邻居孩子吃。这在当时的经济条件下，是难能可贵的。

大家还非常有兴趣地听取了全国各地幼教工作者的经验介绍。上海思南路幼儿园李慰宜老师讲述了她是如何发展幼儿想象力，培养学生胡晓舟创作图画《荡秋千》(该作品荣获 1979 年国际绘画一等奖)。天津音乐特级教师韩之云老师的房间更是热闹非凡，她又说又唱，介绍她是如何开展打击乐教育的。她那动听的嗓音、爽朗的笑声、生动的教学方法让人难忘。还有北京的林静华老师、天津的周静老师都有精彩的分享。这些老师的宝贵经验，吸引着大家，启发着大家。

当时研究会筹备领导小组的讨论工作持续到深夜，与会的老师们也交流到深夜，真是激情满怀！

大会结束后，大部分参会者都希望在返回工作单位前到上海参观学习。上海幼师高志芳校长亲自到火车站来接我们，她举着欢迎牌的情景如今还历历在目。上海市教育局局长杭韦把我们安排到上海第一百货公司楼上的东亚饭店入住，这里是上海当时最繁华的街道，那时的上海百货服饰是最受全国人民喜爱的，这样我们既可以在白天参观幼儿园，晚饭之后还可以观赏上海城市的美景，想得非常周到。

部分代表们在上海幼师的欢迎大会上

在上海，我们参观了思南路幼儿园，还观摩了邵黎柳老师的音乐课。幼儿们伴着优美的钢琴旋律，跳着蹦着舞进教室。幼儿们欢快的舞步、整齐的动作、天真的笑脸，让我们观摩者感受到了音乐的美。

到了晚上，有人去商场购买货品，而更多的人继续讨论学习。印象深刻的是，当时大家不知道该如何搞科研，于是都向西南师大的俞锡玑教授请教。俞教授就在宿舍给我们讲课，我记得她讲筛选法，我们反复地提问，老先生不厌其烦地边画图边讲解。她那浑厚而略带沙哑的声音，至今犹在我耳边回响。

通过这次大会，广大幼教工作者在参观中、在探讨学习中结下了深厚的友谊。会后掀起了互相学习观摩的热潮，推动了全国幼教工作的发展。从此，研究会的年会就成了各地幼教工作者都渴望参加的盛会。

二、令人尊敬的前辈

孙岩、史慧中、祝士媛等研究会的领导人以发展中国幼教事业为己任，为了适应形势发展和改革的需要，加强研究会的组织建设，她们决心要将研究会升级为一级学会。为此，她们竭尽全力多方沟通，动员身边的各种资源，奔波于教育部、民政部。经过三年的不懈努力，终于在1992年2月，经民政部批准，研究会成为国家一级学会，正式更名为中国学前教育研究会。

为了建设符合中国特色的幼教理论体系，孙岩老师自1985年担任研究会理事长后便立志要创办一个属于学会的刊物。但是这谈何容易，连刊号都争取不到啊！后来研究会与湖南长沙师范学校联办刊物，才解决了刊号的问题。孙岩老师和史慧中老师会根据形势需要，从每一年刊物的研究方向，到每一篇来稿的文字细节，反复地和远在长沙的编辑们沟通，以确保刊物的质量。正是因为她们的艰辛付出和坚持，刊物被国务院学位委员会评定为“全国学前教育理论核心刊物”。

老领导们高尚的人格魅力和无私的奉献精神，让我至今难忘。

研究会成立之时，经费有限，没有办公地点，开会、工作就在孙岩、祝士媛和史慧中老师家里，开会的支出都由她们自己负担。1985年杭州会议后，在北京召开全国各省市幼儿教育研究会秘书长会。为了节省开支，祝老师把会议安排在解放军报社招待所。代表们的迎来送往、食宿交通、日程安排等等会务琐事都是祝老师亲力亲为，代表们不论多早多晚到达北京，祝老师都要接待。祝老师指导我安排伙食，欢迎餐要丰富一些，平日节约一点。会议结束时搞了一次会餐，大家欢聚一堂，难得喝了一次啤酒。

研究会工作都是义务的，领导们都是无私的。我当时正值中年，爱人是军人，经常出差，我在学校需要坐班，学校离家又远，孩子小家务重，业余参与研究会工作的时间有限。领导们理解我、关爱我，很多事情祝老师都帮我解决了。1994 年研究会给俞锡玑教授过 80 大寿，就是祝老师操办的。祝老师出资请小时工买菜做饭，摆了丰盛的一桌菜，订了一个大蛋糕和小花篮，还请来了德高望重的孙岩、卢乐山、姚淑萍、孙爱月、梁志燊等老前辈和学会领导一起庆贺。整个聚会既隆重又温馨，既亲切又感人。

在祝老师家中为于教授祝寿

孙岩老师为了幼教事业不顾年迈，不辞辛苦，奔波在全国各地。1991年我和丁碧英校长陪孙老师从杭州去宁波参加“幼儿一日生活”研讨会，没买到火车票，只好乘坐长途汽车。当时人多拥挤，车里人挤人人挨人，身子都不能活动。孙老师一路都挺着腰，紧紧拉着我的手。1994年我和她一起去天津参加《学前教育研究》的编委会。我本应该到她家跟她会合然后一起去火车站，但是她为了照顾我执意要来接我。因为修路等原因，等我们到达火车站时离发车时间已经很近了。75岁的孙老师拿着书包一路小跑，赶到进站口的时候，已经停止进站了，结果我们只好改坐汽车。等我们到天津时，已是夜晚了。当时天津幼师的张小清校长按照原定时间去接站，结果扑了空，非常着急，但是又没法联系。真是艰苦啊！

我在学会负责过《学前教育研究》杂志的人员联系和发行等具体工作，那时孙岩老师和史慧中老师是杂志主编。史老师有全国“八五”科研规划课题在身，孙老师已然年迈而且担负着繁重的学会领导工作。1994年下半年，我们要确定第二年杂志的栏目组稿内容以及发行等问题，两位老师为了照顾我，尽量少占用我的休息时间，她们决定利用我“十一”在校值班的时间来我校开会。她们坐在我学校值班室的板凳上，共同伏在一张不大的长条桌上写着研究要点，我真的非常感动！三人研究工作后，在学校留下了难

工作结束后在教学楼前合影

忘的合影。

史老师身患心脏病多年，但是为2003年的中国幼教百年庆典，她带病坚持工作，付出了艰苦的努力。2005年春节前夕，我去看望史老师，她一再向我说2004年一年都没有为学会工作，很惭愧。3月5日传来了史老师去世的噩耗。也是在2005年的11月，我陪同孙老师参加了一个幼儿园的开园典礼，隔了两天，接到孙老师儿子的电话，说孙老师已经去了。两位老师的先后去世，令人悲痛不已。

这几位老师，为幼教奔走呼喊了一辈子，直到去世前都不停歇，真正做到了为幼教事业鞠躬尽瘁，死而后已。

这些令人尊敬的老前辈，永远活在我的心里。

始于汶川地震幼教援助项目的农村幼儿园教师培训模式探索

江苏省教育科学研究院幼儿教育与特殊教育研究所　张　晖

一、农村幼儿园教师培训模式的初步探索

在2008年汶川地震发生后，中国学前教育研究会在全国范围内征集志愿者奔赴地震灾区，支援灾区的幼教重建工作。最初，志愿者团队的工作重点是在安全的草地、院落以及帐篷里举办流动幼儿园，开展各种游戏和教学活动，安抚受灾幼儿的情绪，让他们能忘记伤痛，重新快乐起来。

到7月底，在全国各地的支援下，灾区的各行各业都开始恢复重建，于是，幼教志愿者团队的工作重点转向了恢复灾区幼儿园的正常教学以及对当地幼教工作者的专业培训上。志愿者团队在时任中国学前教育研究会理事长冯晓霞教授的带领下，开始着力于对当地幼儿园教师群体尤其是农村幼儿园教师的帮扶和专业支持。来自北京和南京的两支志愿者团队最先开始承担这项工作，开启了对农村幼儿园教师培训模式的探索。

培训前，我们向当地教师发放了调查问卷，了解他们在专业发展方面的需求，从而根据他们的实际情况制订了以现场观摩和互动为主要形式的直接针对教师专业技能提升的培训方案，放弃了以往较多采用的以专家讲座为

主、以观摩为辅的培训方式。我们考虑到灾区当时情况的特殊性，灾区的教师们都经历了这场大地震，部分教师的亲属、朋友在地震中受伤甚至罹难，他们处于恐惧、悲伤、紧张、无助的状态，因此，他们需要的不仅仅是专业上的培训，还需要心理上的抚慰。与传统课堂讲座式的培训相比，观摩、互动式的培训就兼有心理抚慰的作用。

志愿者老师们都是各地经过选拔的、有着丰厚专业基础知识的一线教师，但如何通过现场组织幼儿活动而非讲座向教师们传递正确的儿童观、教育观，这对他们来说是一个新的挑战。参与培训工作的志愿者老师们一般每天上午在帐篷幼儿园组织幼儿活动，下午赶到培训地开展培训工作。工作结束后回到住所，还要根据活动的情况连夜讨论第二天的培训计划和内容，制作教具和活动材料。

培训活动秉承陈鹤琴先生“大自然、大社会都是活教材”的理念而展开，比如，志愿者老师们收集树叶、玉米皮等资源作为幼儿活动的材料；又如，看到当时前来灾区参与救援的汽车很多，志愿者老师们就设计了一个关于“小汽车”的科学探究活动。培训活动内容丰富，形式多样，半天的培训课程动静交替，一般从学习韵律操、体育游戏、音乐游戏开始，志愿者老师们与学员一起跳起来、动起来，而后是对教学活动的观摩、点评和讨论，最后是手工制作活动，志愿者老师们指导学员布置幼儿园环境。这些活动让学员在习得教学技能的同时舒缓了焦虑情绪、放松了心情。同时，在培训中志愿者老师们还向学员传授了一些对幼儿进行心理抚慰的方法。

当时每个团队的志愿者一期工作的时间为 10—15 天。当下一个团队来接班时，两支队伍对于培训工作的方式和内容都要进行交接。培训工作一直持续到那一年 9 月开学前才结束。

看到很多教师在刚来参加培训时面容严肃紧张、眉头紧锁，而在培训后表情明显轻松了，甚至绽放出了笑容，这让我非常动容。这样的培训具有心理治疗的效果，教师们获得的是一种支持的力量。这种力量的获得比单纯提升专业技能更能坚定他们对幼教工作的信念，支持他们坚守在幼教岗位上并不断追求专业上的成长。

二、农村幼儿园教师培训模式的进一步探索

2011 年 7 月，中国学前教育研究会在教育部师范司的直接领导下承担了联合国儿童基金会的“中国西部农村幼儿园教师培训”项目。教育部和联合国儿童基金会希望中国学前教育研究会利用全国学前教育的学术资源和学术平台，在五年的时间内对西部五个贫困县（贵州纳雍、广西三江、云南剑川、重庆忠县、新疆疏勒）开展农村幼儿园教师的全员培训，并研究和探索出有效的易于推广的中国农村幼儿园教师培训模式。

接下该项目后，中国学前教育研究会在现任理事长虞永平教授的组织和领导下，组建了一支由江苏、重庆、浙江、福建等地的高校教师、研究所研究人员和优秀一线教师组成的约 40 人的志愿者队伍，其中包括培训团队和研究团队。在后期，又招收和吸纳了五个贫困县的教研员或园长及优秀的幼儿园教师加入培训团队和研究团队。

该项目最初的工作是由江苏南京的志愿者承担的，志愿者团队成员以赴汶川地震灾区支援的志愿者为主，并在此基础上扩大。为了能形成一套便于推广的中国农村幼儿园教师培训模式，南京团队的志愿者延续了在汶川地震灾区时的培训思路，在对贵州纳雍、广西三江两个县农村幼儿园教师的培训中，形成了农村幼儿园教师培训模式和方案的雏形。后期，结合浙江团队赴云南剑川、重庆团队赴重庆忠县、福建团队赴新疆疏勒的培训经验，农村幼儿园教师培训模式与培训方案于 2013 年初步研制完成。在研制的过程中，我们借鉴了在汶川地震灾区培训时各团队之间工作交接的经验，即前一个团队在完成培训后将培训计划、方案、方式方法与后一个团队进行交流，后一个团

队将其应用到不同地区的培训对象上，同时在培训过程中验证这些计划、方案、方式方法的适宜性并加以修改和完善。每一个团队的培训者不同，培训的对象也不同，但都努力达成培训的一致性和有效性。经历四次验证后，初步形成了农村幼儿园教师培训模式。

通过研究和验证得出的行之有效的培训模式是，培训应从现场调研和采风开始，不断调整和完善并最终确定适宜的培训方案，按照培训流程实施培训，在培训后继续给予支持。培训的内容主要是从"精神与信念""正确的幼儿教育理念""专业知识和技能"三个方面给予教师专业支持，而首要的切入点应是"精神与信念"。在几个地区支教时我们发现，农村幼儿园教师整体薪资待遇较低，但他们是国家分段教育中不可缺少的一股力量。尽管许多教师专业技能和专业水平较低，但他们对孩子的爱与对幼教工作的执着让他们在幼教岗位上坚持了下来。因此，对农村幼儿园教师进行培训应首先让他们获得支持感、认同感。这也是我们在汶川地震灾区支教时认识到的。这一思想背后的理论是马斯洛的需要层次理论和建构主义理论——首先满足教师的切实需要，鼓励教师通过培训获得自我学习能力，从而积极建构自身的专业认识，而不是等着接受培训。

通过研究和验证也得出了行之有效的培训流程，包括培训的总体时长、分段及其时间安排，每一阶段培训的目的、方式、主要内容。设计培训流程的好处是让培训者思考培训每个步骤的作用，从而达成培训目标。例如，以互动游戏的方式开场以及中间休息时间的互动游戏，有助于拉近培训者和学员之间的距离，对培训内容有承上启下的作用，能激活学员的思维等。当然，每一次培训的流程也要根据学员的具体情况做出调整。

通过研究和验证还得出了 8 种有效的培训方式。① 现场示范教学并评析：培训者现场做教学示范或选择播放教学示范视频，并加以分析讲解。② 一日活动的观摩与讨论：根据培训的客观条件，让学员通过观摩一日活动现场或观摩学员自己提供的一日活动视频，对一日活动各个环节的组织进行分析。③ 学习教育活动的设计与实施：在培训的适当阶段，由学员分组设计教学活动方案，然后组织实施，由此开展分析与讨论。④ 教育技能的演示与练习：采用适当的方法，让学员在学习相关技能的同时体会正确的教育理念及指导幼儿学习的方法。⑤ 教育活动视频观摩与讨论：让学员通过观看教育活动视频，讨论视频中呈现出的相关问题，如教师的观念、幼儿的学习状况、教师的指导策略等。⑥ 讲座式的案例分析：通过对案例的讲解和分析，让学员形成正确的教育观念，以区分教师正确的行为与错误的行为，掌握相关的教育策略和方法。⑦ 问题导向式讨论和点评：由问题引发学习，让学员带着问题边思考边学习，理解正确的理念，产生正确的行为。⑧ 跟班实践：有条件的地区，可以让学员带着学习任务到当地的优质幼儿园跟班学习，即在真实场景中学习。当然，教师的教育理念不可能依靠几次讲座就得以改变，教师的专业能力也不可能依靠几次观摩活动就得以提升。因此，可以在当地幼儿园选拔一批学员进行先期的集中培训，让他们回到幼儿园后成为“影子教师”，在日常教学活动中承担培训者的角色，利用日常的教研活动对全园教师进行系统的培训。这种培训需要当地行政和教研部门的跟进，并定期安排指导与交流。

以上内容收录在2015年出版的项目成果《农村幼儿园教师培训资源包》[①]里。《农村幼儿园教师培训资源包》有简明扼要的使用指南，同时介绍了培训目标，培训方案如何制订，培训的方式方法，对培训人员的要求，以及培训考核方式的设计等。其主体部分从农村幼儿园教师的需求出发，分为23个资源包。这23个资源包涵盖了幼儿教育的理念及基本理论，如《幼儿园教育指导纲要（试行）》的解读，儿童身心发展特点的介绍；幼儿园课程实施的策

---

① 《农村幼儿园教师培训资源包》于2015年由联合国儿童基金会出版并免费发行，在联合国儿童基金会网站（www.unicef.cn/ecd）上可以免费下载和使用。

略、途径、方式、方法，如幼儿园班级环境创设，游戏和区域活动的组织，幼儿在五大领域的发展及其支持策略；幼儿园教师的专业技能，如美术技能、各类游戏的实际操作方法等。资源包里具体内容的选择都是从农村幼儿园的实际情况出发的。这 23 个资源包的内容虽然有交叉，但从不同的角度强化了对幼儿园教师应具备的基本教育理念、专业知识和专业技能的培训，并且每个资源包都配有一定的案例、范例，还有视频学习材料以及对后续学习参考资料的建议，为农村幼儿园教师在培训结束后继续运用资源包进行自我提升提供了支持。

可以说，《农村幼儿园教师培训资源包》的研制起源于中国学前教育研究会 2008 年汶川地震幼教援助活动，是在教育部和联合国儿童基金会项目支持下中国学前教育研究会培训支教团队所有志愿者集体智慧的结晶。当前，中国学前教育研究会农村支教和培训的团队还在不断壮大，越来越多的教师加入到这个团队中，培训的区域也在不断扩大，越来越多的农村幼儿园教师从中获益，而真正获益的是生活在农村的幼儿，他们终于也可以享受到专业的幼儿教育了。如何使农村幼儿园教师的培训更为有效，真正实现幼儿教育“去小学化”，还需要我们在未来继续努力，在培训模式上不断创新。

后　记

中国学前教育研究会走过了40年，这个时间不长也不短，但这40年却装着中国学前教育研究会的许许多多走过的足迹和记忆。在纪念研究会成立40周年之际，大家都觉得要说点什么，写点什么，回忆点什么，于是就有了这本记载着研究会成长足迹的文集。

在我们向研究会前辈们提出让他们撰写回忆文章时，他们都感到是一件非常好的事，所有时间精力允许的老师们都认真写了自己在研究会或是与研究会的种种记忆与联系。这本纪念文集承载着所有为研究会成长发展而努力的人们对中国学前教育研究会倾注的心血和真情。

这本文集从着手筹备开始至今已有一年半之久。在2018年的厦门全国研究会工作会议上，由理事长虞永平安排，刘占兰副理事长起草了征集回忆研究会成立40周年的纪念文章的通知，研究会秘书处全力出动，分工明确，任务到人，迅速制作通知，梳理了往届研究会的老领导和老同志名单，通过各方研究会的负责人送往这些老前辈手中，等待着他们讲述他们与研究会的故事。

历经近八个多月的收集，这些承载着研究会往事的邮件陆陆续续地来了。由于时间久远，要找到这些研究会的老前辈非常不易，这其中祝士媛老师不断为我们提供信息和建议，特别是关于孙岩同志的纪念事迹的回顾，祝老师提供了皮军功老师的信息，因为皮老师曾经写过纪念孙岩老前辈文章，这些祝老师都非常清楚准确地记着。在这个过程中，研究会秘书处徐军老师也通过与地方研究会对接，不断收到新的信息和新的推荐人选提供了回忆文章。在收集回忆文章的过程中，文章全部归集到张月红老师处，张老师一边收集，一边整理统计并做了初步的编辑工作。初步整理的文集材料终于在5月份打包提交给研究会的学术委员会主任华爱华老师和刘占兰老师，华老师认真审读，并给出了编辑的意见。至此，文集的前期工作算是暂告了一个段落。

虽然收集整理的过程有些艰难和匆忙，但是它还是让人感到十分欣喜。因为，这里面有着非常多真实、自然和感人的故事，资料丰富，独一无二。尽管每个人写得有长有短，但是，清澈的小溪汇成浩瀚的大海，形成了我们今天别样的回忆文集。文集共收到八届理事会和各地方研究会的共43篇回忆文章。

然而，新的问题又摆在研究会的面前，这时距离纪念会的召开仅剩两三个月了，那就是要在很短的时间里完成印刷制作的任务。对此，理事长虞永平老师竭尽全力安排了此文集的编审印刷任务，我们的文集如愿面世了。在此，我们也要感谢南京师范大学出版社为我们的文集出版所做的努力与支持。

在这里，我们要感谢那些为中国学前教育研究会走过40年历程而付出心血的先辈和同仁们以及撰写回忆文章的先辈和老师们；同时也要感谢本届研究会秘书处和研究会领导们的积极努力，既完成了文集的基础性工作，又为文集的面世做出了重要的贡献。

这本纪念文集是我们中国学前教育研究会在历史中自然而然积淀起来的，能给我们更多的回忆，也给我们留下了宝贵的精神财富。